■《中级财务会计》配套用书



# 新编中级财务会计习题集

XINBIAN ZHONGJI CAIWU KUAIJI XITIJI

张陶勇 等◎著

浙江工商大學出版社
ZHEJIANG GONGSHANG UNIVERSITY PRESS

# 前　言

《中级财务会计》是会计、财务和审计专业学生开设的主干专业课之一。该课程以企业的资金运动为研究对象，以会计信息系统的四大环节（会计要素的确认、计量、记录和报告）为主线，全面阐述企业财务会计的基本理论和方法，并紧密结合企业的基本经济业务重点介绍财务会计核算的一般过程。《中级财务会计》课程主要针对通用类企业会计业务，其核心内容包括：财务会计的基础理论；会计要素的确认与计量；财务报表的列报。本课程的特点是理论性和实务性较强，在财务会计学科体系中处于承上启下的地位，既是对《基础会计》课程中会计原理的具体运用，又是进一步学习《高级财务会计》课程的前提和基础。

为配合《中级财务会计》课程的教学，使学生达到学以致用、巩固提高的目的，我们编写了此习题集，其内容分成两部分：第一部分为各种类型的练习题，按章排列，题型依次为填空题、单项选择题、多项选择题、判断题、计算及账务处理题或案例分析题；第二部分为参考答案。学生通过练习，可以巩固所学知识，加深对教材内容的理解；教师也可以根据教学课时作适当删减。

本习题集由浙江工商大学财务与会计学院张陶勇任主编，具体分工如下：第一至六章由涂必玉编写；第七至十二章由吴晖编写；第十三至十八章由张陶勇编写。

限于时间和水平，本书中难免存在一些疏漏或错误，敬请读者批评指正，以便再版时予以修订。

# 目　　录

## 第一部分　练 习 题

# 第二部分　参考答案

# 第一部分　练 习 题

# 第一章 总　论

## 一、填空题

1. 满足________在决策中所需的财务信息的需求，是企业报告及财务会计系统的基本目标。具体来说，财务报告必须向其使用者提供________的信息，以及描述企业管理层________的信息。

2. 财务会计信息质量要求包括________、________、________、________、________、________、________和________。

3. 会计基本假设包括________、________、________和________。

4. 会计计量属性主要包括________、________、________、________和________。

5. 资产是指企业________形成的、由企业________的、预期会给企业带来________的资源。

6. 负债是指企业________形成的、预期会导致________流出企业的________。

7. 利得是指由企业________所形成的、会导致________增加的、与________无关的经济利益的流入。

8. 损失是指由企业________所发生的、会导致________减少的、与________无关的经济利益的流出。

9. 收入是指企业在________中形成的、会导致________增加的、与________无关的经济利益的总流入。

10. 费用是指企业在________中发生的、会导致__________减少的、与____________无关的经济利益的总流出。

## 二、单项选择题

1. 企业应当以实际发生的交易或者事项为依据进行会计确认、计量和报告，这是会计信息质量的(    )要求。

A. 可靠性　　B. 相关性　　C. 可比性　　D. 重要性

2. 下列项目中，属于利得的是(    )。

A. 销售商品取得的收入　　B. 出租无形资产取得的收入

C. 出售固定资产取得的净收益　　D. 投资者投入的资本

3. 企业应当按照交易或者事项的经济实质进行会计确认、计量和报告，不应仅以交易或者事项的法律形式为依据，这是会计信息质量的(    )要求。

A. 实质重于形式　　B. 可靠性

C. 相关性　　D. 重要性

4. 固定资产按历史成本进行记录，并采用折旧的方法将历史成本分摊到预计使用寿命期间所生产的相关产品的成本中，这一做法是以(    )假设为依据。

A. 会计主体　　B. 持续经营　　C. 会计分期　　D. 货币计量

5. 同一企业对于不同时期发生的相同或者相似的交易或者事项，应当采用一致的会计政策，不得随意变更。这是会计信息质量的(    )要求。

A. 实质重于形式　　B. 可比性

C. 可靠性　　D. 谨慎性

6. 将以融资租赁方式租入的固定资产视为企业的资产，反映在企业的资产负债表中，这一做法遵循的是会计信息质量的(    )要求。

A. 实质重于形式　　B. 可比性

C. 可靠性　　D. 重要性

7. 企业提供的会计信息应当与财务会计报告使用者的经济决策需

要相关，有助于财务会计报告使用者对企业过去、现在或者未来的情况做出评价或者预测，这是会计信息质量的(　　)要求。

A. 可靠性　　B. 可理解性　　C. 重要性　　D. 相关性

8. 下列关于会计基本假设的表述中，正确的是(　　)。

A. 持续经营和会计分期确定了会计核算的空间范围

B. 一个会计主体必然是一个法律主体

C. 货币计量为确认、计量和报告提供了必要的手段

D. 会计主体确立了会计核算的时间范围

9. 企业对于已经发生的交易或者事项，应当及时进行会计确认、计量和报告，不得提前或者延后，这是会计信息质量的(　　)要求。

A. 及时性　　B. 相关性　　C. 谨慎性　　D. 重要性

10. 对期末存货采用成本与可变现净值孰低计量，这一做法遵循的是会计信息质量的(　　)要求。

A. 及时性　　B. 相关性　　C. 谨慎性　　D. 重要性

11. 资产按照购置时支付的现金或者现金等价物的金额计量，其会计计量基础是(　　)。

A. 重置成本　　B. 可变现净值

C. 历史成本　　D. 公允价值

12. 资产按照预计从其持续使用和最终处置中所取得的未来净现金流入量的折现金额计量，其会计计量基础是(　　)。

A. 历史成本　　B. 现值

C. 可变现净值　　D. 公允价值

13. 下列关于损失的说法中，正确的是(　　)。

A. 损失是指由企业日常活动所发生的、会导致所有者权益减少的、与向所有者分配利润无关的经济利益的流出

B. 损失是指由企业非日常活动所发生的、会导致所有者权益减少的、与向所有者分配利润无关的经济利益的流出

C. 损失只能计入所有者权益，不能计入当期利润

D. 损失只能计入当期利润，不能计入所有者权益

14. 下列关于收入的说法中,错误的是(　　)。

A. 收入是指企业在日常活动中形成的、会导致所有者权益增加的、与所有者投入资本无关的经济利益的总流入

B. 收入只有在经济利益很可能流入,且经济利益流入额能够可靠计量时才能予以确认

C. 符合收入定义和收入确认条件的项目应当列入利润表

D. 收入会导致负债增加或者资产减少

15. 下列关于费用的说法中,错误的是(　　)。

A. 费用是指企业在日常活动中发生的、会导致所有者权益减少的、与向所有者分配利润无关的经济利益的总流出

B. 费用只有在经济利益很可能流出,且经济利益流出额能够可靠计量时才能予以确认

C. 费用会导致资产减少或者负债增加

D. 符合费用定义和费用确认条件的项目应当列入资产负债表中

## 三、多项选择题

1. 下列项目中,符合收入定义的有(　　)。

A. 销售商品取得的收入　　B. 提供劳务取得的收入

C. 出租无形资产取得的收入　　D. 出售固定资产取得的净收益

2. 下列关于负债的说法中,正确的有(　　)。

A. 负债是过去的交易或者事项形成的、预期会导致经济利益流出企业的现时义务和潜在义务

B. 符合负债定义和负债确认条件的项目,应当列入资产负债表中

C. 现时义务是指企业在现行条件下已承担的义务

D. 未来发生的交易或者事项形成的义务,不属于现时义务,不应当确认为负债

3. 资产具有的基本特征包括(　　)。

A. 由过去的交易或者事项形成的

B. 由企业拥有或者控制的

C. 预期会给企业带来经济利益

D. 具有实物形态

4. 收入的取得可能引起(　　)等会计要素发生变化。

A. 资产　　B. 负债

C. 所有者权益　　D. 利润

5. 下列项目中,可以作为会计主体的有(　　)。

A. 独资企业　B. 合伙企业　C. 企业集团　D. 分公司

6. 下列做法中,体现会计信息质量的谨慎性要求的有(　　)。

A. 对应收账款计提减值准备

B. 期末存货按照成本与可变现净值孰低计量

C. 采用加速折旧法计提固定资产折旧

D. 在符合条件的前提下将与或有事项相关的义务确认为负债

7. 下列项目中,不应作为负债确认的有(　　)。

A. 本期应缴纳的税款

B. 因购进货物而暂欠供货单位的货款

C. 计划向银行借款 100 万元

D. 因经济纠纷导致的法院尚未判决且金额无法合理估计的赔偿款

8. 下列项目中,属于会计计量基础有(　　)。

A. 历史成本　　B. 重置成本

C. 可变现净值　　D. 现值

9. 下列有关收入和利得的表述中,正确的有(　　)。

A. 收入源于日常活动,利得源于非日常活动

B. 收入会影响当期损益,利得不一定会影响当期损益

C. 收入会导致经济利益的流入,利得不一定会导致经济利益的流入

D. 收入会导致所有者权益的增加,利得不一定会导致所有者权益的增加

10. 下列关于所有者权益的说法中,正确的有(　　)。

A. 所有者权益是指企业资产扣除负债后由所有者享有的剩余

权益

B. 某些利得和损失可以直接计入所有者权益

C. 计入损益的利得和损失也会影响所有者权益

D. 留存收益属于所有者权益项目

11. 下列项目中,不符合资产定义的是(　　)。

A. 计划购买的原材料

B. 待处理财产损失

C. 委托加工物资

D. 待加工的半成品

12. 下列关于会计要素的表述中,不正确的有(　　)。

A. 作为负债确认的义务包括企业承担的现时义务和潜在义务

B. 预期能够给企业带来经济利益是资产的特征之一

C. 利润是指企业一定期间内收入减去费用后的净额

D. 所有导致企业所有者权益增加的经济利益的总流入均应当确认为收入

13. 下列关于损失的说法中,不正确的有(　　)。

A. 损失是在企业日常活动中发生的

B. 损失应当全部计入当期损益

C. 损失应当全部计入所有者权益

D. 损失会导致所有者权益减少

14. 下列关于收入的说法中,正确的有(　　)。

A. 收入是在企业日常活动中形成的

B. 收入在经济利益很可能流入企业且金额能够可靠计量时即可确认

C. 收入会导致企业所有者权益增加

D. 所有者投入资本所导致的经济利益的流入也应当确认为收入

15. 下列关于会计要素的表述中,正确的有(　　)。

A. 不会导致所有者权益增加的经济利益的流入,不能确认为收入

B. 负债是企业承担的现时义务,这个义务可以是法定义务,也可以是推定义务

C. 预期不能给企业带来经济利益的项目不能确认为资产

D. 会导致所有者权益减少的经济利益的流出均应当确认为费用

## 四、判断题

1.（　　）企业的资产不仅包括过去的交易或者事项形成的资产，也包括预期在未来发生的交易或者事项可能形成的资产。

2.（　　）凡是符合资产定义的项目都应当确认为企业的资产。

3.（　　）对于融资租入的固定资产，由于企业不拥有其所有权，所以不能将其确认为企业的资产。

4.（　　）法律主体必定是会计主体，会计主体也必定是法律主体。

5.（　　）企业出售固定资产取得的净收益应当确认为收入。

6.（　　）损失是指企业在日常活动中形成的、会导致所有者权益减少的、与向投资者分配利润无关的经济利益的总流出。

7.（　　）对于企业在未来发生的交易或者事项形成的义务，由于预期会导致经济利益流出企业，因此应当确认为企业的负债。

8.（　　）如果某项资产不能再为企业带来经济利益，即使是由企业拥有或者控制的，也不能作为资产列入资产负债表中。

9.（　　）资产负债表中所列示的资产都是企业所拥有的、预期会给企业带来经济利益的资源。

10.（　　）一般情况下，企业应当采用历史成本计量属性对会计要素进行计量。

11.（　　）企业对于已经发生的交易或者事项，应当及时进行会计确认、计量和报告，因此，为了保证会计信息的及时性，企业可以提前结账并编制财务报表。

12.（　　）为了满足会计信息的质量要求，企业对会计要素的计量只能采用历史成本计量属性。

13.（　　）所有者权益的来源包括所有者投入的资本、直接计入所有者权益的利得和损失、留存收益等。

14.（　　）利得和损失不一定会影响当期损益。

15.（　　）合理估计企业固定资产的减值损失并计提相应的减值准备，这一做法体现了会计信息质量的谨慎性要求。

## 五、案例分析题

张某是甲公司的一名会计人员。在实际工作中，他对一些会计理论和实务的理解存在以下想法：

(1) 会计主体就是法律主体。甲公司虽然拥有三家子公司，但由于母子公司组成的企业集团不是法律主体，因而该企业集团不是会计主体。

(2) 公司当年未实现年初确定的销售收入目标，但考虑到下年初销售可能出现较大幅度的增长，公司为此提前预计商品销售，在当年末制作了存货出库凭证，并确认销售收入。公司这种做法违背了会计信息质量的相关性要求。

(3) 公司与某银行达成了3个月后借入500万元的借款意向书，应当立即确认该交易形成的负债。

(4) 公司用银行存款中的200万元购买生产用的原材料，应当将流出的经济利益立即确认为费用。

(5) 年末，公司的一笔应收乙企业的账款出现减值迹象，经减值测试，估计其可收回金额为200万元，而其账面余额为300万元。估计乙企业2年后财务状况会出现好转，因此公司本年末不应确认该笔应收账款的减值损失。

(6) 公司以融资租赁方式租入一项固定资产。公司应将其作为本公司资产予以确认、计量和报告。

要求：试分析张某的理解是否正确，并说明理由。

# 第二章　货币资金与应收款项

## 一、填空题

1. 按其形态、存放地点和用途不同，货币资金可以分为__________、__________和__________三个部分。

2. 备用金是指企业预付给____________________用作差旅费、零星采购和零星开支，进行事后报销的款项。

3. 对于现金清查中发现的账实不符情况，通过"____________________"科目进行核算。

4. 银行存款日记账余额与银行对账单余额不一致的原因有两个：一是____________________，二是____________________。

5. 其他货币资金包括__________、__________、__________、__________以及__________等。

6. 应收票据是指企业持有的尚未到期、兑现的__________，包括____________________和____________________。

7. 在存在商业折扣的情况下，应收账款入账金额应按____________________确定。

8. 在存在现金折扣的情况下，应收账款入账价值的确定有两种方法，即__________和__________。

9. 在总价法下，应收账款按____________________入账。在净价法下，应收账款按____________________入账。

10. 预付款项不多的企业，可以不设"__________"科目，而直接在"__________"科目中核算。

## 二、单项选择题

1. 下列业务中，不能用现金支付的是（　　）。

A. 支付办公用品购置费 200 元　B. 支付材料采购货款 50 万元

C. 支付职工工资 20 万元　D. 支付职工差旅费 1 万元

2. 企业将款项交存银行并取得银行汇票后，应根据银行汇票申请书存根联，借记（　　）账户，贷记“银行存款”账户。

A. “材料采购”

B. “预付账款”

C. “在途物资”

D. “其他货币资金——银行汇票”

3. 下列项目中，不通过“其他货币资金”账户核算的是（　　）。

A. 信用卡存款　B. 外埠存款

C. 备用金　D. 银行本票存款

4. 企业因销售商品、提供劳务等而收到的下列票据中，通过“应收票据”账户核算的是（　　）。

A. 商业汇票　B. 支票　C. 银行本票　D. 银行汇票

5. 20＊1 年 11 月 1 日，甲公司因销售商品收到带息商业汇票一张。该票据面值为 100 000 元，票面年利率为 6%，期限为 6 个月。20＊1年 12 月 31 日计提利息后，应收票据的账面余额为（　　）元。

A. 100 000　B. 101 000　C. 106 000　D. 103 000

6. A 公司为增值税一般纳税人，适用的增值税税率为 17%。20＊1年 2 月 1 日，A 公司赊销一批商品给 B 公司，按价目表上标明的价格计算，不含增值税的售价为 1 000 000 元。因属于批量销售，A 公司同意给予 B 公司 20%的商业折扣。同时，为鼓励 B 公司尽早付清货款，A 公司规定的现金折扣条件为“2/10，n/20”。A 公司销售商品时给 B 公司垫付了运费 10 000 元。A 公司应收账款的入账金额为（　　）元。

A. 946 000　B. 936 000　C. 1 170 000　D. 1 180 000

7. 甲公司为增值税一般纳税人，适用的增值税税率为 17%。20＊1年 3 月 1 日，甲公司赊销一批商品给乙公司，按价目表上标明的价格计算，不含增值税的售价为 2 000 000 元。因属于批量销售，甲公司同意给予乙公司 10%的商业折扣。同时，为鼓励乙公司尽早付清货款，甲公司规定的现金折扣条件为“2/10，1/20，n/30”。甲公司于 20＊1 年 3 月 9 日收到该笔货款。假定计算现金折扣时不考虑增值税，20＊1 年 3 月 9 日甲公司实际收到的货款为（　　）元。

A. 2 070 000　B. 2 106 000　C. 2 063 880　D. 2 340 000

8. 在采用总价法确定应收账款入账金额的情况下，实际发生的现金折扣应当计入（　　）。

A. 销售费用　B. 营业外支出

C. 财务费用　D. 管理费用

9. 20＊1 年 2 月 1 日，甲公司因销售一批商品给乙公司而确认了一笔应收账款 120 万元。20＊1 年 6 月 30 日，甲公司对该笔应收账款计提了坏账准备 15 万元。20＊1 年 12 月 31 日，甲公司估计该笔应收账款的未来现金流量为 95 万元。20＊1 年 12 月 31 日，该笔应收账款应计提的坏账准备为（　　）万元。

A. 30　B. 10　C. 25　D. 0

10. 预付货款不多的企业，可以将预付的货款直接记入（　　），而不单独设置“预付账款”账户。

A. “应收账款”账户的借方　B. “应收账款”账户的贷方

C. “应付账款”账户的借方　D. “应付账款”账户的贷方

11. 下列项目中，不通过“其他应收款”账户核算的是（　　）。

A. 应收保险公司的赔款

B. 应收出租包装物的租金

C. 应向职工收取的各种垫付款项

D. 应向购货方收取的代垫运杂费

12. 甲公司按应收款项余额的 5%计提坏账准备。20＊1 年 12 月 31 日，甲公司应收款项余额为 240 万元。20＊2 年，甲公司发生坏账 30

万元，收回已核销的坏账 10 万元。20＊2 年 12 月 31 日，甲公司应收款项余额为 220 万元。甲公司 20＊2 年末应计提的坏账准备为（　　）万元。

A. －9　　B. 19　　C. －29　　D. 49

13. 乙公司按应收款项余额的 8％计提坏账准备。20＊1 年初，乙公司“坏账准备”账户的贷方余额为 68 000 元。20＊1 年，债务人 A 单位所欠 20 000 元账款无法收回，被确认为坏账。20＊1 年末，乙公司应收款项余额为 950 000 元。20＊2 年，债务人 B 单位所欠 6 000 元账款无法收回，被确认为坏账。20＊2 年末，乙公司应收款项余额为 900 000 元。20＊3 年，已冲销的 A 单位所欠 20 000 元账款又收回 15 000 元。20＊3 年末，乙公司应收款项余额为 1 000 000 元。乙公司在上述 3 年内对应收款项计提坏账准备累计计入资产减值损失的金额为（　　）元。

A. 4 000　　B. 12 000　　C. 23 000　　D. 30 000

14. 某企业销售一批商品，售价（不含增值税）为 60 万元，适用的增值税税率为 17％，为购买方代垫运杂费 2 万元，款项尚未收回。该企业确认的应收账款为（　　）万元。

A. 60　　B. 62　　C. 70.20　　D. 72.20

15. 某公司采用账龄分析法估计坏账损失。20＊1 年 12 月 31 日，计提坏账准备前“坏账准备”账户的贷方余额为 26 000 元。当日，该公司应收款项余额为 1 800 000 元，其中，未到期的应收款项为 800 000 元，估计坏账损失率为 0.50％；过期 6 个月以内的应收款项为 600 000 元，估计坏账损失率为 2％；过期 6 个月以上的应收款项为 400 000 元，估计坏账损失率为 3％。20＊1 年末，该公司应补提的坏账准备为（　　）元。

A. 2 000　　B. 26 000　　C. 28 000　　D. 54 000

## 三、多项选择题

1. 下列项目中，通过“其他货币资金”账户核算的有（　　）。

A. 商业汇票　　B. 支票

C. 银行汇票存款　　D. 银行本票存款

2. 下列项目中，通过“银行存款”账户核算的有(　　)。

A. 外埠存款　　B. 外币存款

C. 银行本票存款　　D. 人民币存款

3. 下列项目中，可以用现金支付的是(　　)。

A. 大额商品交易价款

B. 向个人收购农副产品的价款

C. 职工工资

D. 出差人员随身携带的差旅费

4. 下列关于应收票据会计处理的表述中，正确的有(　　)。

A. 应收票据按票据的面值入账

B. 应收票据按票据的到期值入账

C. 会计期末企业应当对带息票据计提利息，增加应收票据的账面价值

D. 不带息应收票据在到期之前账面余额保持不变

5. 下列项目中，应记入“坏账准备”账户借方的有(　　)。

A. 计提的坏账准备

B. 冲回多提的坏账准备

C. 已转销的应收账款又重新收回

D. 实际发生的坏账

6. 企业因销售商品、提供劳务等收到的下列票据中，不通过“应收票据”账户核算的有(　　)。

A. 银行本票　B. 支票　　C. 银行汇票　D. 商业汇票

7. 下列项目中，应计提坏账准备的有(　　)。

A. 其他应收款　　B. 应收票据

C. 预付账款　　D. 应收账款

8. 下列项目中，应通过“其他应收款”账户核算的有(　　)。

A. 存出保证金

B. 应收的各种罚款

C. 应向购货方收取的代垫运杂费

D. 应向职工收取的各种垫付款项

9. 下列说法中，正确的有（　　）。

A. “预付账款”账户借方余额反映企业向供货方预付的货款

B. 预付货款不多的企业，可将预付的货款记入“应付账款”账户的借方，不单独设置“预付账款”账户进行核算

C. “预付账款”账户贷方余额反映企业应付给供货方的货款

D. 预付账款不需计提坏账准备

10. 下列项目中，会引起应收账款账面价值发生变化的有（　　）。

A. 计提应收账款坏账准备

B. 收回应收账款

C. 实际发生应收账款坏账

D. 已转销的应收账款又重新收回

11. 下列项目中，应作为应收账款初始入账金额的有（　　）。

A. 增值税销项税额　　B. 代购货单位垫付的运杂费

C. 赊销产品的价款　　D. 商业折扣

12. 下列项目中，属于应收票据核算范围的有（　　）。

A. 商业承兑汇票　　B. 银行汇票

C. 银行本票　　D. 银行承兑汇票

13. 下列项目中，应记入“坏账准备”账户贷方的有（　　）。

A. 计提的坏账准备

B. 冲回多提的坏账准备

C. 已转销的应收账款又重新收回

D. 实际发生的坏账

14. 下列项目中，应通过“应收账款”账户核算的有（　　）。

A. 预付职工差旅费

B. 代购货单位垫付的运杂费

C. 销售产品应收取的款项

D. 对外提供劳务应收取的款项

15. 下列项目中，应通过“其他应收款”账户核算的有（　　）。

A. 租入包装物支付的押金　　B. 应收的各种赔款

C. 应收的出租包装物租金　　D. 收取的各种押金

## 四、判断题

1. （　　）企业可以从现金收入中直接支付现金开支。

2. （　　）企业使用现金进行结算，必须遵守国家现金管理制度的规定。

3. （　　）企业的各种存款均通过“银行存款”账户核算。

4. （　　）对于银行已经入账而企业尚未入账的未达账项，企业可以直接以银行对账单为依据记账。

5. （　　）企业银行存款日记账余额代表企业银行存款的实有数。

6. （　　）在会计实务中，应收票据无论是否带息，均按票据的票面金额入账。

7. （　　）无论应收票据是否带息，会计期末均应按其初始入账金额反映在资产负债表中。

8. （　　）在同时存在商业折扣和现金折扣的情况下，应收账款的入账金额应按照扣除商业折扣和现金折扣后的金额确定。

9. （　　）由于预付账款是企业的一项债权，所以“预付账款”账户的期末余额一定在借方。

10. （　　）企业应收的罚款、赔款通过“其他应收款”账户核算。

11. （　　）企业应收款项发生减值时，应当将该应收款项的账面价值与预计未来现金流量现值之间的差额确认为减值损失，计入当期损益。

12. （　　）在存在商业折扣的情况下，应收账款的入账金额应按照未扣除商业折扣的实际售价确定。

13. （　　）如果企业预付账款业务较少，可以不设“预付账款”账户，将预付的账款直接在“应付账款”账户的借方反映。但是，在编制资产负债表时，应当将其反映在“预付款项”项目中。

14.（　　）对于单项金额重大的应收款项，在资产负债表日应当单独进行减值测试。

15.（　　）企业将其因销售商品、提供劳务产生的应收债权出售给银行等金融机构，在进行会计核算时，应当按照实质重于形式的原则，充分考虑交易的经济实质。

## 五、计算及账务处理题

### 练习一

甲公司为增值税一般纳税人，适用的增值税税率为17%。20＊1年9月1日，甲公司销售一批商品给A公司，售价（不含增值税）为1 000 000元。售出商品符合收入确认条件。当日，甲公司收到A公司签发并承兑的商业汇票一张。该票据的面值为1 170 000元，期限为6个月，票面年利率为6%。20＊2年3月1日，甲公司收回票款。

要求：

(1) 编制20＊1年9月1日甲公司销售商品的会计分录。

(2) 编制20＊1年12月31日甲公司计提票据利息的会计分录。

(3) 编制20＊2年3月1日甲公司收回票款的会计分录。

### 练习二

甲公司为增值税一般纳税人，适用的增值税税率为17%。该公司20＊1年有关应收票据的资料如下：

(1) 20＊1年2月1日，甲公司销售一批商品给乙公司，售价（不含增值税）为500 000元。售出商品符合收入确认条件，款项尚未收到。

(2) 20＊1年5月8日，甲公司收到乙公司签发并承兑的不带息商业汇票一张，用于抵偿其所欠的货款。该票据的面值为585 000元，期限为6个月。

(3) 20＊1年8月12日，甲公司持该票据向银行申请贴现，扣除贴现利息12 870元后，银行将余款转入甲公司的存款账户。贴现协议约定，如果商业汇票到期付款人无力支付票款时，银行可以向甲公司追偿。

(4) 20＊1年11月8日，甲公司收到银行通知，乙公司无力支付商业汇票的票款，已将该票据的票款从甲公司的存款账户中扣除。

要求：

(1) 编制20＊1年2月1日甲公司销售商品的会计分录。

(2) 编制20＊1年5月8日甲公司收到商业汇票的会计分录。

(3) 编制20＊1年8月12日甲公司贴现应收票据的会计分录。

(4) 编制20＊1年11月8日向银行支付票款的会计分录。

**练习三**

甲公司为增值税一般纳税人，适用的增值税税率为17%。该公司20＊1年有关应收账款的资料如下：

(1) 20＊1年3月15日，甲公司销售一批商品给乙公司，不含增值税的售价为300 000元。售出商品符合收入确认条件，款项尚未收到。该批商品的成本为200 000元。双方约定，乙公司于20＊1年10月31日支付货款给甲公司。

(2) 20＊1年6月4日，因急需资金，甲公司将应收乙公司的债权出售给中国银行，售价为263 250元。双方约定，在应收乙公司货款到期无法收回时，中国银行不能向甲公司追偿；实际发生的销售退回由甲公司承担。根据以往经验，预计该批商品发生销售退回金额为17 550元。中国银行在扣除了预留款项17 550元后，将余款转入甲公司存款账户。

(3) 20＊1年8月3日，甲公司收到乙公司退回的商品，金额为10 530元(其中包括增值税1 530元)。退回商品的成本为6 000元。

(4) 20＊1年8月6日，甲公司收到中国银行的通知，已将多收的预留款项7 020元转入甲公司存款账户。

要求：

(1) 编制20＊1年3月15日甲公司销售商品的会计分录。

(2) 编制20＊1年6月4日甲公司出售债权的会计分录。

(3) 编制 20＊1 年 8 月 3 日甲公司退回商品的会计分录。

(4) 编制 20＊1 年 8 月 6 日甲公司收到银行退回部分预留款项的会计分录。

**练习四**

甲公司为增值税一般纳税人，适用的增值税税率为 17%。该公司 20＊1 年有关应收账款的资料如下：

(1) 20＊1 年 2 月 1 日，甲公司销售一批商品给乙公司，不含增值税的售价为 300 000 元。售出商品符合收入确认条件，款项尚未收到。双方约定，乙公司于 20＊1 年 11 月 30 日支付货款给甲公司。

(2) 20＊1 年 3 月 1 日，因急需资金，甲公司以应收乙公司货款为质押从中国银行取得 6 个月的流动资金借款 200 000 元。双方约定，该笔借款的年利率为 6%，利息按月支付，本金到期偿还。

(3) 20＊1 年 11 月 30 日，甲公司收到乙公司支付的 351 000 元货款。

要求：

(1) 编制 20＊1 年 2 月 1 日甲公司销售商品的会计分录。

(2) 编制 20＊1 年 3 月 1 日质押应收账款取得借款的会计分录。

(3) 编制甲公司每月末支付利息的会计分录。

(4) 编制 20＊1 年 9 月 1 日甲公司偿还借款本金的会计分录。

(5) 编制 20＊1 年 11 月 30 日甲公司收回货款的会计分录。

**练习五**

甲公司为增值税一般纳税人，适用的增值税税率为 17%。该公司按应收款项余额的 2%计提坏账准备。有关资料如下：

(1) 20＊1 年 1 月 1 日，甲公司“应收账款”账户余额为 2 000 000 元，“坏账准备”账户贷方余额为 40 000 元。

(2) 20＊2 年，甲公司发生如下相关业务：

①向 A 公司销售一批商品，不含增值税的售价为 8 000 000 元，款

项尚未收到。

②收到B公司上年度所欠的货款1 000 000元并存入银行。

③因C公司破产，该公司所欠的200 000元货款不能收回，确认为坏账。

④收回上年度已转销的应收账款500 000元并存入银行。

假定甲公司除应收账款外，无其他应收款项。

要求：

(1) 根据资料(2)，编制甲公司有关业务的会计分录。

(2) 计算20*2年末甲公司应计提的坏账准备并编制会计分录。

**练习六**

甲公司为增值税一般纳税人，适用的增值税税率为17%。该公司按应收款项余额的5%计提坏账准备。有关资料如下：

(1) 20*1年12月1日，甲公司"应收账款"账户余额为500万元，"坏账准备"账户贷方余额为25万元。

(2) 20*1年12月，甲公司发生如下相关业务：

①12月5日，向乙公司销售一批商品，按照商品价目表标明的价格计算的金额为1 000万元(不含增值税)。由于是成批销售，甲公司给予乙公司10%的商业折扣。款项尚未收到。

②12月8日，因丙公司破产，该公司所欠的40万元货款不能收回，确认为坏账。

③12月15日，收到丁公司所欠的货款500万元并存入银行。

④12月20日，收回上年度已转销的应收账款10万元并存入银行。

⑤12月30日，向戊企业销售商品一批，不含增值税的售价为100万元。为了尽早收回货款，甲公司在合同中规定的现金折扣条件为"2/10,1/20,n/30"。假定计算现金折扣时不考虑增值税。

假定甲公司除应收账款外，无其他应收款项。

要求：

(1) 根据资料(2)，编制甲公司有关业务的会计分录。

(2) 计算 20＊1 年年末甲公司应计提的坏账准备并编制会计分录。（单位：万元）

**练习七**

甲公司为增值税一般纳税人，适用的增值税税率为 17%。该公司按应收款项余额的 5‰计提坏账准备。

20＊1 年 1 月 1 日，甲公司“应收账款”账户余额为 4 000 万元，“坏账准备”账户贷方余额为 20 万元。

20＊1 年至 20＊3 年，甲公司发生如下有关业务：

(1) 20＊1 年

①11 月 1 日，销售一批商品，不含增值税的售价为 4 000 万元，款项尚未收到。

②12 月 5 日，实际发生坏账损失 80 万元。

(2) 20＊2 年

①4 月 5 日，收到以前年度客户所欠的账款 2 000 万元并存入银行。

②8 月 10 日，销售一批商品，不含增值税的售价为 5 000 万元，款项尚未收到。

③12 月 15 日，实际发生坏账损失 50 万元。

(3) 20＊3 年

①3 月 5 日，收到以前年度客户所欠的账款 5 000 万元并存入银行。

②7 月 10 日，销售一批商品，不含增值税的售价为 3 000 万元，款项尚未收到。

③10 月 20 日，收回以前年度已转销的应收账款 25 万元并存入银行。

假定甲公司除应收账款外，无其他应收款项。

要求：根据上述资料，编制甲公司 20＊1 年至 20＊3 年有关业务的会计分录。（单位：万元）

# 第三章　存　　货

## 一、填空题

1. 存货是指企业在日常活动中持有以备出售的__________、处在生产过程中的________、在生产过程或者提供劳务过程中耗用的__________等。

2. 存货在符合定义的前提下，应当同时满足下列两个条件，才能加以确认：(1) 与该存货有关的经济利益__________流入企业；(2) 该存货的__________能够可靠地计量。

3. 外购存货的成本即______________，是指货物从________到________前所发生的全部支出。

4. 企业通过进一步加工取得的存货，其成本由________________、______________、________________构成。

5. 委托加工存货的成本，一般包括______________________、________、________、________等，以及__________________________。

6. 投资者投入的存货，按照____________________作为其入账价值，但合同或者协议约定价值不公允的除外。在投资合同或者协议约定的价值不公允的情况下，按照该存货的________作为其入账价值。

7. 盘盈的存货，应按________________作为其入账价值。

8. 随同商品出售但不单独计价的包装物，应将其成本计入当期__________；随同商品出售并单独计价的包装物，应将其成本计入当期__________。

9. 我国企业会计准则规定，资产负债表日，存货应当按照__________________计量。

10. 存货的可变现净值是指在企业日常活动中，存货的______________减去________________、________________以及____________后的金额。

## 二、单项选择题

1. 甲公司为增值税一般纳税人，其于 20＊1 年 1 月 10 日购入一批原材料，取得的增值税专用发票上注明的价款为 20 000 元，增值税额为 3 400 元，入库前发生的挑选整理费用为 600 元。该原材料的入账金额为(　　)元。

A. 20 600　　B. 23 400　　C. 20 000　　D. 24 000

2. 某增值税一般纳税人从外地购进一批原材料，取得的增值税专用发票上注明的价款为 40 000 元，增值税额为 6 800 元，另外支付运输部门运费 3 000 元，支付装卸费用 600 元。税法规定，运费的增值税扣除率为 7%。该批材料的采购成本为(　　)元。

A. 43 600　　B. 46 800　　C. 50 400　　D. 43 390

3. 某企业为增值税一般纳税人。20＊1 年 3 月 1 日，购入一批甲材料，取得的增值税专用发票上注明的价款为 80 万元，增值税额为 13.60 万元。材料到达后，验收时发现短缺了 30%，其中合理损耗占 5%，另 25% 的短缺尚待查明原因。该批材料的采购成本为(　　)万元。

A. 70.20　　B. 56　　C. 80　　D. 60

4. 某企业为增值税一般纳税人。20＊1 年 3 月，该企业委托外单位加工一批应税消费品，发出加工用材料的成本为 50 万元，支付加工费 5 万元，受托方适用的增值税税率为 17%，受托方代收代缴的消费税为 0.50 万元。该批消费品加工后用于连续生产应税消费品。该批消费品的成本为(　　)万元。

A. 59　　B. 55.50　　C. 58.50　　D. 55

5. 存货的可变现净值是指(　　)。

A. 存货的重置成本

B. 存货的估计售价

C. 存货的现行售价

D. 存货的估计售价减去至完工时估计将要发生的成本、估计的销售费用及相关税费后的金额

6. 存货在资产负债表中列示的价值应当是存货的(　　)。

A. 账面余额　　B. 重置成本

C. 可变现净值　　D. 成本与可变现净值较低者

7. 某公司采用成本与可变现净值孰低法对期末存货进行计量,按照单项存货计提存货跌价准备。20＊1年12月31日,该公司库存的以备出售的存货信息如下表所示(单位:万元)。20＊1年12月31日,该公司应计提的存货跌价准备为(　　)万元。

| 存货项目 | 成本 | 估计的销售费用和税费 | 合同价格 | 市场价格 | 已计提的存货跌价准备 |
|---|---|---|---|---|---|
| A | 200 | 12 | 198 | 200 | 0 |
| B | 170 | 28 | 200 | 195 | 0 |
| C | 320 | 25 | — | 310 | 0 |

A. 47　　B. 49　　C. 50　　D. 52

8. 20＊1年12月1日,甲公司与乙公司签订的合同约定:20＊2年3月1日,甲公司为乙公司提供A产品120件,每件价格为1 500元。20＊1年12月31日,甲公司还没有生产出来A产品,但已经持有生产A产品120件的原材料——T,其成本为144 000元,市场销售价格为140 400元。20＊1年12月31日,T材料可变现净值的计量基础为(　　)。

A. 144 000　　B. 140 400　　C. 180 000　　D. 39 600

9. 某公司按照成本与可变现净值孰低对期末存货进行计量。20＊1年12月31日,库存用于生产A产品的原材料的实际成本为40万元,估计进一步加工所需费用为16万元,估计销售费用和相关税费为8万元。该原材料加工完成后的产品的估计售价为60万元。该原材料未

计提过存货跌价准备。20*1年12月31日,该项材料应计提的存货跌价准备为(　　)万元。

A. 0　　B. 4　　C. 16　　D. 20

10. 某公司按照成本与可变现净值孰低对期末存货进行计量。20*1年12月31日,库存A材料的成本为68万元,其专门用于生产甲产品,甲产品的合同价格为90万元。估计将A材料加工成甲产品尚需投入人工及制造费用27万元,估计甲产品在销售过程中发生的销售费用和税费为12万元,A材料已计提存货跌价准备10万元。20*1年12月31日,A材料应计提的存货跌价准备为(　　)万元。

A. 7　　B. −5　　C. 17　　D. −10

11. 某企业原材料按照计划成本计价核算。20*1年3月1日,“材料成本差异”账户的借方余额为4 000元,“原材料”账户余额为250 000元;本月购入并已验收入库的原材料实际成本475 000元,计划成本为425 000元;本月发出原材料计划成本为100 000元。20*1年3月31日,该企业原材料的实际成本为(　　)元。

A. 575 000　　B. 621 000　　C. 614 195　　D. 572 400

12. 某企业为增值税一般纳税人,原材料按计划成本计价核算,甲材料计划单位成本为每千克70元。20*1年6月1日,该企业购入甲材料1 000千克,取得的增值税专用发票上注明的价款为70 400元,增值税额为11 968元。材料验收入库时短缺了20千克,经查属于运输途中的合理损耗。该批入库原材料的材料成本差异为(　　)元。

A. 1 800　　B. 400　　C. 12 368　　D. 13 768

13. 对于采用计划成本法核算原材料的企业而言,下列项目中应记入“材料采购”账户贷方的是(　　)。

A. 材料的买价　　B. 采购材料的运杂费

C. 结转入库材料的超支差异　　D. 结转入库材料的节约差异

14. 某商业企业采用售价成本法计算期末存货成本。20*1年6月1日,结存商品的成本为25万元,售价总额为36万元。本月购入商品的实际成本为60万元,售价总额为100万元。当月销售商品收入为

80万元。该企业月末库存商品的成本为(　　)万元。

A. 33.60　　B. 35　　C. 30　　D. 40

15. 对于不能替代使用的存货、为特定项目专门购入或者制造的存货及提供的劳务,通常应当采用(　　)确定发出存货的成本。

A. 个别计价法　　B. 先进先出法

C. 移动加权平均法　　D. 月末一次加权平均法

## 三、多项选择题

1. 增值税一般纳税人在存货采购过程中发生的下列支出中,应当计入存货成本的有(　　)。

A. 运输途中的保险费

B. 运输途中的合理损耗

C. 入库前的挑选整理费

D. 准予从增值税销项税额中抵扣的增值税进项税额

2. 下列项目中,不得计入存货成本的有(　　)。

A. 非正常消耗的直接材料、直接人工及制造费用

B. 存货采购过程中发生的仓储费

C. 因遭受意外灾害而发生的损失

D. 存货入库后发生的储存费用

3. 下列情形中,表明存货的可变现净值为零的有(　　)。

A. 已霉烂变质的存货

B. 已过期且无转让价值的存货

C. 生产中已不再需要,并且已无使用价值和转让价值的存货

D. 该存货的市场价格持续下跌,并且在可预见的未来无回升的希望

4. 计算存货的可变现净值时,应从存货的估计售价中扣除的项目包括(　　)。

A. 销售过程中可能发生的销售费用

B. 存货的账面价值

C. 至完工时估计将要发生的加工成本

D. 销售过程中可能发生的相关税费

5. 下列情形中，表明存货的可变现净值低于其成本的有(　　)。

A. 存货的市场价格持续下跌，并且在可预见的未来无回升的希望

B. 企业使用该项原材料生产的产品的成本大于产品的销售价格

C. 企业因产品更新换代，原有库存原材料已不适合新产品的需要，而该原材料的市场价格又低于其账面成本

D. 因企业所提供的商品或者劳务过时或消费偏好改变而使市场的要求发生变化，导致商品或者劳务市场价格逐渐下跌

6. 下列项目中，通常采用个别计价法确定发出存货成本的有(　　)。

A. 不能替代使用的存货

B. 为特定项目专门购入或者制造的存货

C. 单位成本较高的存货

D. 数量较少的存货

7. 下列说法中，正确的有(　　)。

A. 随同商品出售不单独计价的包装物，其成本应计入其他业务成本

B. 随同商品出售单独计价的包装物，其成本应计入其他业务成本

C. 出租包装物的成本摊销额应计入销售费用

D. 出借包装物的成本摊销额应计入销售费用

8. 下列税金中，应当计入存货成本的有(　　)。

A. 增值税小规模纳税人购入原材料时所支付的增值税

B. 增值税一般纳税人购入原材料时所支付的增值税

C. 企业进口原材料时所缴纳的关税

D. 企业委托其他单位加工存货时所支付的消费税

9. 委托加工存货收回后用于连续生产应税消费品的，其成本应当包括(　　)。

A. 支付的消费税

B. 支付的加工费
C. 支付的运杂费
D. 加工过程中实际耗用的原材料的成本
10. 下列项目中，应计入销售费用的有(　　)。
A. 出借包装物的成本摊销额
B. 随同产品出售并单独计价的包装物的成本
C. 出租包装物的成本摊销额
D. 随同产品出售并不单独计价的包装物的成本
11. 下列项目中，应当记入“材料成本差异”账户贷方的有(　　)。
A. 入库材料实际成本小于计划成本的差额
B. 入库材料实际成本大于计划成本的差额
C. 发出材料负担的超支差异
D. 发出材料负担的节约差异
12. 下列关于存货可变现净值计量基础的表述中，正确的有(　　)。
A. 没有销售合同约定的产成品，应当以其市场销售价格作为可变现净值的计量基础
B. 用于出售的材料，应当以其市场销售价格作为可变现净值的计量基础
C. 为执行销售合同而持有的产成品，应当以其合同价格作为可变现净值的计量基础
D. 持有产成品的数量多于销售合同订购的数量，超出部分仍然应当以其合同价格作为可变现净值的计量基础
13. 下列项目中，应当包括在资产负债表“存货”项目中的有(　　)。
A. 委托其他单位加工的存货
B. 货款已付但未收到的原材料
C. 为建造厂房而准备的工程物资
D. 处于生产过程中的在产品
14. 下列关于存货会计处理的表述中，正确的有(　　)。
A. 存货应当按照成本进行初始计量

B. 存货成本包括采购成本、加工成本和其他成本

C. 会计期末，存货应当按照成本与可变现净值孰低计量

D. 存货采用计划成本计价核算的，期末应当将本期发出存货和结存存货的计划成本调整为实际成本

15. 下列关于存货可变现净值计量基础的表述中，正确的有(　　)。

A. 没有销售合同约定的产成品，以其估计售价作为可变现净值的计量基础

B. 有销售合同约定的产成品，以其合同价格作为可变现净值的计量基础

C. 用于出售但没有销售合同约定的材料，以其市场价格作为可变现净值的计量基础

D. 用于生产产品且产品签订了销售合同的材料，以其市场价格作为可变现净值的计量基础

## 四、判断题

1. (　　)对于采购过程中发生的合理的途中损耗应当作为“其他可归属于存货采购成本的费用”计入采购成本。

2. (　　)可变现净值是指在日常活动中存货的估计售价减去至完工时估计将要发生的成本、估计的销售费用及相关税费后的金额。因此，可变现净值通常并不等同于销售价格。

3. (　　)如果销售合同定购的数量等于企业持有的标的物存货的数量，那么该存货的可变现净值就应以合同价格为基础，减去估计的销售费用及相关税费后的金额来确定。

4. (　　)因企业所提供的商品或者劳务过时或者消费偏好改变而使市场的要求发生变化，导致商品或者劳务市场价格逐渐下跌的，存货的可变现净值为零。

5. (　　)对于盘盈的存货，应当按照重置成本作为其入账金额。

6. (　　)企业库存的、为在建工程购买的材料，应当在资产负债表的“存货”项目中列示。

7.(　　)委托加工存货所缴纳的消费税，应当计入委托加工存货的成本。

8.(　　)企业购入的存货如果只是发票账单到达而实物没有到达，则该批存货的成本不应在当期期末所编制的资产负债表中列示。

9.(　　)企业购入的存货如果只是实物到达而发票账单没有到达，则该批存货的成本不应在当期期末所编制的资产负债表中列示。

10.(　　)增值税小规模纳税人购入存货所支付的增值税进项税额，应当计入存货成本。

11.(　　)对于数量繁多、单价较低的存货，可以按存货类别计提存货跌价准备。

12.(　　)成本与可变现净值孰低法的理论基础主要是使存货符合资产的定义。

13.(　　)在采用成本与可变现净值孰低法对期末存货进行计量时，采用逐项比较法确定的期末存货价值最低。

14.(　　)计划成本法中，月末计算本月发出材料应负担的成本差异时，如果计算结果为正数，表示本月发出材料负担的成本差异为节约差异；如果计算结果为负数，表示本月发出材料负担的成本差异为超支差异。

15.(　　)存货的可变现净值是指存货的估计售价减去估计的销售费用和相关税费后的金额。

## 五、计算及账务处理题

**练习一**

甲公司为增值税一般纳税人，适用的增值税税率为17%，存货采用实际成本核算，期末存货按照成本与可变现净值孰低计量，按照单个存货项目计提存货跌价准备。

20＊1年12月，甲公司发生以下交易或者事项：

(1) 12月1日，购入一批原材料，取得的增值税专用发票上注明的价款为2 000 000元，增值税额为340 000元，款项尚未支付。在验收过程中发现该批材料短少了10 000元。经查，属于运输途中的合理损耗。

(2) 12月5日，购入一批原材料，取得的增值税专用发票上注明的价款为1 000 000元，增值税额为170 000元。另外，供货单位垫付了30 000元的包装费、装卸费。款项已通过银行转账支付，材料已经验收入库。

(3) 12月7日，发出一批原材料，委托乙公司代为加工成半成品(属于应税消费品)，以便本公司进一步加工为产成品。该批原材料的成本为400 000元。

(4) 12月8日，支付乙公司加工费50 000元(不含增值税)，乙公司适用的增值税税率为17%；由乙公司代收代缴的消费税为50 000元。

(5) 12月20日，委托乙公司代为加工的半成品验收入库。

(6) 12月25日，对外出售一批原材料。该批原材料的成本为120 000元，不含增值税的售价为200 000元。款项尚未收到。

(7) 12月31日，结存存货中包括1 000件A产品和专门用于生产800件B产品的T材料100吨。

A产品单位成本为6 000元。其中，800件A产品签订有不可撤销的销售合同，合同价格为每件9 000元；200件A产品没有签订销售合同，市场销售价格为每件7 500元。估计销售每件A产品将要发生的销售费用和相关税费为2 000元。

T材料单位成本为40 000元。将该批T材料加工成800件B产品，估计将要发生加工成本1 200 000元。800件B产品没有签订销售合同，市场销售价格为6 400 000元，估计销售费用和相关税费为1 600 000元。

要求：

(1) 根据资料(1)～(6)，编制相关的会计分录。

(2) 计算12月31日A产品和T材料应计提的存货跌价准备，并编制相应的会计分录。

**练习二**

甲公司按照单个存货项目计提存货跌价准备。20*1年12月31日，该公司有关资料如下：

(1) 库存产成品A,账面余额为3 000 000元,已计提存货跌价准备300 000元,目前市场销售价格为3 800 000元,估计销售费用和相关税费为100 000元。

(2) 库存产成品B,账面余额为5 000 000元,未计提过存货跌价准备。库存产成品B中,40%已签订销售合同,合同价格为2 300 000元;另外60%未签订销售合同,目前市场销售价格为2 900 000元。库存产成品B的估计销售费用和相关税费为250 000元。

(3) 库存材料甲,因企业改变产品结构,导致无法使用,准备对外销售。库存材料甲的账面余额为1 200 000元,未计提过存货跌价准备,目前市场销售价格为1 100 000元,估计销售费用和相关税费为50 000元。

(4) 库存材料乙20吨,每吨实际成本1 600元,全部用于生产10件C产品,估计C产品每件加工成本为2 000元。10件C产品已签订销售合同,合同价格每件为4 500元,市场销售价格为每件5 000元。估计10件C产品的销售费用和相关税费为销售价格的10%。库存材料乙未计提过存货跌价准备。

要求:计算各单项存货应当计提的存货跌价准备,并编制相应的会计分录。

**练习三**

某企业为增值税一般纳税人,原材料按计划成本计价核算。该企业甲材料单位计划成本为100元。20*1年5月份,该企业有关甲材料的资料如下:

(1)"原材料"账户月初余额为200 000元,"材料成本差异"账户月初贷方余额为4 500元。

(2) 20*1年5月份,该企业发生以下有关甲材料的交易或者事项:

①5月15日,从外地A公司购入甲材料5 000公斤,取得的增值税专用发票上注明的价款为480 000元,增值税额为81 600元。款项已

通过银行转账支付，材料尚未到达。

②5 月 20 日，从 A 公司购入的甲材料到达，验收入库。

③5 月 31 日，汇总本月发料凭证，本月共发出甲材料 5 800 公斤，全部用于产品生产。

要求：

(1) 根据资料(2)编制有关业务的会计分录。

(2) 计算本月发出甲材料应负担的成本差异，并编制相应的会计分录。

**练习四**

某企业为增值税一般纳税人，原材料按计划成本计价核算。该企业甲材料单位计划成本为 20 元。20＊1 年 8 月份，该企业有关甲材料的资料如下：

(1) “原材料”账户月初借方余额为 300 000 元，“材料成本差异”账户月初贷方余额为 17 000 元，“材料采购”账户月初借方余额为 800 000 元(系上月已付款但尚未运达的 40 400 公斤甲材料的实际成本)。

(2) 20＊1 年 8 月份，该企业发生以下有关甲材料的交易或者事项：

①8 月 4 日，上月已付款的甲材料 40 400 公斤如数收到并已经验收入库。

②8 月 21 日，从外地 A 公司购入甲材料 80 000 公斤，取得的增值税专用发票上注明的价款为 1 600 000 元，增值税额为 272 000 元。供货单位垫付包装费、保险费 9 300 元。款项已通过银行转账支付，材料尚未到达。

③8 月 26 日，从 A 公司购入的甲材料到达，验收入库时发现短缺了 400 公斤，经查属于运输途中的合理损耗。

④8 月 31 日，汇总本月发料凭证，本月共发出甲材料 70 000 公斤，全部用于产品生产。

要求：

(1) 根据资料(2)编制有关业务的会计分录。

(2) 计算本月发出甲材料应负担的成本差异,并编制相应的会计分录。

**练习五**

某公司为增值税一般纳税人,适用的增值税税率为17%,存货按实际成本核算,按单个存货项目计提存货跌价准备。20＊1 年 12 月,该公司有关甲产品的资料如下:

(1)"库存商品"账户借方余额为 50 000 元,"存货跌价准备"账户余额为 0。

(2) 20＊1 年 12 月,该公司发生的有关甲商品的交易或者事项如下:

①12 月 1 日,向甲企业购入一批甲商品,取得的增值税专用发票上注明的价款为 200 000 元,增值税额为 34 000 元。款项已通过银行转账支付,商品已验收入库。

②12 月 10 日,向乙企业购入一批甲商品,取得的增值税专用发票上注明的价款为 500 000 元,增值税额为 85 000 元。款项已通过银行转账支付,商品已验收入库。

③12 月 20 日,销售一批甲商品,不含增值税的售价为 750 000 元,成本为 600 000 元。款项收到并存入银行。

④12 月 31 日,对库存商品进行减值测试,估计其可变现净值为 100 000 元。

要求:根据资料(2)编制有关业务的会计分录。

**练习六**

某公司为增值税一般纳税人,适用的增值税税率为17%,存货采用实际成本核算,发出存货采用月末一次加权平均法计量,期末存货按照成本与可变现净值孰低计量,按单个存货项目计提存货跌价准备。该公司持有的原材料用于生产甲产品。20＊1 年 12 月,该公司有关 A 材料的资料如下：

(1) 20＊1年12月1日，该公司结存A材料的数量为1 000公斤，成本为180万元。该批材料未计提存货跌价准备。

(2) 20＊1年12月，该公司发生了以下有关A材料的交易或者事项：

①12月1日，购入A材料5 000公斤，取得的增值税专用发票上注明的价款为1 000万元，增值税额为170万元，款项尚未支付，A材料已如数验收入库。

②12月5日，购入A材料8 000公斤，取得的增值税专用发票上注明的价款为1 900万元，增值税额为323万元，款项已通过银行转账支付，A材料已如数验收入库。

③12月31日，汇总本月发料凭证，本月共发出A材料10 000公斤，均用于生产甲产品。

④12月31日，由于出现了减值的迹象，该公司对A材料进行了减值测试。估计用结存A材料生产的甲产品的售价总额为1 600万元，估计将A材料加工成甲产品发生的加工成本为620万元，估计销售费用及相关税费为150万元。

要求：

(1) 编制12月1日该公司购入A材料的会计分录。

(2) 编制12月5日该公司购入A材料的会计分录。

(3) 计算该公司本月发出A材料的实际成本，并编制相应的会计分录。

(4) 计算该公司12月31日结存A材料应计提的存货跌价准备，并编制相应的会计分录。

(单位：万元)

**练习七**

A公司为增值税一般纳税人，适用的增值税税率为17%。A公司存货按实际成本核算，采用月末一次加权平均法确定发出存货的成本。

20 * 1 年 12 月 1 日，A 公司结存的用于生产甲产品的 S 材料的数量为 1 400 公斤，成本为 385 万元，未计提存货跌价准备。20 * 1 年 12 月，A 公司发生以下有关 S 材料的交易或者事项：

(1) 12 月 5 日，购入 S 材料 800 公斤，取得的增值税专用发票上注明的价款为 216 万元，增值税额为 36.72 万元。供货方为 A 公司垫付了装卸费、包装费 1.80 万元。款项已通过银行转账支付，材料已经验收入库。

(2) 12 月 8 日，购入 S 材料 590 公斤，取得的增值税专用发票上注明的价款为 163 万元，增值税额为 27.71 万元。供货方为 A 公司垫付了装卸费、保险费 0.40 万元。款项尚未支付，材料已经验收入库。

(3) 12 月 15 日，收到 B 公司作为资本投入的 S 材料 5 000 公斤，并验收入库。投资合同约定该批材料价值为 1 655.55 万元，其中包括增值税进项税额为 240.55 万元。B 公司开具了增值税专用发票。假定：①投资合同约定的该批材料的价值是公允的；②A 公司接受投资时，未产生资本溢价。

(4) 12 月 20 日，销售 S 材料 600 公斤，不含增值税的售价为 171 万元。款项已经收到并存入银行。

(5) 12 月 31 日，汇总本月发料凭证，本月共发出 S 材料 3 850 公斤，其中 3 250 公斤用于甲产品的生产，600 公斤对外销售。

(6) 12 月 31 日，由于 S 材料出现减值的迹象，该公司对其进行了减值测试，估计 S 材料的可变现净值为 1 000 万元。

要求：

(1) 根据资料(1)～(4)编制相关的会计分录。

(2) 计算 A 公司 20 * 1 年 12 月 S 材料的加权平均单位成本。

(3) 根据资料(5) 编制相关的会计分录。

(4) 计算 A 公司 20 * 1 年 12 月 31 日结存 S 材料应计提的存货跌价准备，并编制相应的会计分录。

(单位：万元)

**练习八**

甲公司为增值税一般纳税人，适用的增值税税率为17%，原材料按实际成本核算。20＊1年11月至12月，甲公司有关A材料的资料如下：

(1) 20＊1年11月，甲公司委托乙公司加工A材料(属于应税消费品)，准备收回后用于生产应税消费品M。乙公司为增值税一般纳税人，适用的增值税税率为17%。A材料适用的消费税税率为10%。有关资料如下：

①11月1日，发出一批用于加工A材料的B材料，实际成本为620 000元。

②12月1日，用银行存款支付乙公司加工费100 000元(不含增值税)及相应的增值税和消费税。

③12月20日，用银行存款支付往返运杂费20 000元。

④12月30日，A材料加工完成，收回并验收入库。

(2) 甲公司收回的上述A材料用于生产1 000件M产品。该1 000件M产品已签订了不可撤销的销售合同，合同价格每件1 200元。12月31日，该批A材料的市场销售价格为700 000元，加工成M产品估计尚需发生加工成本500 000元，估计销售M产品将要发生的销售费用和相关税费为50 000元。

要求：

(1) 根据资料(1)编制相关的会计分录。

(2) 根据资料(2)计算20＊1年12月31日库存A材料应计提的存货跌价准备，并编制相应的会计分录。

# 第四章　投　　资

## 一、填空题

1. 金融工具是指形成一个企业的__________，并形成其他单位的__________或__________的合同。金融工具可以分为__________和__________。

2. 企业应当结合自身业务特点和风险管理要求，将取得的金融资产在初始确认时分为以下几类：(1)__________；(2)__________；(3)__________；(4)__________。

3. 以公允价值计量且其变动计入当期损益的金融资产，可以进一步分为交易性金融资产和__________。

4. 持有至到期投资，是指__________、__________，且企业有__________持有至到期的非衍生金融资产。

5. 贷款和应收款项，是指__________、__________的非衍生金融资产。

6. 企业初始确认金融资产时，应当按照__________计量。对于以公允价值计量且其变动计入当期损益的金融资产，相关交易费用应当__________；对于其他类别的金融资产，相关交易费用应当__________，构成__________的组成部分。

7. 持有至到期投资、贷款和应收款项以__________后续计量，其发生减值时，应当将该金融资产的账面价值与预计未来现金流量现值之间的差额，确认为__________，计入当期损益。

8. 同一控制下的控股合并中，合并方应当在合并日按照__________作为长期股权投资的初始投资成本。

9. 非同一控制下的控股合并中，购买方应当按照确定的企业合并成本作为长期股权投资的初始投资成本。企业合并成本包括购买方付出的资产、发生或承担的负债、发行的权益性证券的__________之和，购买方为企业合并发生的审计、法律服务、评估咨询等中介费用及其他相关管理费用，应当于发生时计入__________；购买方作为合并对价发行的权益性证券或债务性证券的交易费用，应当计入__________。

10. 长期股权投资采用成本法核算的是以下两类：一是__________；二是对被投资单位不具有共同控制或者重大影响，且在活跃市场中没有报价、公允价值不能可靠计量的长期股权投资。长期股权投资采用权益法核算的是以下两类：一是__________；二是对联营企业投资。

## 二、单项选择题

1. 20＊1 年 2 月 2 日，甲公司支付 830 万元取得一项股权投资作为交易性金融资产核算，支付价款中包括已宣告但尚未领取的现金股利 20 万元，另支付交易费用 5 万元。甲公司该项交易性金融资产的入账价值为（　　）万元。

A. 810　　B. 815　　C. 830　　D. 835

2. 甲公司 20＊1 年 1 月 1 日购入面值为 200 万元且年利率为 4% 的 A 债券。取得时支付价款 208 万元（含已到付息期但尚未领取的利息 8 万元），另支付交易费用 1 万元，甲公司将该项金融资产划分为交易性金融资产。20＊1 年 1 月 5 日，收到购买价款中所含的利息 8 万元；20＊1 年 12 月 31 日，A 债券的公允价值为 212 万元。20＊2 年 1 月 5 日，收到 A 债券 20＊1 年度的利息 8 万元；20＊2 年 4 月 20 日，甲公司出售 A 债券，售价为 216 万元，扣除手续费 1 万元后，实收款项 215 万元。甲公司出售 A 债券时应确认投资收益的金额为（　　）万元。

A. 14　　B. 11　　C. 15　　D. 22

3. 下列金融资产中，一般应作为可供出售金融资产核算的是（　　）。

A. 企业从二级市场购入准备随时出售套利的股票

B. 企业购入有意图和能力持有至到期的公司债券

C. 企业购入没有公开报价且不准备随时变现的A公司1%的股权

D. 企业购入有公开报价但不准备随时变现的A公司1%的流通股票

4. 下列各项中,不应计入相关金融资产或者金融负债初始入账价值的是(    )。

A. 发行长期债券发生的交易费用

B. 取得交易性金融资产发生的交易费用

C. 取得持有至到期投资发生的交易费用

D. 取得可供出售金融资产发生的交易费用

5. A公司于20*2年4月5日从证券市场上购入B公司发行在外的股票200万股作为可供出售金融资产,每股支付价款4元(含已宣告但尚未发放的现金股利0.5元),另支付相关费用12万元。A公司可供出售金融资产的入账价值为(    )万元。

A. 700　　B. 800　　C. 712　　D. 812

6. B公司于20*1年3月20日购买甲公司股票150万股,成交价格为每股9元,作为可供出售金融资产;购买该股票另支付手续费等22.5万元。6月30日该股票市价为每股8.25元,20*1年8月30日以每股7元的价格将股票全部售出,则该项可供出售金融资产影响投资损益的金额为(    )万元。

A. −322.5　　B. 52.5　　C. −18.75　　D. 3.75

7. 甲企业于20*2年1月1日以560万元的价格购进当日发行的面值为600万元的公司债券。其中,债券的买价为555万元,相关税费为5万元。该公司债券票面利率为4%,期限为3年,到期一次性还本付息,实际利率为5%,企业准备持有至到期日。则20*2年12月31日该持有至到期投资的摊余成本为(    )万元。

A. 584　　B. 588　　C. 556　　D. 650

8. 下列关于金融资产后续计量的表述中，不正确的是(　　)。

A. 以公允价值计量且其变动计入当期损益的金融资产，按照公允价值进行后续计量，公允价值变动计入公允价值变动损益

B. 持有至到期投资，按照摊余成本进行后续计量

C. 可供出售金融资产，按照公允价值进行后续计量，公允价值变动计入资本公积

D. 贷款和应收款项，按照公允价值进行后续计量，公允价值变动计入当期损益

9. 关于金融资产的重分类，下列说法中正确的是(　　)。

A. 交易性金融资产与持有至到期投资之间不能进行重分类

B. 交易性金融资产在符合一定条件时可以与贷款进行重分类

C. 交易性金融资产与可供出售金融资产之间可以进行重分类

D. 可供出售金融资产可以随意与持有至到期投资进行重分类

10. 下列关于企业合并形成的长期股权投资的表述中，正确的是(　　)。

A. 同一控制下发生的与企业合并直接相关的费用，应计入投资收益

B. 非同一控制下，以支付非货币性资产作为合并对价的，所支付的非货币性资产在购买日的公允价值与其账面价值的差额应作为资产处置损益，计入当期损益

C. 同一控制下长期股权投资的初始投资成本与所付出资产账面价值的差额，均应调整留存收益

D. 对于所付价款中包含的被投资单位已宣告但尚未发放的现金股利，应确认为投资收益

11. A公司20＊1年1月取得B公司(非上市公司)15%的有表决权资本，并准备长期持有，对B公司无重大影响。20＊1年5月4日，B公司宣告发放20＊0年现金股利400万元。20＊1年B公司实现净利润5 000万元。不考虑其他因素，则A公司20＊1年应确认的投资收益为(　　)万元。

A. 0　　B. 60　　C. 750　　D. 690

12. A公司于20＊1年1月1日用货币资金从证券市场上购入B公司发行在外股份的20%，该行为对B公司具有重大影响，实际支付价款450万元，另支付相关税费5万元。同日，B公司可辨认净资产的公允价值为2 200万元。不考虑其他因素，则20＊1年1月1日，A公司该项长期股权投资的账面价值为（　　）。

A. 450　　B. 455　　C. 40　　D. 45

13. 甲公司20＊1年1月1日以银行存款3 000万元从证券市场购入乙公司20%的股权，能够对乙公司的生产经营活动产生重大影响，且该项投资在活跃的市场中不存在公允价值，另发生直接交易费用10万元。则甲公司的下列会计处理，不正确的是（　　）。

A. 甲公司将该项投资划分为长期股权投资

B. 甲公司将该项投资划分为可供出售金融资产

C. 该项投资的初始入账价值是3 010万元

D. 该项投资应当采用权益法进行后续计量

14. 下列情况投资企业应该终止采用权益法核算而改为成本法核算的是（　　）。

A. 投资企业减少了部分投资，但仍对被投资单位具有重大影响

B. 投资企业追加投资，持股比例由原来的30%变为50%，但未对被投资方形成控制

C. 投资企业增加部分投资，能对被投资单位实施共同控制

D. 投资企业因减少投资对被投资单位不再具有共同控制、重大影响，且公允价值不能可靠计量

15. 20＊1年初，甲公司购入乙公司30%的股权，成本为60万元，20＊1年末长期股权投资的可收回金额为50万元，因此计提长期股权投资减值准备10万元。20＊2年末该项长期股权投资的可收回金额为70万元，则20＊2年末甲公司应转回的长期股权投资减值准备为（　　）万元。

A. 10　　B. 20　　C. 30　　D. 0

## 三、多项选择题

1. 交易性金融资产应当符合的条件有(　　)。

A. 属于财务担保合同的衍生工具

B. 被指定为有效套期工具的衍生工具

C. 取得该金融资产的目的,主要是为了近期内出售

D. 属于进行集中管理的可辨认金融工具组合的一部分,且有客观证据表明企业近期采用短期获利方式对该组合进行管理

2. 下列各项中,会引起交易性金融资产账面余额发生变化的有(　　)。

A. 收到原未计入应收项目的交易性金融资产的利息

B. 期末交易性金融资产公允价值高于其账面余额的差额

C. 期末交易性金融资产公允价值低于其账面余额的差额

D. 出售交易性金融资产

3. 下列各项中,构成持有至到期投资初始入账成本的有(　　)。

A. 投资时支付的不含应收利息的价款

B. 投资时支付的手续费

C. 投资时支付的税金

D. 投资时支付款项中所含的已到期尚未发放的利息

4. 下列有关可供出售金融资产会计处理的表述中,正确的有(　　)。

A. 可供出售金融资产发生的减值损失应计入当期损益

B. 取得可供出售金融资产发生的交易费用应计入资产成本

C. 可供出售金融资产期末应采用摊余成本计量

D. 可供出售金融资产持有期间取得的现金股利应冲减资产成本

5. 关于金融资产的计量,下列说法中正确的有(　　)。

A. 交易性金融资产应当按照取得时的公允价值和相关的交易费用作为初始确认金额

B. 可供出售金融资产应当按取得该金融资产的公允价值和相关

交易费用之和作为初始确认金额

C. 可供出售金融资产应当按照取得时的公允价值作为初始确认金额，相关的交易费用在发生时计入当期损益

D. 持有至到期投资在持有期间应当按照摊余成本和实际利率计算确认利息收入，计入投资收益

6. 企业取得下列金融资产时，应将交易费用计入初始确认金额的有（ ）。

A. 交易性金融资产　　B. 持有至到期投资

C. 贷款　　D. 可供出售金融资产

7. 在已确认减值损失的金融资产价值恢复时，下列金融资产的减值损失可以通过损益转回的有（ ）。

A. 持有至到期投资的减值损失

B. 应收款项的减值损失

C. 可供出售权益工具投资的减值损失

D. 贷款的减值损失

8. 下列关于金融资产重分类的表述中，正确的有（ ）。

A. 初始确认为持有至到期投资的，不得重分类为交易性金融资产

B. 初始确认为交易性金融资产的，不得重分类为可供出售金融资产

C. 初始确认为可供出售金融资产的，不得重分类为持有至到期投资

D. 初始确认为贷款和应收款项的，不得重分类为可供出售金融资产

9. 通过同一控制下的企业合并取得长期股权投资时，下列表述中不正确的有（ ）。

A. 合并方应将长期股权投资的初始投资成本与所付对价的公允价值的差额，调整资本公积

B. 合并方以非现金资产作为合并对价的，应将该资产公允价值与账面价值的差额计入当期损益

C. 所取得的长期股权投资应采用权益法进行后续计量

D. 所取得的长期股权投资的初始投资成本为享有被合并方可辨认净资产公允价值的份额

10. A公司所持有的下列股权投资中，通常应采用权益法核算的有（　　）。

A. A公司与C公司各持有B公司50%的股权，由A公司与C公司共同决定B公司的财务和经营政策

B. A公司持有D公司15%的股权，并在D公司董事会中派有代表

C. A公司持有E公司15%的股权，E公司的生产经营需依赖A公司的技术资料

D. A公司持有F公司15%的股权，同时持有F公司部分当期可转换公司债券，如果将F公司所发行的该项可转债全部转股，A公司对F公司的持股比例将达到30%

11. 下列各项中，投资方应确认投资收益的事项有（　　）。

A. 采用权益法核算长期股权投资，被投资方实现的净利润

B. 采用权益法核算长期股权投资，被投资方取得的直接计入所有者权益的利得和损失

C. 采用权益法核算长期股权投资，收到被投资方实际发放的现金股利

D. 采用成本法核算长期股权投资，被投资方宣告发放现金股利

12. 长期股权投资采用权益法核算的，应当设置的明细科目有（　　）。

A. 成本　　B. 长期股权投资减值准备

C. 损益调整　　D. 其他权益变动

13. 采用权益法核算长期股权投资，被投资单位发生的下列交易或者事项中，可能会影响“长期股权投资——损益调整”科目余额的有（　　）。

A. 被投资单位实现净利润

B. 被投资单位宣告分派现金股利

C. 被投资单位可供出售金融资产公允价值变动

D. 发放股票股利

14. 下列成本法和权益法之间的转换，不需要对长期股权投资的账面价值进行追溯调整的是(　　)。

A. 由于减资，由成本法转换为权益法

B. 由于减资，由权益法转换为成本法

C. 由于增资，由成本法转换为权益法

D. 由于增资，由权益法转换为成本法

15. 对于长期股权投资的处置，下列各项表述中正确的有(　　)。

A. 处置长期股权投资时，其账面价值与实际取得价款的差额，应计入投资收益

B. 处置采用权益法核算的长期股权投资时，因被投资单位除净损益以外所有者权益的其他变动计入所有权权益的金额，应按相应比例转入营业外收入

C. 处置长期股权投资时，如果此前计提了减值准备的，应结转减值准备并冲减资产减值损失

D. 部分处置某项长期股权投资时，应按该项投资的总平均成本确定其处置部分的成本，并按相应比例结转已计提的减值准备和资本公积项目

## 四、判断题

1. (　　)企业在持有交易性金融资产期间取得的利息或者现金股利，应当冲减金融资产的账面价值。

2. (　　)持有至到期投资在持有期间应当按照实际利率法确认利息收入，其实际利率应当按照各期期初市场利率计算确定。

3. (　　)处置持有至到期投资时，应将所取得价款与该投资账面价值之间的差额计入资本公积。

4. (　　)可供出售金融资产发生减值时，即使该金融资产没有终止确认，原直接计入所有者权益中的因公允价值下降形成的累计损失，

也应当予以转出，计入当期损益。

5.（　　）企业应当于每个资产负债表日对持有至到期投资的持有意图和能力进行评价，发生变化的，应当将持有至到期投资重分类为可供出售金融资产处理。

6.（　　）企业在初始确认时将某项金融资产划分为以公允价值计量且其变动计入当期损益的金融资产后，视情况变化可以将其重分类为其他类金融资产。

7.（　　）在成本法下，当被投资企业发生盈亏时，投资企业应按持股比例确认投资收益；当被投资企业宣告分配现金股利时，投资企业应冲减长期股权投资的成本。

8.（　　）对于非同一控制下的控股合并，合并方所支付合并对价的公允价值与其账面价值的差额均应计入营业外收支。

9.（　　）长期股权投资采用权益法核算时，如果长期股权投资的初始投资成本小于应享有被投资单位可辨认净资产公允价值份额，在调整长期股权投资账面价值的同时，增加“投资收益”的金额。

10.（　　）企业对子公司的长期股权投资采用权益法核算。

11.（　　）投资者投入的长期股权投资，均应按照协议约定的价值确定初始投资成本。

12.（　　）长期股权投资成本法与权益转换时都应进行相应的追溯调整。

13.（　　）对于同一控制下的控股合并，合并方应以所取得的对方账面净资产份额作为长期股权投资的成本。

14.（　　）除同一控制下的企业合并之外，以发行权益性证券方式取得的长期股权投资，其初始投资成本为所发行权益性证券的公允价值扣除为发行权益性证券所支付的手续费、佣金后的净额。

15.（　　）当长期股权投资的可收回金额低于其账面价值时，应当计提减值准备。长期股权投资减值准备一经确认，在以后会计期间不得转回。

## 五、计算及账务处理题

### 练习一

运河公司系上市公司，按季对外提供中期财务报表，按季计提利息，20＊1年有关业务如下：

(1) 20＊1年1月1日，运河公司支付价款1 030 000元(其中包含已到付息期尚未领取的债券利息30 000元)购入丙公司发行的债券，另发生交易费用20 000元。该债券面值1 000 000元，票面年利率为6%，3年期，每半年付息一次，运河公司将其划分为交易性金融资产。

(2) 20＊1年1月16日，收到该债券20＊0年下半年利息30 000元。

(3) 20＊1年3月31日，该债券的公允价值为1 100 000元。

(4) 20＊1年3月31日，按债券票面利率计算利息。

(5) 20＊1年6月30日，该债券的公允价值为980 000元。

(6) 20＊1年6月30日，按债券票面利率计算利息。

(7) 20＊1年7月16日，收到20＊1年上半年的利息30 000元。

(8) 20＊1年8月16日，运河公司将该债券出售，取得价款1 200 000元，假定不考虑其他因素。

要求：编制运河公司上述经济业务的会计分录。

### 练习二

天地公司按年对外提供财务报表，有关交易性金融资产业务如下：

(1) 20＊1年3月6日，天地公司以赚取差价为目的，从二级市场购入1 000 000股乙公司发行的股票，作为交易性金融资产，取得时公允价值为每股为5.2元(含已宣告但尚未支付的现金股利为0.2元)，另支付交易费用50 000元，全部价款以银行存款支付。

(2) 20＊1年3月16日收到最初支付价款中所含现金股利。

(3) 20＊1年12月31日，该股票公允价值为每股4.5元。

(4) 20＊2年3月21日，乙公司宣告每股现金股利为0.3元。

(5) 20＊2 年 3 月 31 日，收到现金股利。

(6) 20＊2 年 12 月 31 日，该股票公允价值为每股 5.3 元。

(7) 20＊3 年 1 月 3 日，将该股票全部处置，每股 5.1 元，交易费用为 50 000 元。

要求：编制天地公司有关交易性金融资产的会计分录。

**练习三**

甲股份有限公司为上市公司(以下简称甲公司)，有关购入、持有和出售乙公司发行的不可赎回债券的资料如下：

(1) 20＊1 年 1 月 1 日，甲公司支付价款 1 100 万元(含交易费用)，从活跃市场购入乙公司当日发行的面值为 1 000 万元、5 年期的不可赎回债券。该债券票面年利率为 10%，利息按单利计算，到期一次还本付息，实际年利率为 6.4%。当日，甲公司将其划分为持有至到期投资，按年确认投资收益。20＊1 年 12 月 31 日，该债券未发生减值迹象。

(2) 20＊2 年 1 月 1 日，该债券市价总额为 1 200 万元。当日，为筹集生产线扩建所需资金，甲公司出售债券的 80%，将扣除手续费后的款项 955 万元存入银行；该债券剩余的 20%重分类为可供出售金融资产。

要求：

(1) 编制 20＊1 年 1 月 1 日甲公司购入该债券的会计分录；

(2) 计算 20＊1 年 12 月 31 日甲公司该债券投资收益、应计利息和利息调整摊销额，并编制相应的会计分录；

(3) 计算 20＊2 年 1 月 1 日甲公司售出该债券的损益，并编制相应的会计分录；

(4) 计算 20＊2 年 1 月 1 日甲公司该债券剩余部分的摊余成本，并编制重分类为可供出售金融资产的会计分录。

(单位：万元)

**练习四**

20＊1 年 5 月 6 日，中天公司支付价款 1 524 万元(含交易费用 1.5

万元和已宣告发放的现金股利 22.5 万元)，购入 200 万股乙公司发行的股票，占乙公司表决权股份的 0.5%。中天公司将其划分为可供出售金融资产。假定中天公司每年 6 月 30 日和 12 月 31 日对外提供财务报告。20＊1 年 5 月 10 日，中天公司收到乙公司发放的现金股利 22.5 万元。20＊1 年 6 月 30 日，该股票市价为每股 7.8 元。20＊1 年 12 月 31 日，中天公司仍持有该股票，该股票市价为每股 7.5 元。20＊2 年 5 月 9 日，乙公司宣告发放股利 6 000 万元。20＊2 年 5 月 13 日，中天公司收到乙公司发放的现金股利。20＊2 年 5 月 20 日，中天公司以每股 7.35 元的价格将股票全部转让。

要求：编制中天公司有关可供出售金融资产的会计分录。(单位：万元)

**练习五**

20＊2 年中意公司发生以下经济业务：

(1) 1 月 1 日，中意公司以一台固定资产向乙公司投资(中意公司和乙公司不属于同一控制的两个公司)，占乙公司注册资本的 60%。该固定资产的账面原价为 8 000 万元，已计提折旧 500 万元，已计提固定资产减值准备 200 万元，公允价值为 7 600 万元。不考虑其他相关税费。

(2) 5 月 1 日，中意公司以一项专利权向丙公司投资(中意公司和丙公司不属于同一控制的两个公司)，占丙公司注册资本的 70%。该专利权的账面原价为 5 000 万元，已计提摊销 600 万元，已计提无形资产减值准备 200 万元，公允价值为 4 000 万元。不考虑其他相关税费。

要求：对中意公司上述经济业务进行会计处理。(单位：万元)

**练习六**

20＊0 年～20＊2 年，黄河公司与对 A 公司投资有关的资料如下：

(1) 20＊0 年 1 月 1 日，黄河公司支付现金 800 万元取得 A 公司 5%的股权(不具有重大影响)，发生相关税费 2 万元。假定该项投资在活跃市场中没有报价。

(2) 20＊0 年 4 月 1 日，A 公司宣告分配 2009 年实现的净利润，分配现金股利 100 万元。

(3) 黄河公司于 20＊0 年 4 月 10 日收到现金股利。

(4) 20＊0 年 A 公司发生亏损 200 万元。

(5) 20＊1 年 A 公司发生巨额亏损，20＊1 年年末黄河公司对 A 公司的投资按当时市场收益率对未来现金流量折现确定的现值为 500 万元。

(6) 20＊2 年 1 月 20 日，黄河公司将持有的 A 公司的全部股权转让给乙企业，收到股权转让款 520 万元。

要求：编制黄河公司与投资有关业务的会计分录。(单位：万元)

**练习七**

A 公司的有关业务如下：

(1) 甲公司、乙公司、丙公司共同成立 C 公司。20＊1 年 11 月 2 日，A 公司与甲公司签订协议，A 公司收购甲公司持有 C 公司部分股份，所购股份占 C 公司股份总额的 30%，收购价款为 22 000 万元。20＊1年 11 月 2 日，C 公司可辨认净资产的公允价值总额为 61 500 万元。20＊1 年 12 月 1 日，股权转让协议经 A 公司和甲公司股东大会通过。20＊2 年 1 月 1 日，办理完毕有关股权转让手续并支付价款 22 000 万元。20＊2 年 1 月 1 日，C 公司可辨认净资产的公允价值总额为 62 000万元。假定取得投资时被投资单位各项资产的公允价值等于账面价值，双方采用的会计政策、会计期间相同。

(2) 20＊2 年 4 月 26 日，C 公司宣告分配 20＊1 年度现金股利 5 000万元。

(3) 20＊2 年 5 月 26 日，收到现金股利。

(4) 20＊2 年度 C 公司实现净利润 9 500 万元。

(5) 20＊3 年 1 月 25 日，C 公司宣告分配现金股利 6 000 万元。

(6) 20＊3 年末 C 公司可供出售金融资产的公允价值变动而冲减

的其他资本公积为800万元(不考虑所得税影响)。

(7) 20＊3年度C公司发生净亏损50 000万元。

(8) 20＊4年度C公司发生净亏损30 000万元，经查至20＊4年度末A公司账上有应收C公司长期应收款2 000万元，同时假定按照投资合同或者协议约定企业仍承担额外义务。

(9) 20＊5年度C公司扭亏为盈实现净利润40 000万元。

要求：编制A公司有关投资的会计分录。(单位：万元)

# 第五章　固定资产

## 一、填空题

1. 固定资产是指为______________________________而持有的，使用寿命____________的有形资产。

2. 固定资产在符合定义的前提下，应当同时满足下列两个条件，才能加以确认：(1) ____________________________________；(2) ______________________________________。

3. 外购固定资产的成本，应按____________________、______________、使固定资产达到预定可使用状态前所发生的可归属于该项资产的__________、__________、__________和_________________等确定。

4. 自行建造的固定资产，应按建造该项资产达到预定可使用状态前所发生的必要支出作为其成本，包括__________、__________、_______________、____________________及____________________等。

5. 盘盈的固定资产，应作为______________，通过"_____________________"科目核算。

6. 应计折旧额是指应当计提折旧的固定资产的____________________________。如已计提了减值准备的固定资产，还应当扣除________________________________________。

7. 影响固定资产折旧的因素主要有_______________、_______________、______________和_________________________。

8. 会计准则规定，除__________________________和_________________以外，企业应对所有的固定资产计提折旧。

9. 可供选用的折旧方法包括__________、__________、__________

和__________等。

10. 双倍余额递减法是指在不考虑__________________的情况下，根据________________和______________________计算固定资产折旧的一种方法。

## 二、单项选择题

1. 某企业为增值税一般纳税人，适用的增值税税率为17%。该企业于20＊1年5月10日购入一台不需要安装的生产设备。取得的增值税专用发票上注明的设备价款为3 000万元，增值税额为510万元，款项已支付；另支付保险费15万元，装卸费5万元。该设备的入账价值为(　　)万元。

A. 3 000　　B. 3 020　　C. 3 510　　D. 3 530

2. 某企业为增值税一般纳税人，适用的增值税税率为17%。20＊1年3月15日，该企业购入一台需要安装的生产设备。取得的增值税专用发票上注明的设备价款为120万元，增值税额为20.40万元，款项已支付；另支付装卸费0.60万元。4月1日，设备开始安装。在安装过程中，领用一批原材料，该批原材料的成本为6万元，增值税进项税额为1.02万元，未计提存货跌价准备；支付安装人员工资0.80万元。6月10日，设备安装完毕，达到预定可使用状态。不考虑其他因素，该设备的入账价值为(　　)万元。

A. 127.40　　B. 127.70　　C. 128.42　　D. 148.82

3. 如果购买固定资产的价款超过正常信用条件延期支付，实质上具有融资性质的，下列说法中正确的是(　　)。

A. 固定资产的成本以购买价款的现值为基础确定

B. 固定资产的成本就是购买价款

C. 实际支付的价款与购买价款的现值之间的差额，无论是否符合资本化条件，均应当在信用期间内计入当期损益

D. 固定资产的成本以购买价款为基础确定

4. 下列关于自行建造固定资产会计处理的表述中，正确的

是(　　)。

A. 为建造固定资产支付的职工薪酬计入当期损益

B. 固定资产的建造成本不包括工程完工前盘亏的工程物资净损失

C. 工程完工前因正常原因造成的单项工程报废净损失计入营业外支出

D. 已达到预定可使用状态但未办理竣工决算的固定资产按暂估价值入账

5. 某核电站以10 000万元购建一项核设施,现已达到预定可使用状态。预计在使用寿命届满时,为恢复环境将发生弃置费用1 000万元,该弃置费用按实际利率折现后的金额为620万元。该核设施的入账价值为(　　)万元。

A. 9 000　　B. 10 000　　C. 10 620　　D. 11 000

6. 某设备的账面原价为50 000元,预计使用年限为4年,预计净残值率为4%。在采用双倍余额递减法计提折旧的情况下,该设备在第3个折旧年度应计提的折旧额为(　　)元。

A. 5 250　　B. 6 000　　C. 6 250　　D. 9 000

7. 某企业为增值税一般纳税人,适用的增值税税率为17%。20＊1年11月15日,该企业购入一台需要安装的生产设备。取得的增值税专用发票上注明的设备价款为950万元,增值税额为161.50万元,款项已支付。在安装过程中,领用原材料一批,该批原材料的成本为36万元,增值税进项税额为6.12万元;支付安装人员工资14万元。20＊1年12月20日,设备安装完毕,达到预定可使用状态。该设备预计使用年限为5年,预计净残值率为5%,采用双倍余额递减法计提折旧。20＊2年该设备应计提的折旧额为(　　)万元。

A. 200　　B. 464.60　　C. 400　　D. 232.30

8. 某设备的账面原价为80 000元,预计使用年限为5年,预计净残值为5 000元。在采用年数总和法计提折旧的情况下,该设备在第2个折旧年度应计提的折旧额为(　　)元。

A. 15 000　　B. 20 000　　C. 10 000　　D. 5 000

9. 某企业自行建造的一条生产线于 20＊1 年 6 月 15 日达到可使用状态。该生产线建造成本为 740 万元，预计使用年限为 5 年，预计净残值为 20 万元。在采用年数总和法计提折旧的情况下，20＊1 年该设备应计提的折旧额为（　　）万元。

A. 240　　B. 140　　C. 120　　D. 148

10. 20＊1 年 3 月 31 日，甲公司决定对某项固定资产进行更新改造。该项固定资产的账面原价为 3 600 万元，预计使用年限为 5 年，已使用 3 年，预计净残值为 0，采用年限平均法计提折旧。在更新改造过程中，发生支出合计 96 万元，符合固定资产的确认条件。20＊1 年 8 月 31 日，更新改造工程完工，固定资产达到预定可使用状态。更新改造后，该固定资产尚可使用年限为 4 年，预计净残值为 0，采用年限平均法计提折旧。20＊1 年该固定资产应计提的折旧额为（　　）万元。

A. 128　　B. 180　　C. 308　　D. 384

11. 某企业为增值税一般纳税人，适用的增值税税率为 17%。20＊1年，该企业采用自营方式建造一条生产线。实际领用工程物资的成本为 600 万元，增值税进项税额为 102 万元；领用本企业自产产品一批，该批产品的成本为 130 万元，未计提存货跌价准备，计税价格为 160 万元；支付安装人员工资 230 万元；支付专业人员服务费 8 万元。该生产线已达到预定可使用状态。不考虑其他因素，该生产线的入账价值为（　　）万元。

A. 1 070　　B. 968　　C. 960　　D. 995.20

12. 20＊1 年 12 月，某公司的一台设备达到预定可使用状态，账面原价为 800 万元，预计可使用年限为 5 年，预计净残值为 50 万元，采用双倍余额递减法计提折旧。20＊5 年末，该公司对该设备首次计提减值准备 40 万元，并预计其尚可使用年限为 2 年，预计净残值为 20 万元，自 20＊6 年起改用年限平均法计提折旧。20＊6 年该设备应计提的折旧额为（　　）万元。

A. 53.12　　B. 56.40　　C. 60.80　　D. 76

13. 某企业的一项固定资产原价为 2 000 万元,采用年限平均法计提折旧,预计使用寿命为 10 年,预计净残值为 0。在第 4 个折旧年度末,该企业对该项固定资产进行更新改造。在改造过程中,对该项固定资产的某一个主要部件进行了更换,共发生支出 1 000 万元,符合固定资产的确认条件。被更换部件的账面原价为 800 万元。更新改造后该项固定资产的入账价值为(　　)万元。

A. 2 200　　B. 1 720　　C. 1 200　　D. 2 199

14. 某固定资产的账面原价为 80 000 元,预计使用年限为 5 年,预计净残值为 5 000 元,按年数总和法计提折旧。若该固定资产在使用的第 3 年末,首次计提减值准备,金额为其账面价值的 10%,则该固定资产在第 3 年末的账面价值为(　　)元。

A. 14 400　　B. 15 000　　C. 16 000　　D. 18 000

15. 某设备的账面原价为 200 000 元,预计使用年限为 5 年,预计净残值率为 5%,采用双倍余额递减法计提折旧。该设备在使用 3 年 6 个月后提前报废。报废时发生清理费用 2 000 元,取得残值收入 5 000 元。该设备报废使企业当期税前利润减少(　　)元。

A. 40 200　　B. 31 900　　C. 31 560　　D. 38 700

## 三、多项选择题

1. 增值税一般纳税人购入生产经营用固定资产,其入账价值通常包括(　　)。

A. 购买价款　　B. 增值税进项税额

C. 途中保险费　　D. 进口关税

2. 下列有关固定资产会计处理的说法中,正确的有(　　)。

A. 固定资产的入账价值应当包括为取得该固定资产而缴纳的耕地占用税

B. 固定资产的后续支出均应当在发生时计入当期损益

C. 购买固定资产的价款超过正常信用条件延期支付,实质上具有融资性质的,固定资产的成本以购买价款的现值为基础确定

D. 投资者投入的固定资产的成本，只能按照投资合同或者协议约定的价值确定

3. 下列有关固定资产初始计量的表述中，正确的有（　　）。

A. 企业取得固定资产时应当按其成本进行初始计量

B. 在确定固定资产的成本时，无须考虑其弃置费用

C. 购买固定资产的价款超过正常信用条件延期支付，实质上具有融资性质的，固定资产的成本以购买价款的现值为基础确定

D. 自行建造固定资产的成本，由该项资产达到预定可使用状态前所发生的必要支出构成

4. 下列关于固定资产弃置费用的说法中，正确的有（　　）。

A. 对于特殊企业的特定固定资产，在确定其初始入账成本时应当考虑弃置费用

B. 对于特殊企业的特定固定资产，按照弃置费用的现值计入固定资产的成本，同时确认预计负债

C. 在固定资产的使用寿命内，按照预计负债的摊余成本和实际利率计算确定利息费用，计入固定资产的成本

D. 一般企业发生的固定资产报废清理费用不属于弃置费用，应当在实际发生时作为固定资产处置费用处理

5. 下列有关固定资产会计处理的说法中，正确的有（　　）。

A. 固定资产的各组成部分具有不同使用寿命或者以不同方式为企业提供经济利益，从而适用不同的折旧率或者折旧方法的，应当分别将各组成部分确认为单项固定资产

B. 固定资产的后续支出均应当在发生时计入固定资产的成本

C. 购买固定资产的价款超过正常信用条件延期支付，实质上具有融资性质的，固定资产的成本以购买价款的现值为基础确定

D. 自行建造的固定资产的成本，由办理竣工决算手续前所发生的必要支出构成

6. 双倍余额递减法和年数总和法的共同之处有（　　）。

A. 属于加速折旧的方法

B. 每期折旧率固定

C. 不考虑预计净残值

D. 前期计提的折旧较多,后期计提的折旧较少

7. 下列固定资产中,应当计提折旧的有(　　)。

A. 闲置的固定资产

B. 单独作为固定资产入账的土地

C. 已提足折旧仍继续使用的固定资产

D. 已达到预定可使用状态但尚未办理竣工决算的固定资产

8. 下列关于固定资产折旧的表述中,正确的有(　　)。

A. 提前报废的固定资产,不再补提折旧

B. 固定资产的折旧方法一经确定,不得变更

C. 已提足折旧仍继续使用的固定资产,不再计提折旧

D. 自行建造的固定资产,应当自办理竣工决算时开始计提折旧

9. 对于固定资产的折旧,下列说法中正确的有(　　)。

A. 当月增加的固定资产,当月不计提折旧,从下月起计提折旧

B. 固定资产提足折旧后,不论能否继续使用,均不再计提折旧

C. 提前报废的固定资产,不再补提折旧

D. 已达到预定可使用状态但尚未办理竣工决算的固定资产,应当按照估计价值确定其成本,并计提折旧。待办理竣工决算后,再按实际成本调整原来的暂估价值,并调整原已计提的折旧额

10. 关于固定资产的使用寿命、预计净残值和折旧方法,下列说法中正确的有(　　)。

A. 企业至少应当于每年年终,对固定资产的使用寿命、预计净残值和折旧方法进行复核

B. 使用寿命预计数与原先估计数有差异的,应当调整固定资产的使用寿命

C. 预计净残值预计数与原先估计数有差异的,应当调整预计净残值

D. 固定资产折旧方法的改变应当作为会计政策变更

11. 下列有关固定资产会计处理的表述中，正确的有（　　）。

A. 固定资产盘盈形成的利得计入当期损益

B. 增值税一般纳税人购入生产设备支付的增值税不计入固定资产成本

C. 固定资产后续支出一律费用化，计入当期损益

D. 计提减值准备后的固定资产以扣除减值准备后的账面价值为基础计提折旧

12. 下列固定资产折旧方法中，始终考虑固定资产预计净残值的有（　　）。

A. 年限平均法　　B. 工作量法

C. 双倍余额递减法　　D. 年数总和法

13. 下列项目中，构成固定资产清理净损益的有（　　）。

A. 转让固定资产应缴纳的营业税

B. 发生的固定资产清理费用

C. 销售固定资产应缴纳的增值税

D. 取得的固定资产清理收入

14. 下列项目中，应当通过"固定资产清理"账户核算的有（　　）。

A. 固定资产报废　　B. 固定资产出售

C. 固定资产盘亏　　D. 固定资产毁损

15. 下列项目中，应在"固定资产清理"账户贷方登记的有（　　）。

A. 转入清理的固定资产的账面价值

B. 固定资产残料变价收入

C. 取得的固定资产保险公司赔款

D. 结转的固定资产清理净损失

## 四、判断题

1.（　　）企业购入的环保设备，不能通过使用直接给企业带来经济利益的，不应作为固定资产进行管理和核算。

2.（　　）企业购买固定资产的价款超过正常信用条件延期支付，

实质上具有融资性质的，应当以购买价款的现值为基础确定其成本。

3. (　　)企业一次购入多项没有单独标价的固定资产时，各项固定资产的入账价值应按各项固定资产公允价值的比例对总成本进行分配后确定。

4. (　　)已达到预定可使用状态但尚未办理竣工决算的固定资产，应按估计价值暂估入账，并计提折旧。待办理竣工决算后，再按照实际成本调整原来的暂估价值，并调整原已计提的折旧。

5. (　　)一般企业发生的固定资产报废清理费用，也属于固定资产弃置费用，按其现值计入固定资产的成本，并确认为预计负债。

6. (　　)固定资产使用寿命、预计净残值一经确定，不得随意变更。但若有确凿证据表明固定资产使用寿命、预计净残值与原估计有差异，应当调整其使用寿命和预计净残值。

7. (　　)固定资产的后续支出符合固定资产确认条件的，应当将其计入固定资产的成本，同时将被替换部分的账面价值从该固定资产原账面价值中扣除。

8. (　　)企业购买固定资产的价款超过正常信用条件延期支付，实质上具有融资性质的，实际支付的价款与购买价款现值之间的差额应在信用期内采用实际利率法摊销，摊销的金额满足资本化条件的计入固定资产的成本。

9. (　　)投资者投入的固定资产，在投资合同或者协议约定的价值与公允价值不一致时，应当以投资合同或者协议约定的价值入账。

10. (　　)固定资产的后续支出应当全部资本化，计入固定资产的成本。

11. (　　)固定资产的各组成部分具有不同使用寿命或者以不同方式为企业提供经济利益，从而适用不同的折旧率或者折旧方法的，应当分别将各组成部分确认为单项固定资产。

12. (　　)企业生产车间发生的修理费用等固定资产后续支出，应当计入产品生产成本。

13. (　　)采用出包方式建造固定资产时，企业预付给承包单位的工程价款通过“在建工程”账户核算。

14.（　　）企业应对所有的固定资产计提折旧。

15.（　　）与固定资产有关的经济利益预期实现方式有重大变化的，应当改变固定资产的折旧方法。

## 五、计算及账务处理题

**练习一**

A公司为增值税一般纳税人，适用的增值税税率为17%。20*1年至20*3年，该公司与固定资产有关的业务资料如下：

(1) 20*1年3月10日，A公司购入一条需要安装的生产线，取得的增值税专用发票上注明的价款为500 000元，增值税额为85 000元，款项已通过银行转账支付。

(2) 安装该生产线时，领用一批本公司生产的产品。该批产品的实际成本为40 000元，未计提存货跌价准备，计税价格为50 000元。

(3) 该生产线安装工程应负担的职工薪酬为50 000元。

(4) 在该生产线安装过程中，用银行存款支付其他有关费用10 000元。

(5) 20*1年6月30日，该生产线安装工程结束，生产线投入使用。该生产线预计使用年限为5年，预计净残值率为5%，采用双倍余额递减法计提折旧。

(6) 20*3年6月30日，出于调整产品结构的需要，A公司将该生产线予以出售，售价为350 000元。另支付了清理费用30 000元。相关款项均已通过银行转账收付。

要求：

(1) 编制A公司购入和安装该生产线的有关会计分录。

(2) 计算20*1年度和20*2年度该生产线应计提的折旧额，并编制相应的会计分录。

(3) 计算20*3年度该生产线应计提的折旧额，并编制相应的会计分录。

(4) 编制 A 公司出售该生产线的有关会计分录。

**练习二**

B 公司为增值税一般纳税人，适用的增值税税率为 17%。20＊1 年至 20＊3 年，该公司与固定资产有关的业务资料如下：

(1) 20＊1 年 3 月 20 日，B 公司购入一条需要安装的生产设备，取得的增值税专用发票上注明的价款为 400 000 元，增值税额为 68 000 元，另发生保险费 29 000 元，款项已通过银行转账支付。

(2) 安装该设备时，领用一批原材料。该批原材料的实际成本为 160 000 元，未计提存货跌价准备，购进该批原材料时支付的增值税进项税额为 27 200 元。

(3) 安装该设备时，领用一批本公司生产的产品。该批产品的实际成本为 400 000 元，未计提存货跌价准备，计税价格为 600 000 元。

(4) 该设备安装工程应负担的职工薪酬为 31 000 元。

(3) 20＊1 年 6 月 30 日，该设备安装工程结束，设备交付生产部门使用。该设备预计使用年限为 5 年，预计净残值为 0，采用年数总和法计提折旧。

(4) 20＊2 年 12 月 31 日，B 公司对该设备进行检查时发现其已经发生减值，估计其可收回金额为 420 000 元。计提减值准备后，该设备原预计净残值保持不变，尚可使用年限为 3 年，折旧方法调整为年限平均法。

(5) 20＊3 年 12 月 31 日，出于调整生产经营方向的需要，B 公司将该设备予以出售，售价为 400 000 元。另支付了清理费用 5 000 元。相关款项均已通过银行转账收付。

要求：

(1) 编制 B 公司 20＊1 年购入和安装该设备的有关会计分录。

(2) 计算 20＊1 年度和 20＊2 年度该设备应计提的折旧额，并编制相应的会计分录。

(3) 计算 20＊2 年 12 月 31 日该设备应计提的减值准备，并编制相应的会计分录。

(4) 计算 20＊3 年度该设备应计提的折旧额，并编制相应的会计分录。

(5) 编制 B 公司出售该设备的有关会计分录。

**练习三**

C 公司为增值税一般纳税人，适用的增值税税率为 17%。20＊1 年至 20＊5 年，该公司与固定资产有关的业务资料如下：

(1) 20＊1 年 10 月 20 日，C 公司购入一条需要安装的生产设备，取得的增值税专用发票上注明的价款为 5 000 000 元，增值税额为 850 000元，另发生装卸费和保险费 20 000 元，款项已通过银行转账支付。

(2) 安装该设备时，领用一批原材料。该批原材料的实际成本为 200 000 元，未计提存货跌价准备，购进该批原材料时支付的增值税进项税额为 34 000 元；支付安装人员工资 100 000 元。

(3) 20＊1 年 12 月 20 日，该设备安装工程结束，设备交付生产部门使用。该设备预计使用年限为 10 年，预计净残值为 120 000 元，采用年限平均法计提折旧。

(4) 20＊2 年 12 月 31 日，B 公司对该设备进行检查时发现其已经发生减值，估计其可收回金额为 4 600 000 元。计提减值准备后，该设备原预计使用年限、折旧方法保持不变，预计净残值调整为 100 000 元。

(5) 20＊3 年 9 月 30 日，为提高生产能力，C 公司决定对该设备进行更新改造。该设备于当日停止使用，开始进行更新改造。更新改造工程采用出包方式进行。C 公司与承包方约定，工程价款 625 000 元待更新改造工程验收合格后一次性支付。

(6) 20＊4 年 3 月 20 日，更新改造工程完工并验收合格，C 公司以银行存款支付工程价款 625 000 元。当日，改造后的设备投入使用，预计尚可使用年限为 8 年，预计净残值为 50 000 元，采用年限平均法计提折旧。

(7) 20＊5 年 10 月 15 日，该设备因遭受自然灾害发生严重毁损，C公司决定对其进行处置。在清理过程中，取得残料变价收入 100 000 元、保险公司赔偿款 300 000 元，发生清理费用 50 000 元。相关款项均已通过银行转账收付。

要求：

(1) 编制 C 公司 20＊1 年购入和安装该设备的有关会计分录。

(2) 计算 20＊2 年度该设备应计提的折旧额，并编制相应的会计分录。

(3) 计算 20＊2 年 12 月 31 日该设备应计提的减值准备，并编制相应的会计分录。

(4) 计算 20＊3 年度该设备应计提的折旧额，并编制相应的会计分录。

(5) 编制 20＊3 年 9 月 30 日该设备转入更新改造时的会计分录。

(6) 编制 20＊4 年 3 月 20 日 C 公司支付工程价款、结转改造后设备成本的会计分录。

(7) 计算 20＊4 年度该设备应计提的折旧额，并编制相应的会计分录。

(8) 计算 20＊5 年度该设备应计提的折旧额，并编制相应的会计分录。

(9) 编制 20＊5 年 10 月 15 日 C 公司处置该设备的有关会计分录。

**练习四**

D 公司为增值税一般纳税人，适用的增值税税率为 17%。20＊1 年至 20＊5 年，该公司与固定资产有关的业务资料如下：

(1) 为建造一条生产线，20＊1 年 8 月 1 日，D 公司购入一批工程物资，取得的增值税专用发票上注明的价款为 2 000 万元，增值税额为 340 万元，另发生装卸费和保险费 80 万元，款项已通过银行转账支付，工程物资已经验收入库。

(2) 20＊1 年 9 月 1 日，D 公司开工建造该生产线。在该生产线建造期间，上述工程物资全部被领用，同时领用一批原材料。该批原材料的实际成本为 300 万元，未计提存货跌价准备，购进该批原材料时支付的增值税进项税额为 51 万元；支付安装人员工资 120 万元。

(3) 建造期间，由于发生火灾造成工程部分毁损。该部分工程的实际成本为 50 万元。保险公司同意赔偿 D 公司 10 万元，该赔偿款尚未收到。

(4) 生产线达到预定可使用状态前进行试运转，领用一批原材料。该批原材料的实际成本为 20 万元，未计提存货跌价准备，购进该批原材料时支付的增值税进项税额为 3.40 万元。试运转生产的产品检验合格并验收入库。该批产品的估计售价(不含增值税)为 40 万元。

(5) 20*1 年 12 月 20 日，建造工程结束，该生产线达到预定可使用状态，交付生产部门使用。该生产线预计使用年限为 6 年，预计净残值为 30 万元，采用年限平均法计提折旧。

(6) 20*2 年 12 月 31 日，D 公司对该生产线进行检查时发现其已经发生减值，估计其可收回金额为 1 830 万元。计提减值准备后，该生产线预计尚可使用年限为 5 年，预计净残值调整为 15 万元，折旧方法保持不变。

(7) 20*3 年 10 月 31 日，为提高生产能力，D 公司决定对该生产线进行更新改造。该生产线于当日停止使用，开始进行更新改造。更新改造工程采用出包方式进行。D 公司共支付工程价款 472.50 万元。

(8) 20*3 年 12 月 20 日，更新改造工程完工并验收合格，该生产线交付生产部门使用。更新改造后，该生产线预计尚可使用年限为 8 年，预计净残值为 20 万元，采用年限平均法计提折旧。

(9) 20*5 年 6 月 20 日，D 公司将生产线出售给甲公司，售价为 1 900万元，发生清理费用 5 万元。相关款项均已通过银行转账收付。

要求：

(1) 编制 D 公司 20*1 年 8 月 1 日购入工程物资的会计分录。

(2) 编制该生产线建造期间有关业务的会计分录。

(3) 计算 20*2 年度该生产线应计提的折旧额，并编制相应的会计分录。

(4) 计算 20＊2 年 12 月 31 日该生产线应计提的减值准备，并编制相应的会计分录。

(5) 计算 20＊3 年度该生产线应计提的折旧额，并编制相应的会计分录。

(6) 编制 20＊3 年 10 月 31 日该生产线转入更新改造时的会计分录。

(7) 编制 D 公司支付工程价款、结转改造后生产线成本的会计分录。

(8) 计算 20＊4 年度该生产线应计提的折旧额，并编制相应的会计分录。

(9) 计算 20＊5 年度该生产线应计提的折旧额，并编制相应的会计分录。

(10) 编制 20＊5 年 6 月 20 日 D 公司出售该生产线的有关会计分录。

(单位：万元)

**练习五**

E 公司为增值税一般纳税人，适用的增值税税率为 17%。经有关部门批准，甲公司新建一个火力发电厂。该火力发电厂建造工程由 3 个单项工程组成，包括建造发电车间、冷却塔和安装发电设备。20＊1 年至 20＊2 年，该公司有关该火力发电厂建造工程的业务资料如下：

(1) 20＊1 年 2 月 1 日，E 公司与甲公司签订合同，将建造发电车间、冷却塔和安装发电设备的工程全部出包给甲公司。合同约定，建造发电车间的工程价款为 2 000 万元，建造冷却塔的工程价款为 1 200 万元，安装发电设备的工程价款为 200 万元。

20＊1 年 2 月 20 日，按照合同的约定，E 公司向甲公司预付工程款 320 万元，其中发电车间工程款 200 万元，冷却塔工程款 120 万元，款项已通过银行转账支付。

(2) 20＊1 年 8 月 1 日，发电车间和冷却塔的建造工程达到 50%，E 公司与甲公司办理工程价款 1 600 万元(其中发电车间的工程款 1 000 万元，冷却塔的工程款 600 万元)的结算。在抵扣了预付工程款后，E 公司将余款通过银行转账支付。

(3) 20＊1 年 10 月 15 日，E 公司购入需要安装的发电设备，取得的增值税专用发票上注明的价款为 1 400 万元，增值税额为 238 万元，款项已通过银行转账支付。

(4) 20＊2 年 3 月 20 日，发电车间和冷却塔的建造工程完工，E 公司与甲公司办理剩余工程价款 1 600 万元(其中发电车间的工程款 1 000万元，冷却塔的工程款 600 万元)的结算。该工程款已通过银行转账支付。

(5) 20＊2 年 4 月 20 日，发电设备运抵，交付甲公司安装。

(6) 20＊2 年 6 月 10 日，发电设备安装完毕。E 公司与甲公司办理设备安装价款 200 万元的结算。该工程款已通过银行转账支付。

(7) 该火力发电厂建造工程发生管理费、可行性研究费、公证费、监理费共计 116 万元，已通过银行转账支付。

(8) 20＊2 年 6 月中下旬，E 公司对该火力发电厂进行负荷联合试车。在试车过程中，E 公司用银行存款支付有关费用 60 万元，取得发电收入 80 万元。

(9) 20＊2 年 6 月 30 日，该火力发电厂达到预定可使用状态。

要求：根据上述资料，编制 E 公司有关业务的会计分录。(单位：万元)

# 第六章　无形资产

## 一、填空题

1. 无形资产是指企业拥有或者控制的、________________的可辨认________________。

2. 无形资产通常包括__________、__________、__________、__________、________和________。

3. 无形资产在符合定义的前提下，应当同时满足下列两个条件，才能加以确认：(1) 与该资产有关的____________很可能流入企业；(2) 该资产的____________能够可靠地计量。

4. 外购无形资产的成本，包括________、__________及直接归属于使该项资产达到预定用途所发生的其他支出。

5. 购买无形资产的价款超过正常信用条件延期支付，实质上具有融资性质的，无形资产的成本应以______________为基础确定。

6. 投资者投入的无形资产的成本，应当按照____________确定，但合同或者协议约定的价值不公允的除外。在投资合同或者协议约定的价值不公允的情况下，应按照该项资产的________作为其入账金额。

7. 对于企业自行进行的研究开发项目，应当区分__________和________分别进行核算。

8. 企业出租无形资产取得的租金收入，应计入__________；出租无形资产的摊销金额，应计入________________。

9. 企业出售无形资产形成的净收益，应计入__________；出售无形资产产生的净损失，应计入____________。

10. 如果无形资产预期不能再为企业带来经济利益，应将其账面价值予以转销，计入________________。

## 二、单项选择题

1. 20＊1 年 3 月，甲公司提出一项新专利技术构想，经充分研究，认为研制成功的可能性极大，于是于 20＊1 年 5 月开始研制工作。20＊2年 4 月研发成功并申请了专利技术。在研究阶段，甲公司为研究成果或者其他知识的应用研究、评价和最终选择支付了相关费用 800 万元；在开发阶段，甲公司将研究成果或者其他知识应用于该项专利技术的设计，发生了相关费用 2 000 万元，其中包含满足无形资产确认条件的支出1 000万元。企业该项专利权的入账价值为（　　）万元。

A. 800　　B. 1 000　　C. 2 000　　D. 2 800

2. 甲公司的注册资本为 10 000 万元。20＊1 年 6 月 15 日，甲公司接受乙公司以专利权进行投资。该专利权的账面价值为 4 200 万元，双方协议约定的价值为 4 400 万元（协议约定价值公允），占甲公司注册资本的 20%。甲公司接受乙公司投资的专利权的入账价值为（　　）万元。

A. 2 220　　B. 4 000　　C. 4 420　　D. 4 400

3. 下列说法中，错误的是（　　）。

A. 企业内部研究开发项目研究阶段的支出应当计入管理费用

B. 购入但尚未投入使用的无形资产的价值不应进行摊销

C. 不能为企业带来经济利益的无形资产的账面价值应全部转入营业外支出

D. 只有很可能为企业带来经济利益且其成本能够可靠计量的无形资产才能予以确认

4. 无形资产预期不能为企业带来经济利益的，应当将该无形资产的账面价值予以转销，计入（　　）。

A. 管理费用　　B. 营业外支出

C. 资产减值损失　　D. 公允价值变动损益

5. 下列有关土地使用权的说法中，不正确的是（　　）。

A. 企业取得的土地使用权用于出租或者增值目的时应将其转为投资性房地产

B. 房地产开发企业取得土地用于建造对外出售的房屋建筑物，相关的土地使用权应当计入所建造的房屋建筑物成本

C. 房地产开发企业取得土地用于建造对外出售的房屋建筑物，土地使用权与地上建筑物应当分别进行摊销和提取折旧

D. 企业外购房屋建筑物支付的价款，应当在地上建筑物与土地使用权之间进行分配

6. 20＊1年5月3日，乙公司将拥有的一项专利权出售，取得收入1 500万元，应交的营业税为75万元。该专利权的账面余额为1 600万元，已计提的累计摊销金额为100万元，已计提的减值准备为50万元。该无形资产出售形成的净损益为（　　）万元。

A. －25　　B. 50　　C. 75　　D. 125

7. 对出租的无形资产进行摊销时，其摊销额应当计入（　　）。

A. 管理费用　　B. 其他业务成本

C. 营业外支出　　D. 销售费用

8. 出租无形资产所取得的租金收入，应计入（　　）。

A. 其他业务收入　　B. 主营业务收入

C. 营业外收入　　D. 投资收益

9. 某公司为生产一高新技术产品专门购入一项专有技术，其摊销额应计入（　　）。

A. “其他业务成本”账户　　B. “管理费用”账户

C. “制造费用”账户　　D. “销售费用”账户

10. 甲公司20＊1年6月购入一项专利权，成本为50 000万元，预计残值为0，预计使用寿命为10年，采用直线法摊销。20＊3年12月，甲公司将该专利权出售给另一企业。出售时该项专利权的账面价值为（　　）万元。

A. 400 000　　B. 375 000　　C. 387 500　　D. 250 000

11. 20＊1年1月1日，A公司购入一项无形资产，成本为500万

元,预计残值为0,预计使用寿命为10年。20*5年12月31日,该无形资产发生减值,预计可收回的金额为180万元。计提减值准备后,该无形资产的预计使用寿命不变。20*6年12月31日,该无形资产的账面价值为(　　)万元。

A. 130　　B. 144　　C. 200　　D. 500

12. 资产负债表日,无形资产的账面价值高于可收回金额的差额应当计入(　　)。

A. 管理费用　　B. 资产减值损失

C. 其他业务成本　　D. 营业外支出

13. 企业取得的无形资产来源于合同性权利或者其他法定权利的,其使用寿命(　　)。

A. 应等于合同性权利或者其他法定权利的期限

B. 不应超过合同性权利或者其他法定权利的期限

C. 可以超过合同性权利或者其他法定权利的期限

D. 不应超过10年

14. 如果无形资产已经计提减值准备,则该无形资产的应摊销金额是指(　　)。

A. 无形资产的成本

B. 无形资产的成本扣除残值后的金额

C. 无形资产的成本扣除减值准备后的金额

D. 无形资产的成本扣除减值准备和残值后的金额

15. 无形资产是指企业拥有或者控制的、没有实物形态的可辨认非货币性资产。下列项目中,不属于无形资产的是(　　)。

A. 专利权　　B. 非专利技术

C. 土地使用权　　D. 商誉

## 三、多项选择题

1. 下列项目中,不能确认为无形资产的有(　　)。

A. 企业自创的商誉

B. 企业研究开发的专利权

C. 企业合并形成的商誉

D. 企业持有并准备增值后转让的土地使用权

2. 下列说法中,正确的有(　　)。

A. 企业开发无形资产过程中发生的研究阶段支出,应当于发生时计入当期损益

B. 使用寿命有限的无形资产的成本应当分期摊销

C. 使用寿命不确定的无形资产的成本不予分期摊销

D. 无形资产的成本应当采用直线法摊销

3. 下列说法中,正确的有(　　)。

A. 投资者投入无形资产的成本,应当按照投资合同或者协议约定的价值确定,但合同或者协议约定价值不公允的除外

B. 购买无形资产的价款超过正常信用条件延期支付,实质上具有融资性质的,无形资产的成本以购买价款为基础确定

C. 无形资产的应摊销金额为其成本扣除预计残值后的金额,已计提减值准备的无形资产,还应扣除已计提的无形资产减值准备累计金额

D. 预期不能为企业带来经济利益的无形资产,其账面价值应当予以转销

4. 下列说法中,不正确的有(　　)。

A. 转让无形资产使用权所取得的收入应计入其他业务收入

B. 使用寿命确定的无形资产摊销只能采用直线法

C. 企业应当自无形资产可供使用的次月起至不再作为无形资产确认时止摊销无形资产

D. 使用寿命不确定的无形资产的成本不应分期摊销

5. 下列说法中,正确的有(　　)。

A. 确认的无形资产必须满足三个条件:符合无形资产的定义、该资产产生的经济利益很可能流入企业、该资产的成本能够可靠地计量

B. 购置的无形资产应以实际支付的价格作为入账价值

C. 自行开发并依法申请取得的无形资产,其入账价值为开发和申请过程中发生的所有支出

D. 企业持有并准备增值后转让的土地使用权,应确认为无形资产

6. 无形资产的确认条件有(　　)。

A. 符合无形资产的定义　　B. 必须具有法定使用年限

C. 经济利益很可能流入企业　　D. 成本能够可靠地计量

7. 下列关于无形资产特征的表述中,正确的有(　　)。

A. 无形资产不具有实物形态　　B. 无形资产属于货币性资产

C. 无形资产具有可辨认性　　D. 无形资产属于非货币性资产

8. 下列项目中,计入无形资产成本的有(　　)。

A. 外购无形资产支付的买价

B. 外购无形资产支付的相关税费

C. 专有技术的研究支出

D. 自创专利权符合资本化条件的开发支出

9. 下列项目中,影响无形资产摊销的有(　　)。

A. 无形资产的成本　　B. 无形资产的残值

C. 无形资产的预计使用寿命　　D. 已计提的无形资产减值准备

10. 下列关于研究开发支出会计处理的说法中,错误的有(　　)。

A. 研究阶段的支出应全部费用化,计入当期损益

B. 研究阶段的支出应全部资本化,计入无形资产的成本

C. 开发阶段的支出应全部费用化,计入当期损益

D. 开发阶段的支出应全部资本化,计入无形资产的成本

11. 下列有关无形资产会计处理的说法中,不正确的有(　　)。

A. 转让使用权的无形资产的成本摊销额,应当计入营业外支出

B. 企业自创的商誉,应当确认为无形资产

C. 达到预定用途的无形资产,当月不摊销,下月开始摊销

D. 无形资产的成本摊销额都应计入管理费用

12. 企业发生的下列支出中,应当于发生时计入当期损益的有(　　)。

A. 培训活动支出

B. 广告和营销活动支出

C. 符合无形资产准则规定的确认条件、构成无形资产成本的支出

D. 开发无形资产过程中发生的研究阶段支出

13. 下列关于土地使用权会计处理的说法中，正确的有（　　）。

A. 企业取得的土地使用权通常应确认为无形资产

B. 土地使用权用于自行开发建造厂房等地上建筑物时，土地使用权与地上建筑物应当分别进行摊销和计提折旧

C. 企业外购的房屋建筑物支付的价款无法在地上建筑物与土地使用权之间分配的，应当全部作为固定资产核算

D. 企业改变土地使用权的用途，将其作为用于出租或者增值目的时，应当将其转为投资性房地产

14. 对于使用寿命有限的无形资产，下列说法中正确的有（　　）。

A. 应摊销金额应当在其预计的使用寿命内采用系统合理的方法进行摊销

B. 摊销期限自其达到预定用途时起至终止确认时止

C. 其成本只能采用直线法进行分期摊销

D. 其成本摊销额一律计入当期损益

15. 下列项目中，影响企业当期利润的有（　　）。

A. 无形资产开发阶段发生的符合资本化条件的支出

B. 对外出租无形资产的成本摊销额

C. 出售无形资产取得的净收益

D. 无形资产减值损失

## 四、判断题

1.（　　）使用寿命不确定的无形资产的成本，在其持有期间不予摊销。

2.（　　）对于企业无法可靠确定与无形资产有关的经济利益的预期实现方式的，该无形资产的成本应当采用直线法摊销。

3.(　　)无形资产的摊销金额一律计入管理费用。

4.(　　)当无形资产不能再为企业带来经济利益时,应将其账面价值全部转入管理费用。

5.(　　)企业自行开发无形资产发生的开发支出,不满足资本化条件的应当计入当期损益。

6.(　　)企业自创商誉应确认为无形资产。

7.(　　)无形资产应当自取得的次月起在预计使用寿命内分期平均摊销。

8.(　　)应摊销金额是指无形资产的成本扣除残值后的金额。已计提减值准备的无形资产,还应扣除已计提的无形资产减值准备累计金额。

9.(　　)企业为建造厂房而购入的土地使用权应先作为无形资产入账,待动工建造厂房时计入厂房建造成本。

10.(　　)无形资产的减值损失一经确认,在以后会计期间不得转回。

11.(　　)无形资产减值损失确认后,无形资产的摊销应当在未来期间做相应调整,以使该资产在剩余使用寿命内分摊调整后的账面价值(扣除预计残值)。

12.(　　)企业出售无形资产发生的净损益计入营业外收入或者营业外支出。

13.(　　)企业自行开发无形资产发生的研究支出,在发生时予以费用化计入当期损益。

14.(　　)某项资产只要符合无形资产的定义,企业就可以将其确认为无形资产。

15.(　　)购买无形资产的价款超过正常信用条件延期支付,实质上具有融资性质的,无形资产的成本以购买价款的现值为基础确定。

## 五、计算及账务处理题

### 练习一

20 * 1 年至 20 * 8 年,甲公司有关无形资产的资料如下:

(1) 20＊1 年 1 月 1 日，甲公司购入一项商标权，实际支付的价款为 5 000 000 元。

甲公司估计该商标权的使用寿命为 10 年，预计残值为 0，采用直线法计提摊销额。为简化起见，假定按年计提无形资产摊销额。

(2) 20＊8 年末，该无形资产预期不能再为企业带来经济利益，甲公司将其予以报废。

要求：根据上述资料，编制甲公司 20＊1 年至 20＊8 年有关业务的会计分录。

**练习二**

20＊1 年至 20＊5 年，甲公司有关无形资产的资料如下：

(1) 20＊1 年初，甲公司开始自行研究开发一项专利技术。在研究开发过程中，发生材料费 2 100 000 元、人工工资 600 000 元、其他费用 300 000 元（以银行存款支付）。其中，符合资本化条件的支出为 2 000 000元。

(2) 20＊2 年 1 月，该专利技术获得成功，达到预定用途。

甲公司预计该专利技术的使用年限为 5 年，预计残值为 0，采用直线法摊销。为简化起见，假定按年计提摊销额。

(3) 20＊5 年 1 月，该专利技术预期不能再为企业带来经济利益，甲公司将其予以报废。

要求：根据上述资料，编制甲公司 20＊1 年至 20＊5 年有关业务的会计分录。

**练习三**

20＊1 年至 20＊4 年，甲公司有关无形资产的资料如下：

(1) 20＊1 年 1 月 1 日，甲公司购入一项专利权，实际支付的价款为 2 000 000 元。

甲公司估计该专利权的使用寿命为 5 年，预计残值为 0，采用直线法计提摊销额。为简化起见，假定按年计提无形资产摊销额。

(2) 20＊4 年 1 月 1 日，甲公司将该专利权对外出售，取得价款 1 000 000元并存入银行。甲公司转让该专利权应缴纳营业税50 000元。

要求：根据上述资料，编制甲公司 20＊1 年至 20＊4 年有关业务的会计分录。

**练习四**

20＊1 年至 20＊5 年，A 公司有关无形资产的资料如下：

(1) 20＊1 年 1 月 1 日，A 公司从 B 公司购入一项专利权，由于资金紧张，经与 B 公司协商，采用分期付款的方式支付款项。合同规定，该项专利权的价款为 3 000 000 元，3 年付清，每年末支付 1 000 000 元。假定银行同期贷款利率为 5%。

A 公司估计该专利权的使用寿命为 5 年，预计残值为 0，采用直线法计提摊销额。为简化起见，假定按年计提无形资产摊销额。

(2) 20＊5 年初，A 公司将该专利权对外出售，取得价款 600 000 元并存入银行。甲公司转让该专利权应缴纳营业税 30 000 元。

要求：根据上述资料，编制甲公司 20＊1 年至 20＊5 年有关业务的会计分录。

**练习五**

20＊1 年至 20＊4 年，甲公司有关无形资产的资料如下：

(1) 20＊1 年初，甲公司开始自行研究开发一项新产品专利技术。在研究开发过程中，发生材料费 3 000 000 元、人工工资 1 000 000 元，以及其他费用 500 000 元(以银行存款支付)，共计 4 500 000 元。其中，符合资本化条件的支出为 3 000 000 元。20＊2 年 1 月，该专利技术获得成功，达到预定用途。

甲公司预计该专利技术的使用年限为 10 年，预计残值为 0，采用直线法摊销。为简化起见，假定按年计提摊销额。

(2) 20＊3 年 12 月 31 日，由于市场发生不利变化，导致该专利权发生减值。甲公司估计该专利技术的可收回金额为 1 600 000 元。减值后该专利权的预计使用年限、预计残值和摊销方法不变。

(3) 20＊4 年 10 月 15 日，甲公司出售该专利技术，售价 1 200 000 元收到并存入银行。甲公司转让该专利权应缴纳营业税 60 000 元。

要求：根据上述资料，编制甲公司 20＊1 年至 20＊4 年有关业务的会计分录。

**练习六**

20＊1 年至 20＊5 年，甲公司有关无形资产的资料如下：

(1) 20＊1 年 5 月 1 日，甲公司购入一项专利权，实际支付的价款为 1 200 万元。

甲公司估计该专利权的使用寿命为 10 年，预计残值为 0，采用直线法计提摊销额。为简化起见，假定按年计提无形资产摊销额。

(2) 20＊3 年 12 月 31 日，由于相关的经济因素发生不利变化，导致该专利权发生减值。甲公司估计该专利权的可收回金额为 792 万元。减值后该专利权的预计使用年限、预计残值和摊销方法不变。

(3) 20＊5 年 4 月 1 日，甲公司将该专利技术对外出售，售价 750 万元，价款收到并存入银行。甲公司转让该专利权应缴纳营业税 37.50 万元。

要求：根据上述资料，编制甲公司 20＊1 年至 20＊5 年有关业务的会计分录。(单位：万元)

**练习七**

20＊1 年至 20＊6 年，甲公司有关无形资产的资料如下：

(1) 20＊1 年 11 月 10 日，甲公司购入一项无形资产，实际支付的价款为 450 万元。

甲公司估计该无形资产的使用寿命为 10 年，预计残值为 0，采用直线法计提摊销额。为简化起见，假定按年计提无形资产摊销额。

(2) 20＊4 年 12 月 31 日，由于相关的经济因素发生不利变化，导致该无形资产发生减值。甲公司估计该无形资产的可收回金额为 205 万元。减值后该无形资产的预计使用年限、预计残值和摊销方法不变。

(3) 20＊5年12月31日，甲公司估计该无形资产的可收回金额为100万元。减值后该无形资产的预计残值和摊销方法不变，预计尚可使用年限为5年。

(4) 20＊6年7月1日，甲公司将该无形资产对外出售，售价150万元，价款收到并存入银行。甲公司转让该无形资产应缴纳营业税7.50万元。

要求：根据上述资料，编制甲公司20＊1年至20＊6年有关业务的会计分录。(单位：万元)

**练习八**

20＊1年至20＊6年，A公司有关无形资产的资料如下：

(1) 20＊1年初，A公司开始自行研究开发一项无形资产。在研究开发过程中，发生材料费650万元、人工工资900万元，以及其他费用50万元(以银行存款支付)，共计1 600万元。其中，符合资本化条件的支出为1 200万元。

20＊2年1月，该无形资产获得成功，达到预定用途。A公司无法可靠预计该无形资产为企业带来经济利益的期限。

(2) 20＊2年12月31日，经减值测试，估计该无形资产的可收回金额为1 250万元。

(3) 20＊3年12月31日，经减值测试，估计该无形资产的可收回金额为800万元。同时，有证据表明其使用寿命是有限的，预计尚可使用年限为5年，预计残值为0，采用直线法摊销。

(4) 20＊4年12月31日，该无形资产出现减值的迹象。经减值测试，估计其可收回金额为560万元。减值后其预计使用年限、预计残值和摊销方法不变。

(5) 20＊6年12月，该无形资产预期不能再为企业带来经济利益，A公司将其予以报废。

要求：根据上述资料，编制甲公司20＊1年至20＊6年有关业务的会计分录。(单位：万元)

# 第七章　投资性房地产

## 一、填空题

1. 投资性房地产，是指为赚取租金或者资本增值，或者两者兼有而持有的房地产。主要包括____________、____________和____________。

2. 已出租的土地使用权，是指企业通过________方式取得，并以________方式出租的土地使用权。

3. 采用____________计量的投资性房地产的累计折旧或累计摊销，可以单独设置“____________”账户。

4. 采用公允价值计量的投资性房地产，还应当分别设置“________”和“________”账户进行明细核算。

5. 采用公允价值模式进行后续计量的投资性房地产，不对投资性房地产计提折旧或者摊销。期末，应当以投资性房地产的________为基础调整其账面价值，公允价值与账面价值的差额计入________。

6. 投资性房地产项目的后续计量可选择________和________。一般情况下应采用________，在满足特定条件时可采用________。

7. 成本模式转为公允价值模式的，应当作为________处理，将计量模式变更时公允价值与账面价值的差额，调整为________。

8. 企业将采用公允价值模式计量的投资性房地产转换为自用房地产时，应当以转换日的________作为自用房地产的账面价值，公允价值与原账面价值的差额计入________。

9. 企业将作为存货的房地产转换为采用公允价值模式计量的投资性房地产时，转换日的公允价值低于账面价值的，按其差额，借记“______________”账户；转换日的公允价值高于账面价值的，按其差额，贷记“______________”账户；待该项投资性房地产处置时，因转换计入资本公积的部分应转入当期的“______________”账户。

10. 处置采用成本模式计量的投资性房地产时，应当按实际收到的金额，借记“银行存款”等账户；贷记“______________”账户。

## 二、单项选择题

1. 下列各项中，能够影响企业当期损益的是(　　)。

A. 采用成本计量模式，期末投资性房地产的可收回金额高于账面价值

B. 采用成本计量模式，期末投资性房地产的可收回金额低于账面余额

C. 采用公允价值计量模式，期末投资性房地产的公允价值高于账面余额

D. 自用的房地产转换为采用公允价值模式计量的投资性房地产时，转换日房地产的公允价值大于账面价值的差额

2. 关于投资性房地产后续计量模式的转换，下列表述中正确的是(　　)。

A. 成本模式转为公允价值模式的，应当作为会计估计变更

B. 已采用公允价值模式计量的投资性房地产，不得再转为成本模式

C. 已采用成本模式计量的投资性房地产，不得从成本模式转为公允价值模式

D. 企业对投资性房地产的计量模式可以随意变更

3. 下列有关投资性房地产核算的表述中，正确的是(　　)。

A. 采用成本模式计量的投资性房地产，不需要确认减值损失

B. 采用公允价值模式计量的投资性房地产，可转换为成本模式计量

C. 采用公允价值模式计量的投资性房地产，公允价值的变动金额应计入资本公积

D. 采用成本模式计量的投资性房地产，符合条件时可转换为公允价值模式计量

4. 甲公司将办公楼转换为采用公允价值模式计量的投资性房地产，该办公楼的账面原价为 10 000 万元，已计提的累计折旧额为 600 万元，转换日的公允价值为 12 000 万元，则计入“资本公积——其他资本公积”账户的金额为(　　)万元。

A. 12 000　　B. 9 400　　C. 10 000　　D. 2 600

5. 甲房地产开发公司于 20＊4 年 2 月，将作为存货的商品房转换为采用公允价值计量的投资性房地产，转换日的商品房账面余额为 100 万元，已计提跌价准备 20 万元，该项房地产在转换日的公允价值为 150 万元，则转换日计入“投资性房地产”账户的金额是(　　)万元。

A. 150　　B. 80　　C. 70　　D. 170

6. 投资性房地产不论是成本模式计量还是公允价值模式计量，取得的租金收入均通过(　　)账户核算。

A. 营业外收入　　B. 投资收益

C. 其他业务收入　　D. 主营业务收入

7. A 公司处置一项以公允价值模式计量的投资性房地产，实际收到的金额为 300 万元，投资性房地产的账面余额为 280 万元，其中成本为 290 万元，公允价值变动为 10 万元(贷方)。该项投资性房地产是由自用房地产转换的，转换日公允价值高于账面价值的差额为 10 万元。假设不考虑相关税费，该项投资性房地产的处置损益为(　　)万元。

A. 30　　B. 20　　C. 40　　D. 10

8. 下列项目中，属于投资性房地产的是(　　)。

A. 企业拥有并自行经营的饭店

B. 企业以经营租赁方式租入的建筑物

C. 房地产开发企业持有的准备出售的房屋

D. 已出租的、租赁期满的、因暂时空置但继续用于出租的投资性房地产

9. 下列项目中，属于投资性房地产的是(　　)。

A. 已出租的投资性房地产租赁期届满暂时空置，但继续用于出租

B. 房地产开发公司开发的商品房

C. 企业拥有并自行经营的旅馆、饭店

D. 出租给本企业职工居住的宿舍

10. 投资性房地产的后续计量从成本模式转为公允价值模式，转换日投资性房地产的公允价值高于其账面价值的差额会对下列财务报表项目产生影响的是(　　)。

A. 资本公积　　B. 营业外收入

C. 未分配利润　　D. 投资收益

11. 自用房地产转换为采用公允价值模式计量的投资性房地产，转换日该房地产公允价值低于账面价值的差额，正确的会计处理是(　　)。

A. 计入资本公积　　B. 计入期初留存收益

C. 计入营业外收入　　D. 计入公允价值变动损益

12. 企业将作为存货的商品房转换为采用公允价值模式后续计量的投资性房地产时，商品房公允价值高于账面价值的差额应当计入的科目是(　　)。

A. 资本公积　　B. 投资收益

C. 营业外收入　　D. 公允价值变动损益

13. 甲公司拥有一项投资性房地产，采用成本模式进行后续计量。20＊4年1月1日，甲公司认为该房地产所在地的房地产交易市场比较成熟，具备了采用公允价值模式计量的条件，决定把该项投资性房地产从成本模式转换为公允价值模式计量。20＊4年1月1日，该房地产的原价为3 000万元，已计提折旧300万元，账面价值为2 700万元，公允价值为3 200万元。不考虑所得税影响，则甲公司的下列处

理正确的是(　　)。

A. 确认资本公积 500 万元

B. 确认资本公积 200 万元

C. 确认公允价值变动损益 500 万元

D. 调整留存收益 500 万元

14. 甲公司对投资性房地产采用公允价值模式计量。20＊2 年 1 月,甲公司自行建造一幢写字楼,20＊3 年 10 月 10 日,该写字楼开发完工,尚未对外招租,当日,甲公司管理当局做出书面决议,明确表明将其用于经营出租且持有意图短期内不会发生变化。20＊3 年 12 月 10 日,甲公司与 B 公司签订协议,甲公司将其以经营方式整体出租给 B 企业,租赁期为 3 年,租赁期开始日为 20＊4 年 1 月 1 日,则下列说法正确的是(　　)。

A. 甲公司应自 20＊4 年 1 月 1 日起对该写字楼按投资性房地产进行核算

B. 甲公司应自 20＊3 年 12 月 1 日起对该写字楼按投资性房地产进行核算

C. 甲公司应自 20＊3 年 10 月 10 日起对该写字楼按投资性房地产进行核算

D. 写字楼完工时,甲公司应先按固定资产核算,在租赁期开始日再转换为投资性房地产

15. 关于投资性房地产后续计量模式的转换,下列说法不正确的是(　　)。

A. 成本模式转为公允价值模式的,应当作为会计政策变更

B. 已经采用成本模式计量的投资性房地产,可以从成本模式转为公允价值模式

C. 非投资性房地产转换为投资性房地产,应当作为会计政策变更

D. 已经采用公允价值模式计量的投资性房地产,不得从公允价值模式转为成本模式

## 三、多项选择题

1. 下列各项中，属于投资性房地产的有（　　）。

A. 已出租的建筑物

B. 待出租的建筑物

C. 已出租的土地使用权

D. 以经营租赁方式租入后再转租的建筑物

2. 下列有关投资性房地产的说法中，正确的有（　　）。

A. 投资性房地产采用公允价值模式计量的，则不对投资性房地产计提折旧或者进行摊销

B. 将自用建筑物或者土地使用权停止自用改为出租时，其转换日为租赁期开始日

C. 将自用房地产转换为采用公允价值模式计量的投资性房地产，转换当日的公允价值小于原账面价值的，其差额计入所有者权益

D. 将自用房地产转换为采用公允价值模式计量的投资性房地产，转换当日的公允价值高于原账面价值的，其差额计入所有者权益

3. 下列各项中，会引起投资性房地产账面价值发生变化的有（　　）。

A. 计提投资性房地产减值准备

B. 计提投资性房地产折旧

C. 对投资性房地产的维修

D. 对投资性房地产进行改良

E. 公允价值模式下，投资性房地产的公允价值发生变动

4. 下列项目中，不属于投资性房地产的有（　　）。

A. 以经营出租的土地使用权

B. 以融资出租的建筑物

C. 采用经营租赁方式出租拥有产权的建筑物

D. 出租经营租入的建筑物

5. 关于投资性房地产转换后入账价值的确定，下列表述中正确的有（　　）。

A. 采用公允价值模式计量的投资性房地产转换为自用房地产时，应当以其转换当日的公允价值作为自用房地产的账面价值

B. 采用公允价值模式计量的投资性房地产转换为自用房地产时，应当以其转换当日的账面价值作为自用房地产的账面价值

C. 自用房地产或者存货转换为采用公允价值模式计量的投资性房地产时，投资性房地产按照转换当日的账面价值计价

D. 自用房地产或者存货转换为采用公允价值模式计量的投资性房地产时，投资性房地产按照转换当日的公允价值计价

6. 企业采用公允价值模式对投资性房地产进行后续计量，下列说法中正确的有（　　）。

A. 企业应对已出租的建筑物计提折旧

B. 企业不应对已出租的建筑物计提折旧

C. 企业不应对已出租的土地使用权进行摊销

D. 企业应当以资产负债表日投资性房地产的公允价值为基础调整其账面价值，公允价值与原账面价值之间的差额计入当期损益

7. 关于投资性房地产的后续计量，下列说法中正确的有（　　）。

A. 企业通常应当采用成本模式对投资性房地产进行后续计量

B. 企业可以采用公允价值模式对投资性房地产进行后续计量

C. 企业应当采用一种模式对投资性房地产进行后续计量，不得同时采用两种计量模式

D. 企业可以同时采用两种计量模式对投资性房地产进行后续计量

8. 下列各项中，能够影响企业当期营业利润的有（　　）。

A. 投资性房地产的租金收入

B. 出售投资性房地产产生的净收益

C. 期末采用公允价值模式计量的投资性房地产的公允价值高于其账面余额

D. 自用的房地产转换为采用公允价值模式计量的投资性房地产时，转换日房地产的公允价值高于账面价值

9. 下列特殊项目属于投资性房地产的有（　　）。

A. 企业出租给本企业职工居住的宿舍

B. 暂时闲置的投资性房地产，企业的意图是继续用于对外出租

C. 企业以经营方式租入建筑物或者土地使用权再转租给其他单位或个人的

D. 企业融资租入的固定资产再通过经营租赁的方式转租的

E. 按照国家有关规定认定的闲置土地

10. 下列有关投资性房地产后续计量会计处理的表述中，正确的有（　　）。

A. 不同企业可以分别采用成本模式或者公允价值模式

B. 满足特定条件时可以采用公允价值模式

C. 同一企业可以分别采用成本模式和公允价值模式

D. 同一企业不得同时采用成本模式和公允价值模式

11. 下列事项中，影响企业当期损益的有（　　）。

A. 采用公允价值模式计量的投资性房地产期末公允价值高于账面价值

B. 采用公允价值模式计量的投资性房地产期末公允价值低于账面价值

C. 采用成本模式计量的投资性房地产期末可收回金额高于账面价值

D. 采用成本模式计量的投资性房地产期末可收回金额低于账面价值

E. 将自用的房地产转为按公允价值模式计量的投资性房地产，其公允价值高于账面价值

12. 下列情况中，企业可将其他资产转换为投资性房地产的

有(　　)。

A. 房地产企业将开发的原准备对外出售的商品房改为对外经营出租

B. 投资性房地产由成本模式改按公允价值模式进行计量

C. 原自用土地使用权停止自用改为对外经营出租

D. 自用的厂房停止自用并以融资租赁方式对外出租

13. 关于投资性房地产的计量模式,下列说法中正确的有(　　)。

A. 一般情况下,已经采用公允价值模式计量的同一项投资性房地产,不得从公允价值模式转为成本模式

B. 已经采用成本模式计量的投资性房地产,不得从成本模式转为公允价值模式

C. 采用公允价值模式计量的,不对投资性房地产计提折旧或者进行摊销

D. 企业对投资性房地产计量模式一经确定不得随意变更

E. 采用成本模式计量的投资性房地产,在一定条件下可以转为按照公允价值模式来计量

14. 关于投资性房地产的后续计量,下列说法中正确的有(　　)。

A. 采用公允价值模式计量的,不对投资性房地产计提折旧或者进行摊销

B. 已采用公允价值模式计量的投资性房地产,不得从公允价值模式转为成本模式

C. 已经采用成本模式计量的,可以转为采用公允价值模式计量

D. 采用公允价值模式计量的,应对投资性房地产计提折旧或者进行摊销

E. 采用公允价值模式计量的,不需对投资性房地产进行减值测试

## 四、判断题

1. (　　)企业以融资租赁方式出租建筑物是作为投资性房地产进行核算的。

2.(　　)企业不论在成本模式下，还是在公允价值模式下，投资性房地产取得的租金收入的处理是一样的。

3.(　　)企业采用公允价值模式进行后续计量的，不对投资性房地产计提折旧或进行摊销，应当以资产负债表日投资性房地产的公允价值为基础调整其账面价值，公允价值与原账面价值之间的差额计入其他业务成本或者其他业务收入。

4.(　　)已采用成本模式计量的投资性房地产，不得从成本模式转为公允价值模式。

5.(　　)已采用公允价值模式计量的投资性房地产，不得从公允价值模式转为成本模式。

6.(　　)某项房地产，部分用于赚取租金或者资本增值，部分用于生产商品、提供劳务或者经营管理，且能单独计量和出售的，应将用于赚取租金或者资本增值的部分确认为投资性房地产。

7.(　　)同一企业可以同时采用两种模式对投资性房地产进行后续计量。

8.(　　)成本模式转为公允价值模式应当作为会计估计变更，采用未来适用法进行处理。

9.(　　)采用成本模式对投资性房地产进行后续计量，取得租金收入，计入“其他业务收入”账户；采用公允价值模式对投资性房地产进行后续计量，取得租金收入，计入“主营业务收入”账户。

10.(　　)投资性房地产的计量模式一经确定，不得随意变更，只有存在确凿的证据表明其公允价值能够持续可靠取得时，才允许采用公允价值计量模式。

11.(　　)采用公允价值模式进行后续计量的投资性房地产，应根据其预计使用寿命计提折旧或者进行摊销。

12.(　　)企业将自行建造的房地产达到预定可使用状态时开始自用，之后改为对外出租，应当在该房地产达到预定可使用状态时确认为投资性房地产。

13.(　　)采用公允价值模式计量的投资性房地产转换为自用房

地产时，应当以其转换当日的公允价值作为自用房地产的账面价值，公允价值与原账面价值的差额计入当期损益(公允价值变动损益)。

14.(　　)自用房地产或者存货转换为采用公允价值模式计量的投资性房地产时，投资性房地产应当按照转换当日的公允价值计量，公允价值与原账面价值的差额计入当期损益(公允价值变动损益)。

15.(　　)采用公允价值模式进行后续计量的投资性房地产，应计提折旧或者进行摊销。

## 五、计算及账务处理题

**练习一**

某企业 20＊3 年 1 月 1 日将 20＊1 年 12 月 31 日开始使用的一幢办公楼用于对外出租。该办公楼的买价为 3 000 万元，相关税费 20 万元，预计使用年限 40 年，预计残值为 21 万元，预计清理费用 1 万元，甲公司采用直线法计提折旧，且未发生减值问题。该办公楼的年租金为 400 万元，于年末一次结清，租赁开始日为 20＊3 年 1 月 1 日。20＊4 年 1 月 1 日以 3 200 万元的价格对外转让该房产。假定公允价值不能可靠估计，且该房产转让时不考虑相关税费。

要求：做出该企业上述业务相关的会计处理。(单位：万元)

**练习二**

甲企业 20＊4 年 3 月发生下列三项投资性房地产业务：一是甲企业出租的仓库租赁合同到期，收回自用，该投资性房地产(仓库)的账面价值为 130 万元，现公允价值为 150 万元；二是甲企业将账面原值为 120 万元、已提折旧 20 万元、现公允价值为 90 万元的一处营业房出租；三是甲企业将账面价值 700 万、现公允价值为 1 750 万元的一块商业用地使用权予以出租。假设该企业的所有房地产均能取得公允价值的可靠信息，且一直采用公允价值模式对投资性房地产进行后续计量。

要求：做出甲企业上述业务相关的会计处理。(单位：万元)

**练习三**

甲企业对投资性房地产采用公允价值模式计量。20＊3 年 1 月 1 日将自用的建筑物转换为投资性房地产，在转换日该建筑物的账面余额为 1 000 000 元，已经计提折旧 200 000 元，转换日该建筑物的公允价值为 1 000 000 元。该建筑物用于出租，1 年的租金为 80 000 元。20＊3 年 12 月 31 日，该建筑物的公允价值为 1 050 000 元。20＊4 年 1 月 1 日，企业由于资金紧张，将该建筑物出售，售价 1 070 000 元。假设不考虑相关税费。

要求：做出甲企业上述业务相关的会计处理。

**练习四**

乙公司为从事房地产经营开发的企业。20＊2 年 6 月，乙公司与 A 公司签订租赁协议，约定将乙公司开发的一栋精装修的写字楼于开发完成的同时开始租赁给 A 公司使用，租赁期为 10 年。当年 9 月 1 日，该写字楼开发完成并开始起租，写字楼造价为 6 600 万元，由于该写字楼地处商业繁华区，所在城区有活跃的房地产交易市场，而且能从房地产交易市场取得同类房地产市场报价。乙公司决定采用公允价值模式对该出租的房地产进行后续计量。20＊2 年 12 月 31 日，该写字楼的公允价值为 16 600 万元。20＊3 年 12 月 31 日，该写字楼的公允价值为 18 000 万元。20＊4 年 12 月 31 日，该写字楼的公允价值为 17 500 万元。

要求：做出乙企业上述业务相关的会计处理。(单位：万元)

**练习五**

乙公司将一栋写字楼租赁给 B 公司使用，乙公司对投资性房地产一直采用成本模式进行后续计量。20＊4 年 1 月 1 日，乙公司认为，出租给 B 公司使用的写字楼，其所在地的房地产市场比较成熟，具备了采用公允价值模式计量的条件，决定对该投资性房地产从用成本模式转换为用公允价值模式计量。该写字楼的原价为 17 000 万元，已提折旧

7 000 万元，未计提减值准备。20＊4 年 1 月 1 日，该写字楼公允价值为 13 000 万元。乙公司按净利润的 10%计提盈余公积。

要求：做出乙企业上述业务相关的会计处理。（单位：万元）

**练习六**

（一）乙公司从事房地产开发业务，20＊3 年 5 月 8 日，乙公司与 A 公司签订了租赁协议，将其开发的一栋写字楼整体出租给 A 公司使用。租赁开始日期为 20＊3 年 6 月 18 日，租赁期为 1 年，假设转换后采用公允价值模式计量。20＊3 年 6 月 18 日，该项投资性房地产的公允价值为 54 000 万元，账面价值为 55 000 万元。20＊3 年 12 月 31 日，该项投资性房地产的公允价值为 56 000 万元。20＊4 年 6 月租赁期满，乙公司收回该项投资性房地产，并于 20＊4 年 8 月以 60 000 万元出售，出售款项已收讫。

（二）假如上述资料改为：(1) 20＊3 年 6 月 18 日，该项投资性房地产的公允价值为 56 200 万元；(2) 20＊3 年 12 月 31 日，该项投资性房地产的公允价值为 56 000 万元。其他条件不变。

要求：做出乙企业上述业务相关的会计处理。（单位：万元）

# 第八章　资产减值

## 一、填空题

1. 资产减值是指资产的____________低于其账面价值。这里所指的资产，包括________。

2. 资产存在__________是资产是否需要进行减值测试的必要前提，但是对于因企业合并形成的__________________________________，无论是否存在减值迹象，都应当至少于每年年度终了进行______________。

3. 资产的可收回金额，是由资产的________________________________与资产预计未来现金流量的现值两者之间________者确定。

4. 有迹象表明一项资产可能发生减值的，企业应当以___________为基础估计其可收回金额。企业难以对_____________的可收回金额进行估计的，应当以该资产_______________为基础确定资产组的可收回金额。

5. 资产组，是指企业可以认定的_______________，其产生的现金流入______________其他资产或者资产组产生的现金流入。

6. 资产组减值损失，首先抵减分摊至资产组中_________的账面价值；然后根据资产组中除商誉之外的其他各项资产的账面价值所占比重，按比例抵减其他各项资产的账面价值。抵减后各资产的账面价值不得低于以下三者之中最高者：①________________________________；②______________________________；③______________________________。

7. 总部资产的显著特征是难以脱离其他资产或者资产组产生____________________，而且其账面价值难以完全归属于__________________。因此，总部资产通常难以_________进行减值测试，需要结合___________

____________________进行。

8. 企业合并所形成的商誉，至少应当在__________________时进行减值测试。商誉应当结合与______________________________进行减值测试。

## 二、单项选择题

1. 下列不属于资产减值准则涉及内容的是（　　）。

A. 商誉

B. 以公允价值模式进行后续计量的投资性房地产

C. 采用成本模式进行后续计量的投资性房地产

D. 某项专利技术

2. 在判断下列资产是否存在可能发生减值的迹象时，（　　）不能单独进行减值测试。

A. 长期股权投资　　B. 专利技术

C. 商誉　　D. 金融资产

3. 下列选项中关于资产预计未来现金流量现值的估计中对折现率的预计表述错误的是（　　）。

A. 折现率应反映当前市场货币时间价值和资产特定风险的税后利率

B. 折现率的确定应当首先以该资产的市场利率为依据

C. 估计资产未来现金流量既可以使用单一的折现率也可以采用不同的折现率

D. 折现率可以是企业在购置资产或者投资资产时所要求的必要报酬率

4. 企业对资产未来现金流量的预计，应建立在企业管理层批准的最近财务预算或者预测基础上，但预算涵盖的期间最多不超过（　　）年。

A. 5　　B. 4　　C. 3　　D. 10

5. 当有迹象表明企业已经计提了减值准备的固定资产减值因素消

失时，其计提的减值准备应该(　　)。

A. 按照账面价值超过可收回金额的差额全部予以转回

B. 按照账面价值超过可收回金额的差额补提资产减值准备

C. 不进行账务处理

D. 按照账面价值超过可收回金额的差额在原来计提的减值准备范围内予以转回

6. 20＊4 年 12 月 31 日甲企业对其拥有的一台机床进行减值测试时发现，该资产如果立即出售，则可以获得 105 万元的价款，预计发生的处置费用为 5 万元；如果继续使用，那么在该资产使用寿命终结时的现金流量现值为 120 万元。该资产目前的账面价值是 150 万元，甲企业在 20＊4 年 12 月 31 日应该计提的固定资产减值准备为(　　)万元。

A. 50　　B. 30　　C. 20　　D. 0

7. 下列有关商誉减值的说法中，不正确的是(　　)。

A. 商誉无论是否出现减值的迹象，每年都应进行减值测试

B. 商誉不能独立存在，商誉应分摊到相关资产组后进行减值测试

C. 测试商誉减值的资产组的账面价值应包括分摊的商誉的价值

D. 商誉应与资产组内的其他资产一样，按比例分摊减值损失

8. 资产减值是指资产的可收回金额低于其(　　)的情况。

A. 账面净值　　B. 账面价值

C. 账面原价　　D. 公允价值

9. 甲企业对投资性房地产均采用成本模式进行后续计量。20＊4 年 12 月 31 日，甲企业对某项存在减值迹象的对外出租的建筑物进行减值测试，减值测试的结果表明该建筑物的可收回金额为 1 000 万元。该项建筑物系甲企业 20＊1 年 6 月 15 日购入，原价为 1 500 万元，甲企业采用年限平均法计提折旧，预计使用年限为 20 年，预计净残值为 0。则 20＊4 年 12 月 31 日该项建筑物应计提减值准备的金额为(　　)万元。

A. 500　　B. 231.25　　C. 237.50　　D. 262.50

10. 下列关于资产组减值测试的说法中，不正确的是(　　)。

A. 资产组的可收回金额应当按照该资产组的公允价值减去处置费用后的净额与其预计未来现金流量的现值两者之间较高者确定

B. 资产组的减值测试是将资产组的账面价值与可收回金额进行比较

C. 资产组中包括商誉时，发生的减值金额应首先抵减分摊至资产组中商誉的账面价值

D. 资产组中包括商誉时，发生的减值金额应当在商誉和其他资产之间进行分摊

## 三、多项选择题

1. 适用于《企业会计准则第8号——资产减值》的资产有(　　)。

A. 对子公司、联营企业和合营企业的长期股权投资

B. 采用成本模式进行后续计量的投资性房地产

C. 固定资产

D. 无形资产

2. 从企业外部信息来源看，以下情况属于资产可能发生减值迹象的有(　　)。

A. 公允价值的下跌

B. 企业经营所处的经济、技术或者法律等环境及资产所处的市场在当期或者将在近期发生重大变化，从而对企业产生不利影响

C. 市场利率或者其他市场投资报酬率在当期已经提高，从而影响企业计算资产预计未来现金流量现值的折现率，导致资产可收回金额大幅度降低

D. 企业所有者权益(净资产)的账面价值远高于其市值

3. 下列各项资产中，每年末必须进行减值测试的有(　　)。

A. 企业合并形成的商誉　　B. 使用寿命不确定的无形资产

C. 固定资产　　D. 使用寿命确定的无形资产

4. 下列关于资产减值表述正确的有(　　)。

A. 资产的公允价值减去处置费用后的净额与资产预计未来现金流量的现值,只要有一项超过了资产的账面价值,就表明资产没有发生减值,不需再估计另一项金额

B. 没有确凿证据或者理由表明,资产预计未来现金流量现值显著高于其公允价值减去处置费用后的净额的,可以将资产的公允价值减去处置费用后的净额视为资产的可收回金额

C. 资产的公允价值减去处置费用后的净额如果无法可靠估计,应当以该资产预计未来现金流量的现值作为其可收回金额

D. 资产的公允价值减去处置费用后的净额与资产预计未来现金流量的现值,如果有一项超过了资产的账面价值,即便表明资产没有发生减值,仍需再估计另一项金额

5. 下列关于确定可收回金额的说法正确的有(　　)。

A. 资产可收回金额的估计,应当根据其公允价值减去处置费用后的净额与资产预计未来现金流量的现值两者之间较低者确定

B. 资产可收回金额的估计,应当根据其公允价值减去处置费用后的净额与资产预计未来现金流量的现值两者之间较高者确定

C. 资产可收回金额的估计,应当根据其销售净价减去处置费用后的净额与资产预计未来现金流量的现值两者之间较高者确定

D. 资产的公允价值减去处置费用后的净额与资产预计未来现金流量的现值,只要有一项超过了资产的账面价值,就表明资产没有发生减值,不需再估计另一项金额

6. 确定资产可收回金额时,需要考虑的因素有(　　)。

A. 资产的账面价值

B. 资产的公允价值减去处置费用后的净额

C. 资产的预计未来现金流量现值

D. 资产的可变现净值

7. 预计资产未来现金流量现值应当综合考虑的因素有(　　)。

A. 资产的预计未来现金流量　　B. 资产的使用寿命

C. 折现率 D. 资产的账面原价

8. 下列各项中，属于固定资产减值测试时预计其未来现金流量无须考虑的因素有（　　）。

A. 与所得税收付有关的现金流量

B. 筹资活动产生的现金流入或者流出

C. 与预计固定资产改良有关的未来现金流量

D. 与尚未做出承诺的重组事项有关的预计未来现金流量

9. 下列资产的减值（跌价）可以在以后会计期间转回的有（　　）。

A. 存货跌价准备 B. 长期股权投资减值准备

C. 持有至到期投资减值准备 D. 可供出售金融资产减值准备

10. 下列关于资产减值损失的说法中，符合资产减值准则规定的有（　　）。

A. 可收回金额的计量结果表明，资产的可收回金额低于其账面价值的，应当将资产的账面价值减记至可收回金额，减记的金额确认为资产减值损失，计入当期损益，同时计提相应的资产减值准备

B. 资产减值损失确认后，减值资产的折旧或者摊销费用应当在未来期间做相应调整，以使该资产在剩余使用寿命内，系统地分摊调整后的资产账面价值（扣除了预计净残值后的金额）

C. 资产减值损失一经确认，在以后会计期间不得转回

D. 确认的资产减值损失，在处置资产时应结转资产减值准备

11. 下列关于资产组的表述及减值的确定，不正确的有（　　）。

A. 资产组是企业可以认定的最小资产组合

B. 资产组产生的利润应当基本上独立于其他资产或者资产组产生的利润

C. 资产组确定后，各会计期间可随意变更

D. 认定资产组应当考虑企业管理层管理生产经营活动的方式

12. 下列属于总部资产的有（　　）。

A. 难以脱离其他资产组单独产生现金流量的办公楼

B. 难以脱离其他资产组单独产生现金流量的研发中心

C. 可以单独产生现金流量的机器设备

D. 可以单独产生现金流量的存货

## 四、判断题

1.（　　）资产减值准则中所涉及的资产是指企业所有的资产。

2.（　　）任何资产只有存在减值迹象的，才需要进行减值测试。

3.（　　）某资产如果存在减值迹象就必须对该资产计提减值准备。

4.（　　）折现率是反映当前市场货币时间价值和资产特定风险的税前利率。该折现率是企业在购置或者投资资产时所要求的必要报酬率。

5.（　　）资产组确定后，在以后的会计期间一律不得变更。

6.（　　）企业在确定可收回金额时，不论遇到什么情况，必须根据资产的公允价值减去处置费用后的净额与资产预计未来现金流量现值两者之间的较高者确定。

7.（　　）如果当期市场利率或者其他市场投资报酬率已经降低，则表明相关资产可能发生减值。

8.（　　）如果某些固定资产是相互关联、相互依存的，其使用和处置是一体化决策的，那么这些固定资产很可能应当认定为一个资产组。

9.（　　）相关总部资产能够按照合理和一致的基础分摊至该资产组的，应当将该总部资产的账面价值分摊至该资产组，再据以比较该资产组的账面价值和可收回金额，再按照相关处理方法进行核算。

10.（　　）资产一旦确认减值损失，其相关的折旧和摊销费用应当在未来期间做相应的调整。

## 五、计算及账务处理题

### 练习一

长江公司于 20 * 1 年 10 月 15 日对厂房进行改扩建，改扩建前该固定资产的原价为 1 500 万元，已提折旧 300 万元，未计提减值准备。

在改扩建过程中领用价值 200 万元的生产用原材料，原材料的进项税额为 34 万元。发生改扩建人员工资 50 万元，用银行存款支付其他费用 16 万元。该固定资产于 20＊1 年 12 月 20 日达到预定可使用状态。该企业对改扩建后的固定资产采用年限平均法计提折旧，预计尚可使用年限为 20 年，预计净残值为 80 万元。

20＊2 年 12 月 31 日该固定资产的公允价值减去处置费用后的净额为 1 200 万元，预计未来现金流量现值为 1 220 万元。

20＊3 年 12 月 31 日该固定资产的公允价值减去处置费用后的净额为 1 580 万元，预计未来现金流量现值为 1 600 万元。

假定固定资产计提减值准备不影响固定资产的预计使用年限和预计净残值。

要求：

(1) 编制上述与固定资产改扩建有关业务的会计分录。计算改扩建后固定资产的入账价值。

(2) 计算改扩建后的固定资产 20＊2 年计提的折旧额并编制固定资产计提折旧的会计分录。

(3) 计算该固定资产 20＊2 年 12 月 31 日应计提的减值准备并编制相关会计分录。

(4) 计算该固定资产 20＊3 年计提的折旧额并编制固定资产计提折旧的会计分录。

(5) 计算该固定资产 20＊3 年 12 月 31 日应计提的减值准备并编制相关会计分录。

(6) 计算该固定资产 20＊4 年计提的折旧额并编制固定资产计提折旧的会计分录。

(单位：万元)

**练习二**

乙公司某一生产线由 A、B、C 三台机器构成，这三台机器均无法产生独立的现金流，但组成生产线后可以产生现金流，即 A、B、C 构成资产组。A、B、C 三台机器的账面价值分别为 300 000 元、700 000 元和 1 000 000元，采用直线法计提折旧。20 * 4 年由于其所生产产品在市场上出现了替代产品，影响了企业的竞争力，导致产品销量锐减，因此，乙公司对该生产线进行减值测试。20 * 4 年末确定的 A 机器的公允价值减去处置费用后的净额为 250 000 元，B 和 C 机器的公允价值减去处置费用后的净额无法合理估计，20 * 4 年底整条生产线预计尚可使用年限为 5 年，假定估计该资产组未来 5 年预计现金流量现值之和为 140 万元。

要求：填列资产减值分析计算表，并编制相关会计分录。

**资产减值损失分析计算表**

| | 机器 A | 机器 B | 机器 C | 整条生产线（资产组） |
|---|---|---|---|---|
| 账面价值 | | | | |
| 可收回金额 | | | | |
| 减值损失 | | | | |
| 减值损失分摊比例 | | | | |
| 分摊减值损失 | | | | |
| 分摊后账面价值 | | | | |
| 尚未分摊的减值损失 | | | | |
| 二次分摊比例 | | | | |
| 二次分摊减值损失 | | | | |
| 二次分摊后应确认减值损失总额 | | | | |
| 二次分摊后账面价值 | | | | |

**练习三**

华胜公司拥有甲、乙两家分公司，其中甲分公司是上年吸收合并的公司，合并时确认商誉 100 000 元。由于甲、乙两家分公司均能产生独立于其他分公司的现金流入，所以该公司将这两家分公司确定为两个资产组。20 * 4 年 12 月 31 日，企业经营所处的技术环境发生了重大不利变化，根据减值迹象进行了减值测试，预计甲分公司可收回金额为3 500 000元。减值测试时，甲分公司资产组中包括A设备、B设备和一项专利权，其账面价值分别为2 000 000元、1 500 000元和500 000元。假定甲资产组中各项资产的预计使用寿命相同。

要求：计算甲分公司各项资产应计提的减值准备并编制有关会计分录。

**练习四**

海天公司由A、B、C三个资产组组成，这些资产组由一个总部负责运作。20＊4年12月31日，海天公司总部资产总额为2 000 000元，A资产组资产总额为5 000 000元，B资产组资产总额为3 000 000元，C资产组资产总额为2 000 000元(含合并时产生的商誉180 000元)。

20＊4年末，海天公司经营发生较大亏损，出现资产减值的迹象。在减值测试过程中，经比较有关的资产公允价值减去处置费用后的净额与预计未来现金流量现值，根据孰高原则，得到A资产组的可收回金额为5 400 000元，B资产组可收回金额为3 360 000元，C资产组的可收回金额为2 100 000元。

假设总部资产能够按照各资产组账面价值的比例进行合理分摊，总部资产、A资产组、B资产组、C资产的使用寿命均为10年。

要求：对涉及总部资产的资产组进行减值测试，填列总部资产分摊表、资产减值准备计提表，并假定对计提资产减值准备进行合并处理。

**总部资产分摊表**

| 资产组 | 分摊总部资产前账面价值 | 分摊比例 | 分摊总部资产 | 分摊总部资产后账面价值 |
|---|---|---|---|---|
| A | | | | |
| B | | | | |
| C | | | | |
| 合计 | | | | |

**资产减值准备计提表**

| 资产组合 | 分摊总部资产后账面价值 | 可收回金额 | 应计提减值准备金额 |
|---|---|---|---|
| A | | | |
| B | | | |
| C | | | |

# 第九章　非货币性资产交换

## 一、填空题

1. 非货币性资产交换，是指交易双方主要以________________________________进行的交换。该交换不涉及或者只涉及________________________________。

2. 货币性资产，是指企业持有的________________________________。货币性资产和非货币性资产是相对而言的，二者区分的主要标志是________________________________。

3. 根据非货币性资产交换准则的规定，符合下列条件之一的，视为具有商业实质：

(1) ________________________________；

(2) ________________________________。

4. 非货币性资产交换是一种非经常性的特殊交易行为，该交换________________。

5. 支付的货币性资产占________________的比例，或者收到的货币性资产占换出资产公允价值（或占换入资产公允价值和收到的货币性资产之和）的比例低于________的，视为非货币性资产交换；高于__________的，视为货币性资产交换，应按照货币性资产交换的会计处理原则进行会计处理。

6. 在以公允价值计量的情况下，不论是否涉及补价，只要换出________________，就一定会涉及损益的确认，因为非货币性资产交换损益通常是________________，通过非货币性资产交换予以实现。

7. 具有商业实质且换入或者换出资产的公允价值能够可靠计量的非货币性资产交换，涉及补价的，应当分别以下列情况进行处理：支付补价的，以换出资产的____________作为换入资产的成本；换出资产公允价值与账面价值之间的差额，计入________。收到补价的，以换出资产的________________,作为换入资产的成本；换出资产公允价值与账面价值之间的差额，计入________。

8. 不具有商业实质，或者虽然具有商业实质，但换入资产和换出资产的________均不能可靠计量的非货币性资产交换，不涉及补价的，应当按________________,作为换入资产的成本，________。

9. 不具有商业实质的非货币性资产交换，涉及多项非货币性资产交换的，换入资产的总成本应当以________________为基础确定；各项换入资产的成本，应当按照各项____________________________的比例对换入资产总成本进行分配来确定。

## 二、单项选择题

1. 下列项目中，属于货币性资产的有(　　)。

A. 作为交易性金融资产的股票投资

B. 准备持有至到期的债券投资

C. 不准备持有至到期的债券投资

D. 作为可供出售金融资产的权益工具

2. 在确定涉及补价的交易是否为非货币性资产交换时，支付补价的企业，应当按照支付的补价占(　　)的比例低于25%确定。

A. 换出资产的公允价值

B. 换出资产公允价值加上支付的补价

C. 换入资产公允价值加补价

D. 换出资产公允价值减补价

3. 甲公司以一项专利权换入乙公司的一台机床。假设不具有商业实质。换出专利权的摊余价值为98万元，已提减值准备为6万元，公允价值为100万元，换入设备的公允价值为90万元，甲公司收到补价10万元。换出专利权应交的营业税为5万元。则甲公司换入设备的入账价值为（　　）万元。

A. 100　　B. 95　　C. 87　　D. 105

4. 下列资产中，属于货币性资产的是（　　）。

A. 可供出售的股权投资　　B. 准备持有至到期的债券投资

C. 长期股权投资　　D. 不准备持有至到期的债券投资

5. 企业对具有商业实质且换入资产或者换出资产的公允价值能够可靠计量的非货币性资产交换，在换出库存商品且其公允价值不含增值税的情况下，下列关于非货币性资产交换双方（均为一般纳税人）的会计处理中，正确的是（　　）。

A. 库存商品的换出方直接转出库存商品的账面价值，不确认收入

B. 库存商品的换出方按库存商品的公允价值确认主营业务收入

C. 库存商品的换入方按库存商品公允价值和增值税确认换入商品的入账价值

D. 库存商品的换出方按库存商品公允价值高于账面价值的差额确认主营业务收入

6. 关于商业实质的判断条件，下列说法不正确的是（　　）。

A. 换入资产的未来现金流量在风险、时间和金额方面与换出资产显著不同

B. 换入资产的未来现金流量的风险和金额与换出资产相同，但时间不同

C. 换入资产与换出资产的预计未来现金流量现值不同，且其差额与换入资产和换出资产的公允价值相比是重大的

D. 在确定非货币性资产交换是否具有商业实质时，不用考虑交易各方是否存在关联方关系

7. 非货币性资产交换同时换入多项资产的，在确定各项换入资产的成本时，下列说法中正确的是（　　）。

A. 按各项换入资产的公允价值确定

B. 按各项换入资产的账面价值确定

C. 非货币性资产交换不具有商业实质，或者虽具有商业实质但换入资产的公允价值不能可靠计量的，应当按照换入各项资产的原账面价值占换入资产原账面价值总额的比例，对换入资产的成本总额进行分配，确定各项换入资产的成本

D. 非货币性资产交换不具有商业实质，或者虽具有商业实质但换入资产的公允价值不能可靠计量的，应当按照换入各项资产的公允价值占换入资产公允价值总额的比例，对换入资产的成本总额进行分配，确定各项换入资产的成本

8. 甲公司以一台A设备换入乙公司的一台B设备。A设备的账面原价为120万元，已提折旧6万元，已提减值准备6万元，其公允价值为120万元。乙公司另向甲公司支付补价10万元。甲公司支付清理费用0.4万元。假定甲公司和乙公司的商品交换不具有商业实质。甲公司换入的B设备的入账价值为(　　)万元。

A. 99.4　　B. 98　　C. 98.4　　D. 110.4

9. 甲企业20＊4年5月10日用一批库存商品换入一台生产设备，并收到对方以银行存款支付的35.1万元，其中包括由于换出资产和换入资产公允价值不同而支付的补价30万元，以及换出资产销项税额与换入资产进项税额的差额5.1万元。该批库存商品的账面价值为240万元，公允价值为300万元，计税价格为300万元，双方适用的增值税税率均为17%；换入设备的原账面价值为320万元，公允价值为270万元。甲企业因该项非货币性资产交换影响损益的金额为(　　)万元。

A. 60　　B. 150　　C. 120　　D. 30

10. 甲公司用一台设备换入乙公司的一项专利权。设备的账面原值为20万元，已提折旧为4万元，已提减值准备2万元。甲公司另向乙公司支付补价6万元。假定两公司资产交换不具有商业实质，则甲公司换入专利权的入账价值为(　　)万元。

A. 12　　B. 20　　C. 24　　D. 14

11. 在甲股份有限公司发生的下列交易中，属于非货币性资产交换的是（　　）。

A. 以公允价值为130万元的固定资产换入乙公司账面价值为160万元的无形资产，并支付补价40万元

B. 以账面价值为140万元的固定资产换入丙公司公允价值为100万元的一项专利权，并收到补价40万元

C. 以公允价值为160万元的长期股权投资换入丁公司账面价值为230万元的交易性金融资产，并支付补价70万元

D. 以账面价值为210万元的持有至到期的债券投资换入戊公司公允价值为95万元的一台设备，并收到补价115万元

12. 非货币性资产交换具有商业实质且公允价值能够可靠计量的，在发生补价的情况下，换出资产公允价值与其账面价值的差额，下列会计处理方法中错误的是（　　）。

A. 换出资产为存货的，应当视同销售处理，按其公允价值确认商品销售收入，同时结转商品销售成本

B. 换出资产为固定资产，换出资产公允价值和换出资产账面价值的差额，计入营业外收入或者营业外支出

C. 换出资产为长期股权投资的，换出资产公允价值和换出资产账面价值的差额，计入投资收益

D. 换出资产为投资性房地产的，换出资产公允价值和换出资产账面价值的差额，计入营业外收入或者营业外支出

## 三、多项选择题

1. 根据《企业会计准则第7号——非货币性资产交换》的规定，下列项目中属于货币性资产的是（　　）。

A. 对没有市价的股票进行的投资

B. 对有市价的股票进行的投资

C. 不准备持有至到期的债券投资

D. 准备持有至到期的债券投资

E. 应收账款

2. 具有商业实质且公允价值能够可靠计量情况下，计算补价占整个交易金额25%时，下列公式中正确的有(　　)。

A. 收到的补价/换出资产公允价值<25%

B. 收到的补价/(收到的补价+换出资产公允价值)<25%

C. 支付的补价/(支付的补价+换入资产的账面价值)<25%

D. 支付的补价/(支付的补价+换出资产公允价值)<25%

E. 支付的补价/换入资产的账面价值<25%

3. 下列各项交易中，属于非货币性资产交换的有(　　)。

A. 以固定资产换入股权　　B. 以银行汇票购买原材料

C. 以银行本票购买固定资产　　D. 以无形资产换入原材料

4. 下列表述符合“换入资产或者换出资产公允价值能够可靠计量”条件的有(　　)。

A. 换入资产或者换出资产存在活跃市场

B. 换入资产或者换出资产不存在活跃市场，但同类或者类似资产存在活跃市场

C. 换入资产或者换出资产不存在同类或者类似资产的可比市场交易，应当采用估值技术确定其公允价值。该公允价值估计数的变动区间很小，或者在公允价值估计数变动区间内，各种用于确定公允价值估计数的概率能够合理确定

D. 能采用估值计算

5. 下列各项中，可视为非货币性资产交换具有商业实质的有(　　)。

A. 未来现金流量的风险、金额相同，时间相同

B. 未来现金流量的时间、金额相同，风险不同

C. 未来现金流量的风险、时间相同，金额不同

D. 未来现金流量的风险、时间、金额均不同

E. 换入资产与换出资产的预计未来现金流量不同且其差额与换入资产和换出资产的公允价值相比是重大的

6. 在不涉及补价的情况下，下列关于不具有商业实质的非货性资

产交换说法正确的有(　　)。

A. 不确认非货币性资产交换损益

B. 涉及多项资产交换,按换入各项资产的公允价值与换入资产公允价值总额的比例,对换出资产的账面价值与应支付的相关税费之和进行分配,以确定各项换入资产的入账价值

C. 对于换入存货实际成本的确定,通常按换出资产的账面价值减去可抵扣的增值税进项税额,加上应支付的相关税费作为实际成本

D. 可能确认非货币性资产交换损益

7. 在收到补价的具有商业实质并且公允价值能够可靠计量的非货币性资产交换业务中,如果换入单项固定资产,影响固定资产入账价值的因素可能有(　　)。

A. 收到的补价　　B. 换入资产的公允价值

C. 换出资产的公允价值　　D. 换出资产的账面价值

8. 关于不具有商业实质的非货性资产交换,下列项目会影响支付补价企业计算换入资产入账价值的有(　　)。

A. 支付的补价　　B. 可以抵扣的进项税额

C. 换出资产已计提的减值准备　　D. 换入资产的账面价值

E. 换出资产的增值税销项税额

9. 在换入资产按公允价值计量的情况下,换出资产为固定资产、无形资产的,其换出资产公允价值和换出资产账面价值的差额,可计入(　　)。

A. 营业外收入　　B. 其他业务收入

C. 营业外支出　　D. 其他业务成本

E. 投资收益

10. 在不具有商业实质、不涉及补价的非货币性资产交换中,确定换入资产入账价值应考虑的因素有(　　)。

A. 换出资产的账面余额　　B. 换出资产计提的减值准备

C. 换出资产计提的折旧　　D. 换出资产应支付的相关税费

E. 换出资产账面价值与其公允价值的差额

## 四、判断题

1.（　　）持有至到期投资和应收账款都属于货币性资产。

2.（　　）因为应收账款可能发生坏账，将来收取的货币是不确定的，因此，应收账款属于非货币性资产。

3.（　　）因为预付账款是以货币形式支出的，该货币金额是确定的，因此，预付账款属于货币性资产。

4.（　　）某企业以其不准备持有至到期的国库券换入一幢房屋以备出租，该项交易具有商业实质。

5.（　　）资产的预计未来现金流量现值，应当按照资产在持续使用过程和最终处置时所产生的预计税前未来现金流量，根据企业自身而不是市场参与者对资产特定风险的评价，选择恰当的折现率对其进行折现后的金额加以确定。

6.（　　）在具有商业实质且公允价值能够可靠计量的非货币性资产交换中，企业换出资产的账面价值和为该项资产计提的减值准备既不影响该企业计算换入资产的入账价值，也不影响对方企业换入资产的入账价值。

7.（　　）在涉及存货的非货币性资产交换中，与存货有关的增值税（一般纳税人），如为换出存货应视同销售计算销项税额，换入资产作为存货应当确认可抵扣增值税进项税额，分别记入"应交税费——应交增值税（销项税额）"和"应交税费——应交增值税（进项税额）"账户。

8.（　　）关联方关系的存在可能导致发生的非货性资产交换不具有商业实质。

9.（　　）在具有商业实质且公允价值能够可靠计量的非货币性资产交换中，收到补价的企业，按换出资产的账面价值减去可抵扣的增值税进项税额，加上应确认的收益，加上应支付的相关税费，减去补价后的余额，作为实际成本。

10.（　　）在非货币性资产交换中，如果换出资产的公允价值小于其账面价值，按照谨慎性要求采用公允价值作为换入资产入账价值的基础。

## 五、计算及账务处理题

**练习一**

甲公司决定以其生产的库存商品办公桌与乙公司的库存商品复印机相交换，办公桌的账面余额为25 000元，复印机的账面余额为21 500元，双方均未对库存商品计提跌价准备。甲公司换入的复印机作为固定资产进行管理，乙公司换入的办公桌作为库存商品进行管理。办公桌的公允价值为23 000元，复印机的公允价值为23 000元。甲公司销售办公桌的增值税税率为17%，计税价格等于公允价值。乙公司销售复印机的增值税税率为17%，计税价格等于公允价值。假设该项交易符合商业实质，整个交易过程中未发生除增值税以外的其他相关税费。

要求：分别做出两公司的会计处理。

**练习二**

甲公司为增值税一般纳税人，经协商用一项长期股权投资交换乙公司的库存商品。该项长期股权投资的账面余额为2 500万元，已提减值准备400万元，公允价值为2 000万元；库存商品的账面余额为1 600万元，已提存货跌价准备50万元，公允价值和计税价格均为1 800万元，增值税率17%。乙公司向甲公司支付补价200万元。假定不考虑除增值税以外的其他税费，该项交易具有商业实质。

要求：分别计算甲、乙公司换入资产的入账价值并进行账务处理。（单位：万元）

**练习三**

中天股份有限公司用一辆货运汽车交换福胜公司的一台大型机械。货运汽车的账面原值为265 000元，在交换日的累计折旧为120 000元，公允价值为160 000元；大型机械的账面原值为368 000元，在交换日的累计折旧为230 000元，公允价值为170 000元。中天公司另外向福胜公司支付银行存款10 000元。交换过程中，中天公司发生运杂费1 500元，福胜公司发生运杂费1 200元；两公司均未计提固定资产减值准备。假设该笔交易不具有商业实质，不考虑相关税费。

要求：分别做出中天公司和福胜公司的会计处理。

**练习四**

甲股份有限公司20＊1年1月与乙公司达成非货币性交易协议，以一块土地的使用权和库存商品换入乙公司拥有的M公司5%的股权和N公司25%的股权。甲公司土地使用权取得时的成本为600万元，累计摊销额150万元，未计提减值准备，交换时的公允价值为700万元；库存商品账面余额180万元，已计提跌价准备30万元，交换时的公允价值300万元。乙公司拥有M公司5%股权的长期股权投资账面余额为600万元，未计提减值准备，其公允价值为600万元；拥有N公司25%的股权的长期股权投资账面余额175万元，已提减值准备25万元，公允价值为200万元，乙公司另向甲公司支付现金251万元。整个交换过程中没有发生除增值税（甲、乙商品增值税税率17%）和营业税以外的其他相关税费。

要求：

（1）分别按照具有商业实质和不具有商业实质计算甲公司换入M和N公司股权的初始成本并进行会计处理；

（2）若具有商业实质，甲公司取得N公司后采用权益法核算，相关手续完备，甲公司取得N公司投资日N公司可辨认净资产公允价值720万元，请就此做出后续会计处理。

（单位：万元）

# 第十章　负　　债

## 一、填空题

1. 负债是指企业________________形成的、预期会导致经济利益流出企业的______________。

2. 负债一般按其流动性进行分类，分为__________、__________。

3. 预收账款的核算方法有两种：一是单独设置_________账户核算企业预收的货款；二是将预收的货款直接记入___________账户的贷方。

4. 企业应当将确认的职工薪酬计入相关成本或者费用，并将应付的职工薪酬确认为负债。具体处理为：应由生产产品、提供劳务负担的职工薪酬，计入______________________；应由在建工程、无形资产负担的职工薪酬，计入______________________；其他职工薪酬，计入__________。

5. 委托方对支付的消费税应区分两种不同情况来进行会计处理：一是委托加工应税消费品收回后，直接用于销售的，委托方应将受托方代扣代缴的消费税计入______________；二是委托加工的应税消费品收回后用于连续生产应税消费品的，委托方应按受托方代扣代缴的消费税，_______________________账户。

6. 计入“管理费用”的税金有：_________、___________、___________和印花税。

7. 企业发行债券产生的溢价和折价，实际是对债券______________的调整。溢价是企业________________而事先得到的补偿。折价是企业______________而预先给予投资者的补偿。

8. 企业缴纳当月的增值税时，借记“________________”账户，贷记“银行存款”账户。企业缴纳以前各期末交的增值税时，借记“________________”账户，贷记“银行存款”账户。

9. 企业应设置“应付债券”账户，并在“应付债券”账户下设置“__________”“______________________”“_________________________”进行明细核算。

10. 长期应付款是指企业除长期借款和应付债券以外的其他各种长期应付款项，包括：________________________________________、______________________________________等。

## 二、单项选择题

1. 下列行为中，在增值税处理上需要做进项税额转出的是（　　）。

A. 将外购的一批货物赠送他人

B. 在建工程领用一批自产的产成品

C. 将委托加工的货物用于对外投资

D. 将外购的原材料用于集体福利

2. 企业交纳的下列税款中，不应计入管理费用的是（　　）。

A. 房产税　　　　B. 车船使用税

C. 车辆购置税　　　　D. 印花税

3. 企业对确实无法支付的应付账款，应转入（　　）科目。

A. 其他业务收入　　　　B. 盈余公积

C. 营业外收入　　　　D. 资本公积

4. 企业在无形资产研究阶段发生的职工薪酬应当（　　）。

A. 计入无形资产成本　　　　B. 计入在建工程成本

C. 计入长期待摊费用　　　　D. 计入当期损益

5. 企业为鼓励生产车间职工自愿接受裁减而给予的补偿，应该计入（　　）科目。

A. 生产成本　　　　B. 管理费用

C. 制造费用　　　　D. 财务费用

6. 下列项目中,不属于职工薪酬的是(　　)。

A. 职工福利费　　B. 差旅费

C. 养老保险费　　D. 医疗保险费

7. 甲公司收购免税农业产品作为原材料,实际支付款项 150 万元,存货已验收入库,款项已经支付。假定甲公司采用实际成本进行材料日常核算,该产品准予抵扣的进项税额按买价的 13%计算确定。甲公司的免税农业产品的增值税进项税额为(　　)万元。

A. 17.26　　B. 19.50　　C. 25.50　　D. 15

8. .一般纳税企业在月度终了,对本月发生尚未抵扣的增值税进项税额的会计处理方法是(　　)。

A. 保留在"应交增值税"明细科目的借方

B. 保留在"应交增值税"明细科目的贷方

C. 将其转入"未交增值税"明细科目的贷方

D. 将其转入"未交增值税"明细科目的借方

9. 如果企业开出的银行承兑汇票到期无力支付票款,应在票据到期并未签发新的票据时,将应付票据账面价值转入(　　)科目。

A. 短期借款　　B. 应收账款

C. 坏账准备　　D. 应付账款

10. 甲、乙公司为增值税一般纳税人,本期甲公司委托乙公司加工材料,发出原材料成本为 20 000 元,加工费用 7 000 元(不含增值税)。消费税税率 10%,材料已加工完成验收入库,并直接用于对外销售,加工费用已支付。双方的增值税税率均为 17%。该项加工后材料的实际成本为(　　)元。

A. 27 000　　B. 29 700　　C. 30 000　　D. 31 190

11. 公司债券的发行方式有三种:即面值发行、溢价发行、折价发行。其中,溢价是企业(　　)。

A. 以后各期少付利息而预先给投资者的补偿

B. 以后各期多付利息而事先得到的补偿

C. 本期的利息收入

D. 以后期间的利息收入

12. 某公司于 20＊3 年 1 月 1 日对外发行 5 年期、面值总额为 2 000万元的公司债券，债券票面年利率为 3%，到期一次还本付息，实际收到发行价款 2 200 万元。该公司采用实际利率法摊销利息费用，不考虑其他相关税费。计算确定的实际利率为 2%。20＊4 年 12 月 31 日，该公司该项应付债券的账面净额为（　　）万元。

A. 2 120　　B. 2 320　　C. 2 288.88　　D. 2 400

13. 某公司按照面值发行可转换公司债券 2 000 万元，债券利率（年利率）6%，期限为 3 年，每年末支付利息，结算方式是持有方可以选择付现或者转换成发行方的股份。另不附选择权的类似债券的资本市场利率为 9%。假设(P/F,9%,3)＝0.762 6,(P/A,9%,3)＝2.712 8。发行时产生的资本公积为（　　）。

A. 185.073 6　　B. 149.264 0　　C. 149.264 6　　D. 192.644 0

14. 长江公司于 20＊3 年 1 月 1 日发行 3 年期、每年 1 月 1 日付息、到期一次还本的公司债券，债券面值为 200 万元，票面年利率为 5%，实际利率为 6%，发行价格为 194.65 万元。按实际利率法确认利息费用。该债券 20＊4 年度确认的利息费用为（　　）万元（保留两位小数）。

A. 11.68　　B. 10　　C. 11.78　　D. 12

15. 企业采用补偿贸易方式从国外引进设备，则其以人民币借款支付的进口关税、国内运杂费应计入（　　）。

A. 财务费用　　B. 管理费用

C. 长期待摊费用　　D. 引进设备的成本

## 三、多项选择题

1. 下列各项税金中，不应记入“营业税金及附加”科目的有（　　）。

A. 房产税　　B. 消费税

C. 车辆购置税　　D. 增值税

2. 下列经济业务中，应通过“其他应付款”科目核算的有（　　）。

A. 企业应交的教育费附加

B. 应付租入包装物租金

C. 应付融资租入固定资产的租赁费

D. 应付经营租入固定资产的租赁费

3. 下列有关税金的处理中，正确的有（　　）。

A. 本期交纳本期的增值税应通过应交增值税的“已交税金”专栏核算

B. 对于直接减免的营业税、消费税，不进行账务处理

C. 企业实际收到税务部门即征即退、先征后退、先征税后返还的增值税，借记“银行存款”科目，贷记“盈余公积”科目

D. 对于返还的教育费附加，应当作为“营业外收入”处理

4. 下列项目中，应按国家规定的计提基础和计提比例，确认为应付职工薪酬的有（　　）。

A. 养老保险费　　　　B. 医疗保险费

C. 住房公积金　　　　D. 职工教育经费

5. 企业应当在职工为其提供服务的会计期间，将应付的职工薪酬（不包括辞退福利）确认为负债，并根据职工提供服务的受益对象的不同，分别按下列情况处理（　　）。

A. 应由生产产品、提供劳务负担的职工薪酬，计入产品成本或劳务成本

B. 应由在建工程、无形资产开发成本负担的职工薪酬，计入建造固定资产或者无形资产的开发成本

C. A、B两项之外的其他职工薪酬，计入当期损益

D. 企业应当严格按照辞退计划条款的规定，合理预计并确认辞退福利产生的应付职工薪酬，并确认管理费用

6. 以下各项中，计入管理费用的职工薪酬有（　　）。

A. 计提管理部门人员的工资

B. 计提管理部门的非货币福利费用

C. 计提管理部门的住房公积金

D. 计提管理部门人员的工会经费

E. 计提因解除与职工的劳动关系给予的补偿

7. 下列各项，增值税一般纳税企业需要转出进项税额的有（　　）。

A. 自制产成品用于职工福利

B. 自制产成品用于对外投资

C. 外购的生产用原材料发生非正常损失

D. 外购的生产用原材料改用于自建厂房

E. 自制产成品发生非正常损失耗用材料的进项税

8. 企业发生的下列相关税金中，应计入存货成本的有（　　）。

A. 企业厂房缴纳的房产税

B. 委托加工物资收回后直接用于销售的货物由受托方代收代缴消费税

C. 小规模纳税企业购进货物支付的增值税

D. 一般纳税人从海关取得的完税凭证上注明的增值税额

E. 购进免税农产品的全部价款

9. 下列税费中，应记入“管理费用”科目的有（　　）。

A. 土地使用税　　B. 土地增值税

C. 城市维护建设税　　D. 印花税

E. 房产税

10. 企业当月缴纳当月的增值税，涉及的账务处理有（　　）。

A. 借记“应交税费——应交增值税（已交税金）”

B. 借记“应交税费——未交增值税”

C. 贷记“应交税费——应交增值税（销项税额）”

D. 贷记“银行存款”

E. 借记“应交税费——应交增值税（进项税额）”

11. 下列业务对于增值税的处理中，企业通常将其视同销售处理的有（　　）。

A. 销售代销货物

B. 在建工程领用企业自产的库存商品

C. 企业将自产的产品用于集体福利

D. 在建工程领用企业外购的原材料

E. 企业将自产、委托加工的货物无偿赠送他人

12. 企业发行长期债券，应在“应付债券”总账账户下设置以下明细账户进行核算（　　）。

A. “面值”　　B. “债券溢价”

C. “债券折价”　　D. “应计利息”

E. “利息调整”

13. “应付债券”账户贷方核算的内容有（　　）。

A. 债券折价摊销　　B. 债券本金

C. 债券溢价　　D. 债券折价

E. 债券溢价摊销

14. 下列项目中，属于“长期应付款”科目核算内容的有（　　）。

A. 具有融资性质的延期付款购买无形资产

B. 应付融资租入固定资产尚未支付的租赁费

C. 应付经营租入固定资产尚未支付的租赁费

D. 采用补偿贸易方式引进国外设备发生的应付款项

## 四、判断题

1.（　　）企业收回委托加工的应税消费品，如果用于连续生产应税消费品，按税法规定，可以抵扣应纳消费税。

2.（　　）企业可以按照免税农产品买价的 13% 作为进项税额抵扣。

3.（　　）开出并承兑的商业承兑汇票如果不能如期支付，应在票据到期时，将应付票据账面余额转入“应付账款”科目。

4.（　　）一般纳税人用产品或者原材料对外投资时，会计核算上不需要作为销售处理，但应根据其计税基础计算缴纳增值税销项税额。

5.（　　）小规模纳税人购入货物收到增值税专用发票的，其支付的增值税额可以由销项税额抵扣。

6.（　　）企业为鼓励生产车间职工自愿接受裁减而给予的补偿，应该计入“生产成本”科目。

7.（　　）预收账款不多的企业，可不设置“预收账款”账户，将预收的货款直接记入“应付账款”科目的贷方。

8.（　　）在资产负债表日，企业应按应付债券的摊余成本和实际利率计算确定利息费用。

9.（　　）企业借入的分期付息到期还本的长期借款，对于核算的应支付利息，增加长期借款的账面价值。

10.（　　）无论是按面值发行，还是溢价发行或者折价发行，均按债券面值记入“应付债券”科目的“面值”明细科目，实际收到的款项与面值的差额，记入“利息调整”明细科目。

11.（　　）债券溢价、折价是发行债券企业在债券存续期内对利息费用的调整。

12.（　　）长期借款利息费用应当在资产负债表日按照实际利率法计算确定，实际利率与合同利率差异较小的，也可以采用合同利率计算确定利息费用。

13.（　　）未确认融资费用应当在租赁期内各个期间进行摊销，企业应当采用直线法计算确认当期的融资费用。

14.（　　）长期应付款具有分期付款的性质。

15.（　　）企业采用补偿贸易方式引进国外设备时，应按设备、工具、零配件等的价款及国外运杂费的外币金额和规定的汇率折合为人民币确认长期应付款。

## 五、计算及账务处理题

### 练习一

M公司为增值税一般纳税人企业，适用的增值税税率为17%，材料采用实际成本进行日常核算。该公司20＊1年4月30日“应交税费——应交增值税”科目借方余额为60 000元，该借方余额均可从下月的销项税额中抵扣。5月份发生如下涉及增值税的经济业务：

(1) 购买一批原材料，增值税专用发票上注明价款为 900 000 元，增值税额为 153 000 元，公司已开出承兑的商业汇票。该原材料已验收入库。

(2) 用原材料对外投资，双方协议按成本作价。该批原材料的成本和计税价格均为 615 000 元，应交纳的增值税额为 104 550 元。

(3) 销售一批产品，销售价格为 300 000 元(不含增值税额)，实际成本为 240 000 元，提货单和增值税专用发票已交购货方，货款尚未收到。该销售符合收入确认条件。

(4) 在建工程领用一批原材料，该批原材料实际成本为 450 000 元，应由该批原材料负担的增值税额为 76 500 元。

(5) 月末盘亏一批原材料，该批原材料的实际成本为 150 000 元，增值税额为 25 500 元。

(6) 用银行存款缴纳本月增值税 37 500 元。

(7) 月末将本月应交增值税转入“未交增值税”明细科目。

要求：根据上述经济业务，请编制相关会计分录。

**练习二**

某工业企业为小规模纳税人企业，适用的增值税税率为 6%。该企业本期购入原材料，按照增值税专用发票上记载的原材料成本为 600 000元，支付的增值税额为 102 000 元，企业已开出、承兑商业汇票，材料尚未收到。该企业本期销售产品，含税价格为 916 900 元，货款尚未收到。

要求：根据上述经济业务，请编制相关会计分录。

**练习三**

某企业为增值税一般纳税人，本月购销业务如下：

(1) 购进一批原材料，增值税专用发票上已列明：货款 3 000 000 元、税款 510 000 元。材料验收入库，款已支付。

(2) 购进一批免税农产品，实际支付的价款为 500 000 元，按买价的 13%计算进项税。

(3) 本期销售产品开出增值税专用发票，取得销售额 5 000 000 元，销项税额 850 000 元，款项已收到并存入银行。

(4) 购入甲材料一批，增值税专用发票上注明，价款为 50 000 元，税款为 8 500 元。货款、税款均以银行存款付清，材料已验收入库。该种材料入库后，全部由某项工程领用。

(5) 期末盘点，库存材料发生盘亏，其实际成本为 30 000 元。

(6) 企业建造托儿所，领用本厂的产品，成本为 10 000 元，其计税价格为15 000元。

要求：根据上述经济业务编制会计分录。

**练习四**

某工业企业为增值税一般纳税人，适用的增值税税率为 17%，消费税税率为 10%，库存材料采用实际成本核算，销售收入(或者计税价格)均不含应向购买者收取的增值税。

该企业 20＊4 年 3 月份发生以下经济业务：

(1) 工程领用本企业生产的应缴消费税产品，该产品成本为5 000 000 元，计税价格为 7 000 000 元。

(2) 收回委托加工的原材料并验收入库，该委托加工的材料系上月发出，发出的原材料的实际成本为 1 950 000 元，本月以银行存款支付受托加工企业代扣代缴的消费税 50 000 元，加工费用 500 000 元及加工费用相关的增值税 85 000 元。收回委托加工的原材料用于本企业生产应缴消费税产品。

要求：根据上述资料，编制该企业有关经济业务的会计分录(为简化核算，不考虑城市维护建设税和教育费附加)。

**练习五**

某公司 20＊4 年 5 月 15 日，应付工资的有关情况如下："工资结算汇总单"列示应发工资 1 000 000 元，其中代缴个人所得税为 40 000

元，代扣水电费 10 000 元，实发工资 950 000 元，以银行存款发放本月工资。

月末，本月应发工资数也为 1 000 000 元，按 1 000 000 元分配工资费用。其中，生产车间工人工资 700 000 元，车间管理人员工资 50 000 元，辅助生产车间人员工资 30 000 元，行政管理人员工资 120 000 元，销售部门人员工资 100 000 元。

根据所在地政府规定，公司分别按照职工工资总额的 10%，12%，2%和 10.5%计提医疗保险费、养老保险费、失业保险费和住房公积金，缴纳给当地社会保险经办机构和住房公积金管理机构。根据以往实际发生的职工福利费情况，公司预计 20*4 年应承担的职工福利费的金额为职工工资总额的 2%，职工福利的受益对象为上述所有人员。公司分别按照职工工资总额的 2%和 1.5%计提工会经费和职工教育经费。

要求：根据上述资料，编制该企业 20*4 年 5 月份工资发放、工资费用的分配及计提各项社会保险、职工福利、工会经费、职工教育经费和住房公积金的会计分录。

**练习六**

乙公司为一家生产彩电的企业，共有职工 200 名，20*4 年 2 月，公司以其生产的成本为 10 000 元的液晶彩电和外购的每台不含税价格为 1 000 元的电暖气作为春节福利发放给公司每名职工。该型号液晶彩电的售价为每台 14 000 元，乙公司适用的增值税率为 17%，已开具了增值税专用发票；乙公司以银行存款支付了购买电暖气的价款和增值税进项税额，已取得增值税专用发票，适用的增值税率为 17%。假定 200 名职工中 170 名为直接参加生产的职工，30 名为总部管理人员。

要求：编制乙公司决定发放非货币性福利和实际发放时的会计分录。

**练习七**

20*4 年 12 月 31 日，甲上市公司委托证券公司以 7 755 万元的价格发行 3 年期分期付息公司债券，该债券面值为 8 000 万元，票面年利率为 4.5%，实际年利率为 5.64%，每年付息一次，到期后按面值偿还，支付的发行费用与发行期间冻结资金产生的利息收入相等。甲公司发行的公司债券筹集的资金用于建造专用生产线。

生产线建造工程采用出包方式，于 20＊5 年 1 月 1 日开始动工，发行债券所得款项当日全部支付给建造承包商，20＊6 年 12 月 31 日所建造生产线达到预定可使用状态。

假定各年度利息的实际支付日期均为下年度的 1 月 10 日，20＊8 年 1 月 10 日支付 20＊7 年度利息，一并偿付面值。所有款项均以银行存款收付。

要求：分别编制甲公司与债券发行 20＊5 年 12 月 31 日和 20＊7 年 12 月 31 日确认债券利息、20＊8 年 1 月 10 日支付利息和面值业务相关的会计分录。（单位：万元，“应付债券”科目应列出明细科目）

**练习八**

甲上市公司（以下简称甲公司）经批准于 20＊1 年 1 月 1 日以 50 000万元的价格（不考虑相关税费）发行面值总额为 50 000 万元的可转换公司债券。该可转换公司债券期限为 5 年，自 20＊2 年起，每年 1 月 1 日付息。该可转换公司债券的票面年利率为 4%，实际年利率为 6%，负债成分的公允价值为 45 789.8 万元。自 20＊2 年 1 月 1 日起，该可转换公司债券持有人可以申请按债券转换日的账面价值转为甲公司的普通股（每股面值 1 元），初始转换价格为每股 10 元，不足转为 1 万股的部分按每股 10 元以现金结清。

其他相关资料如下：

（1）20＊1 年 1 月 1 日，甲公司收到发行价款 50 000 万元，所筹资金用于某生产线的技术改造项目，该技术改造项目于 20＊1 年 12 月 31 日达到预定可使用状态并交付使用。

（2）20＊2 年 1 月 1 日，该可转换公司债券的 40%转为甲公司的普通股，相关手续已于当日办妥；未转为甲公司普通股的可转换公司债券持有至到期，其本金及最后一期利息一次结清。

假定：①甲公司采用实际利率法确认利息费用；②每年末计提债券利息和确认利息费用；③20＊1年该可转换公司债券借款费用的100%计入该技术改造项目成本；④不考虑其他相关因素。

要求：

(1) 编制甲公司发行该可转换公司债券的会计分录。

(2) 计算甲公司20＊1年12月31日应计提的可转换公司债券利息和应确认的利息费用。

(3) 编制甲公司20＊1年12月31日计提可转换公司债券利息和应确认的利息费用的会计分录。

(4) 编制甲公司20＊2年1月1日支付可转换公司债券利息的会计分录。

(5) 计算20＊2年1月2日可转换公司债券转为甲公司普通股的股数。

(6) 编制甲公司20＊2年1月2日与可转换公司债券转为普通股有关的会计分录。

(7) 计算甲公司20＊2年12月31日至20＊5年12月31日各期的名义利息、实际利息、摊销的利息调整和应付债券的摊余成本。

(8) 编制甲公司20＊6年1月1日未转换为股份的可转换公司债券到期时支付本金和利息的会计分录。

(单位：万元，"应付债券"科目要求写出明细科目)

**练习九**

甲公司经批准于20＊7年1月1日溢价发行了50万份可转换公司债券，面值总额50 000万元，发行取得总收入52 400万元。该债券期限为5年，票面年利率为5%；每份债券均可在债券发行1年后按照面值转换为100股普通股。自20＊8年起，每年1月1日付息。其他相关资料如下：

(1) 20＊7年1月1日，甲公司收到发行价款52 400万元，所筹资金专门用于建造办公楼，该工程于20＊7年1月1日开工，预计20＊8

年底竣工,开工时支付了工程款 21 200 万元,余款下年支付,该工程于 20＊7 年 4 月 1 日至 7 月 31 日发生非正常中断。

(2) 20＊8 年 1 月 5 日,该可转换公司债券的 50%转为甲公司的普通股,相关手续已于当日办妥;未转为甲公司普通股的可转换公司债券持有至到期,其本金及最后一期利息一次结清。

假定:①甲公司采用实际利率法确认利息费用,假定甲公司发行可转换公司债券时二级市场上与之类似的没有附带转换权的债券市场利率为 4%;②每年末计提债券利息和确认利息费用;③不考虑其他相关因素;④利率为 4%、期数为 5 期的普通年金现值系数为 4.4518,利率为 4%、期数为 5 期的复利现值系数为 0.8219;⑤按实际利率计算的可转换公司债券的现值即为其包含的负债成分的公允价值。要求:

(1) 计算可转换公司债券负债成分的公允价值和权益成分的公允价值,并编制甲公司发行该可转换公司债券的会计分录。

(2) 计算甲公司 20＊7 年 12 月 31 日应计提的可转换公司债券利息和应确认的利息费用并编制相关会计分录。

(3) 编制甲公司 20＊8 年 1 月 1 日支付可转换公司债券利息的会计分录。

(4) 计算 20＊8 年 1 月 5 日可转换公司债券转为甲公司普通股的股数,并编制可转换公司债券转为普通股有关的会计分录。

(结果保留两位小数,单位:万元)

**练习十**

某企业开展补偿贸易业务,从国外引进设备价款折合人民币为 400 000元(不需要安装就可投产使用),企业准备用所生产的产品归还引进设备款。引进设备投产后,生产第一批产品 100 件,每件销售价格 300 元,销售成本 250 元,这一批产品的销售收入全部用于还款。

要求:编制有关会计分录。

# 第十一章 借款费用

## 一、填空题

1. 借款费用是企业因借入资金所付出的代价，它包括______________、____________、辅助费用及因外币借款而发生的____________________等。

2. 借款费用的确认主要解决的是将每期发生的________________计入相关资产的成本，还有将有关________________________计入当期损益的问题。

3. 按照借款费用准则，借款包括______________和______________。专门借款是指为购建或者生产符合______________________而专门借入的款项。

4. 符合资本化条件的资产通常需要经过相当长时间的建造或者生产过程，才能达到预定可使用或者______________________。其中，"相当长时间"应当是指为资产的购建或者生产所必需的时间，通常为____________________。

5. 借款费用允许开始资本化必须同时满足三个条件，____________、____________、为使资产达到____________________________________________________已经开始。这三个条件中，只要有一个条件不满足，相关借款费用就不能资本化。

6. 符合资本化条件的资产在购建或者生产过程中发生__________________________且中断时间__________________应当暂停借款费用的资本化。

7. 为购建或者生产符合资本化条件的资产而借入专门借款的，应当以专门借款当期实际发生的利息费用减去将尚未动用的借款资金____________________或者进行暂时性__________，确定专门借款应予资本化的利息金额。

8. 为购建或者生产符合资本化条件的资产而占用了一般借款的，企业应当根据累计资产支出________________________乘以所占用一般借款的资本化率，计算确定一般借款应予资本化的利息金额。资本化率应当根据__________________计算确定。

9. 购建或者生产符合资本化条件的资产达到__________或者________时，借款费用应当停止资本化。

10. 购建或者生产的资产的各部分分别完工，但必须等到整体完工后才可使用或者对外销售的，应当在该资产__________停止借款费用的资本化。

## 二、单项选择题

1. 借款费用准则中的专门借款是指(　　)。

A. 为购建或者生产符合资本化条件的资产而专门借入的款项

B. 发行债券收款

C. 长期借款

D. 技术改造借款

2. 企业因资产支出数超过专门借款数，占有了于 20 * 4 年借入的两笔一般借款——1 月 1 日借入 300 万元，3 月 1 日又借入了 900 万元，资产的建造工作从 20 * 3 年 10 月 1 日开始。假定企业按季计算资本化金额。则 20 * 4 年第一季度，该企业所占有一般借款本金的加权平均数为(　　)万元。

A. 1 200　　B. 400　　C. 800　　D. 600

3. 如果固定资产的购建活动发生非正常中断，并且中断时间连续超过(　　)，应当暂停借款费用的资本化，将其确认为当期费用，直至资产的购建活动重新开始。

A. 1 年　　B. 3 个月　　C. 半年　　D. 2 年

4. 某企业于 20＊3 年 10 月 1 日从银行取得一笔专门借款 600 万元用于固定资产的建造，年利率为 8%，2 年期。至 20＊4 年 1 月 1 日该固定资产建造已发生资产支出 600 万元，该企业于 20＊4 年 1 月 1 日从银行取得 1 年期一般借款 300 万元，年利率为 6%。借入款项存入银行，工程于 20＊4 年底达到预定可使用状态。20＊4 年 2 月 1 日用银行存款支付工程价款 150 万元，20＊4 年 10 月 1 日用银行存款支付工程价款 150 万元。工程项目于 20＊4 年 3 月 31 日至 20＊4 年 7 月 31 日发生非正常中断。则 20＊4 年借款费用的资本化金额为（　　）万元。

A. 7.5　　B. 32　　C. 95　　D. 39.5

5. 当所购建的固定资产（　　）时，应当停止其借款费用的资本化；以后发生的借款费用应当于发生当期确认为费用。

A. 达到预定可使用状态

B. 交付使用

C. 竣工决算

D. 交付使用并办理竣工决算手续

6. 生产经营期间，如果某项固定资产的购建发生非正常中断，并且中断时间超过 3 个月，应当将中断期间所发生的借款费用，记入（　　）科目。

A. "长期待摊费用"　　B. "在建工程"

C. "营业外支出"　　D. "财务费用"

7. 某企业于 20＊3 年 7 月 1 日为建造厂房，从银行取得 3 年期借款 300 万元，年利率为 6%，按单利计算，到期一次归还本息。借入款项存入银行，工程于 20＊4 年底达到预定可使用状态。20＊3 年 10 月 1 日用银行存款支付工程价款 150 万元并开始厂房的建造。该项专门借款在 20＊3 年第三季度的利息收入为 3 万元，第四季度的利息收入为 1.5 万元。则 20＊3 年借款费用的资本化金额为（　　）万元。

A. 2.25　　B. 4.5　　C. 1.5　　D. 3

8. 甲公司为股份有限公司，20＊4 年 7 月 1 日为新建生产车间而向商业银行借入专门借款1 000万元，年利率为5%，款项已存入银行。至20＊4年12月31日，因建筑物的拆迁补偿问题尚未解决，建筑地上原建筑物尚未开始拆迁，工程尚未开工；该项借款存入银行所获得的利息收入为16.7万元。甲公司20＊4年就上述借款应予以资本化的利息为（　　）万元。

A. 0　　B. 20　　C. 8.3　　D. 50

9. 在借款费用资本化期间，为购建或者生产符合资本化条件的资产占用了一般借款的，下列关于占用的一般借款费用资本化的说法中不正确的是（　　）。

A. 一般借款加权平均利率＝所占用一般借款当期实际发生的利息之和/所占用一般借款本金加权平均数

B. 应当根据累计资产支出超过专门借款部分的资产支出加权平均数乘以所占用一般借款的资本化率，计算确定一般借款应予资本化的利息金额

C. 当只涉及一笔一般借款的时候，此时该一般借款的实际利率就是一般借款的资本化率

D. 一般借款的借款费用的资本化金额的确定应当与资产支出相挂钩

10. 下列有关借款费用资本化的说法中，不正确的是（　　）。

A. 在购建固定资产过程中，如果发生了非正常中断，则属于该期间的相关长期借款费用不应计入工程成本

B. 一般借款的借款费用的资本化金额的确定应当与资产支出相挂钩

C. 资本化期间，是指从借款费用开始资本化时点到停止资本化时点的期间，但不包括借款费用暂停资本化期间

D. 为购建存货发生的借款费用不可能计入存货成本

11. 大海公司20＊4年1月1日为建造一生产线，向银行借入100万美元的专门借款，期限为2年，年利率为5%，利息按季计算，按年支付。1月1日借入时的市场汇率为1美元＝6.1元人民币，3月31日的

市场汇率为1美元＝6.3元人民币。假定20＊4年第一季度属于资本化期间，则20＊4年第一季度外币专门借款汇兑差额的资本化金额为(　　)万元。

A. 20.25　　B. 20　　C. 19.75　　D. 0

12. 甲上市公司股东大会于20＊4年1月4日做出决议，决定建造厂房。为此，甲公司于3月5日向银行专门借款5 000万元，年利率为6%，款项于当日划入甲公司银行存款账户。3月15日，甲公司购入一批建造厂房用的水泥和钢材，价款500万元，当日用银行存款支付。3月16日，厂房正式动工兴建。3月31日，计提当月专门借款利息。甲公司在3月份没有发生其他与厂房购建有关的支出，则甲公司专门借款利息应开始资本化的时间为(　　)。

A. 3月5日　　B. 3月15日

C. 3月16日　　D. 3月31日

13. 下列哪种情况不应暂停借款费用资本化(　　)。

A. 由于与施工方发生质量纠纷而造成连续超过3个月的固定资产的建造中断

B. 由于资金周转困难而造成连续超过3个月的固定资产的建造中断

C. 由于工程用建造材料短缺而造成连续超过3个月的固定资产的建造中断

D. 由于例行的安全检查而造成连续超过3个月的固定资产的建造中断

14. 甲公司20＊4年1月1日为一项在建工程取得专门借款1 000万元，年利率6%，工程开工采用出包方式并按照进度付款，1～3月该企业利用部分闲置的专门借款资金进行短期投资获得收益35万元，20＊4年4月1日支付第一笔进度款，截至12月31日企业共获得该专门借款的存款利息收入16万元，其中第一至第四季度每季度存款利息收入分别是2万元、7万元、4万元、3万元，甲公司20＊4年应该资本化的借款费用是(　　)万元。

A. 29　　　B. 0　　　C. 31　　　D. 44

15. 甲公司20＊4年1月1日为建造生产装置取得专门借款2 000万元，借款期限为3年，年利率为8%；甲公司于20＊4年1月1日向施工单位支付工程进度款600万元，20＊4年4月1日支付工程进度款800万元，20＊4年9月1日支付进度款700万元，甲公司将暂时闲置资金用于月固定收益率为0.5%的理财项目，其中10月1日至12月31日因装置的质量问题停工，甲公司20＊4年应资本化的专门借款利息是（　　）万元。

A. 160　　　B. 124　　　C. 102　　　D. 84

## 三、多项选择题

1. 借款费用包括（　　）。

A. 因借款而发生的利息

B. 折价或者溢价的摊销

C. 因外币借款而发生的汇兑差额

D. 发行债券收款

E. 因借款发生的借款承诺费

2. 关于借款费用，下列说法中正确的有（　　）。

A. 在资本化期间内，外币专门借款本金及利息的汇兑差额，应当予以资本化，计入符合资本化条件的资产的成本

B. 借款费用是指企业因借款而发生的利息及其他相关成本

C. 符合资本化条件的资产，是指需要经过相当长时间的购建或者生产活动才能达到预定可使用或者可销售状态的固定资产、投资性房地产和存货等资产

D. 资产支出包括为购建或者生产符合资本化条件的资产而以支付现金、转移非现金资产或者承担债务形式发生的支出

E. 资本化期间，是指从借款费用开始资本化时点到停止资本化时点的期间，借款费用暂停资本化的期间不包括在内

3. 借款费用开始资本化必须同时满足的条件包括（　　）。

A. 资产支出已经发生

B. 借款费用已经发生

C. 为使资产达到预定可使用或者可销售状态所必要的购建或者生产活动已经开始

D. 工程项目人员工资支出

E. 货币资金支出

4. 关于资本化期间和借款费用利息资本化金额限额，下列说法中正确的有(　　)。

A. 资本化期间是指从借款费用开始资本化时点到停止资本化时点的期间，借款费用暂停资本化的期间不包括在内

B. 资本化期间是指从借款费用开始资本化时点到停止资本化时点的全部期间，借款费用暂停资本化的期间也包括在内

C. 在资本化期间内，每一会计期间的利息资本化金额，不应当超过当期相关借款实际发生的利息金额

D. 在资本化期间内，每一会计期间的利息资本化金额，不应当超过当期专门借款实际发生的利息金额

E. 在资本化期间内，每一会计期间的利息资本化金额，不应当超过当期一般借款实际发生的利息金额

5. 关于借款费用暂停资本化，下列说法中正确的有(　　)。

A. 符合资本化条件的资产在购建或者生产过程中发生非正常中断，且中断时间连续超过 3 个月的，应当暂停借款费用的资本化

B. 符合资本化条件的资产在购建或者生产过程中发生正常中断，且中断时间连续超过 3 个月的，借款费用的资本化应当继续进行

C. 暂停借款费用的资本化，在中断期间发生的借款费用应当确认为费用，计入当期损益

D. 如果因进行工程质量和安全检查停工中断，借款费用的资本化应当继续进行

E. 如果中断是所购建或者生产的符合资本化条件的资产达到预定可使用或者可销售状态必要的程序，借款费用不应暂停资本化

6. A公司于20＊4年动工兴建厂房，在该厂房建造过程中，该企业发生的下列支出或者费用中，属于规定的资产支出的有（　　）。

A. 用银行存款购买工程物资

B. 支付在建工程人员工资

C. 工程项目领用本企业生产的产品

D. 发生的业务招待费支出

E. 用带息票据购入工程物资

7. 下列各项借款费用中，属于借款辅助费用的有（　　）。

A. 借款承诺费　　B. 发行债券溢价摊销

C. 发行债券手续费　　D. 外币借款汇兑损失

E. 借款佣金

8. 以下属于非正常停工的原因的有（　　）。

A. 与施工方发生质量纠纷而停工

B. 与工程建设有关的劳动纠纷而停工

C. 资金周转困难而停工

D. 因可预见的不可抗力而停工

E. 因不可预见的不可抗力而停工

9. 关于借款费用暂停或者停止资本化的时点，下列表述中正确的有（　　）。

A. 如果某项工程建造到一定阶段必须暂停下来进行安全检查，检查通过之后才能开始下一阶段的建造工作，该检查使得工程施工中断超过3个月，借款费用仍可资本化

B. 所购建固定资产各部分分别完工，但每一部分都必须等到整体完工后才可使用，企业只能在所购建的固定资产整体完工时，借款费用才能停止资本化

C. 如果企业购建或者生产的资产的各部分分别完工，且每部分在

其他部分继续建造或者生产过程中可供使用或者可对外销售，那么这部分资产达到预定可使用或者可销售状态所必要的购建或者生产活动完成时，应当停止该部分资产相关的借款费用的资本化

D. 如果购建固定资产需要试运行，则在试运行结果表明资产能够正常运转时，认为资产已经达到预定可使用状态，借款费用应当停止资本化

E. 如果企业与施工方发生了劳务纠纷而导致工程中断，且中断超过 3 个月，那么借款费用应当暂停资本化

10. 下列有关借款费用资本化的说法中，正确的有（　　）。

A. 在借款费用资本化期间，为购建固定资产借入的专门借款产生的利息支出扣减了在此期间的闲置专门借款用于投资产生的收益后的金额计入工程成本

B. 一般借款的借款费用的资本化金额的确定应当与资产支出相挂钩

C. 外币专门借款产生的汇兑差额在资本化期间应计入相关资产成本

D. 只有专门借款产生的借款费用才可以资本化

E. 当期资本化的借款费用应当以本期实际利息费用为限额确定

11. 下列项目中，属于借款费用的有（　　）。

A. 向银行和其他金融机构借入资金发生的利息

B. 发行公司债券所发生的利息

C. 发行公司债券所发生的溢价

D. 发行公司债券折价的摊销

E. 为购建固定资产而发生的带息债务所承担的利息

12. 下列借款费用允许予以资本化的有（　　）。

A. 为采购固定资产而发生的借款利息

B. 为经过 1 年以上生产活动才能达到可销售状态的存货而发生的专门借款利息

C. 为经过1年以上购建活动才能达到可使用状态的固定资产发生的专门借款利息

D. 为经过1年以上生产活动才能达到可出租状态的投资性房地产而发生的专门借款利息

E. 为经过1年以上购建活动才能达到可使用状态的工程支出占用的一般借款利息

13. 以下符合“资产支出已经发生”的业务有(　　)。

A. 用现金购买工程物资

B. 将本公司产品用于固定资产的建造

C. 以赊购方式取得工程用材料而产生的带息债务

D. 将本公司生产的产品向其他企业换取用于固定资产建造所需要的工程物资

E. 支付建造固定资产的职工工资

14. 以下针对专门借款的借款费用会计处理正确的有(　　)。

A. 只有在借款费用开始资本化的三个条件同时满足时方可开始资本化

B. 由于可预见的不可抗力因素导致中断时间连续超过3个月的应暂停资本化

C. 固定资产分别建造并分别完工,已经达到了预定可使用状态,应停止该部分资产的借款费用资本化

D. 在资本化期间不论是本金的汇兑差额还是利息的汇兑差额应全额资本化

E. 资本化金额为累积支出加权平均数乘以资本化利率

15. 关于借款费用以下表述正确的有(　　)。

A. 专门借款的辅助费用在所购建或者生产的符合资本化条件的资产达到预定可使用或者可销售状态之前发生的应予资本化

B. 专门借款资本化期间,实际发生的利息费用减去尚未动用的借款资金取得利息收入的净值作为资本化金额确认

C. 一般借款当期实际发生的利息费用减去尚未动用的借款资金取得利息收入的净值在资本化期间作为资本化金额确认

D. 暂停资本化期间，专门借款和一般借款的借款费用均不得做出资本化处理

E. 一般借款辅助费用在所购建的资产达到预定可使用状态之后发生的应当予以资本化

## 四、判断题

1.（　　）在借款费用允许资本化的期间发生的外币专门借款汇兑差额，应当计入以该专门借款所购建固定资产的成本。

2.（　　）每一期间辅助费用的资本化金额必须与发生在所购建固定资产上的支出相挂钩。

3.（　　）外币借款汇兑差额资本化需要与发生在所购建固定资产上的支出相挂钩。

4.（　　）企业为购建固定资产专门借入的款项，其当期借款费用利息资本化的金额，不得超过当期该专门借款实际发生的利息总额。

5.（　　）在借款费用资本化期间，建造资产的累计支出金额未超过专门借款金额的，发生的借款利息扣除该期间与专门借款相关的收益后的金额，应当计入所建造资产成本。

6.（　　）企业为对外投资而向银行借入的长期借款不属于资本化的借款范围。

7.（　　）企业为购建职工住房而向银行借入的长期借款不属于资本化的借款范围。

8.（　　）借款费用可以资本化的资产范围仅限于固定资产。

9.（　　）当所购建固定资产的各个部分已分别完工，即可认为该项固定资产已达到预定可使用状态，借款费用可停止资本化。

10.（　　）专门借款的利息费用，在资本化期间，应当全部计入符合资本化条件的资产成本，但仍需要计算借款费用资本化率。

## 五、计算及账务处理题

**练习一**

甲公司于 20＊3 年 1 月 1 日动工兴建一办公楼，工程采用出包方式，每半年支付一次工程进度款。工程于 20＊4 年 6 月 30 日完工，达到预定可使用状态。

（1）建造工程资产支出如下：

①20＊3 年 1 月 1 日，支出 1 500 万元；

②20＊3 年 7 月 1 日，支出 2 500 万元，累计支出 4 000 万元；

③20＊4 年 1 月 1 日，支出 1 500 万元，累计支出 5 500 万元。

（2）公司为建造办公楼于 20＊3 年 1 月 1 日专门借款 2 000 万元，借款期限为 3 年，年利率为 6%。除此之外，无其他专门借款。

（3）办公楼的建造还占用两笔一般借款：

①A 银行长期贷款 2 000 万元，期限为 20＊2 年 12 月 1 日至 20＊5 年 12 月 1 日，年利率为 6%，按年支付利息。

②发行公司债券 1 亿元，发行日为 20＊2 年 1 月 1 日，期限为 5 年，年利率为 8%，按年支付利息。

（4）闲置专门借款资金用于固定收益债券短期投资，假定短期投资月收益率为 0.5%。

要求：根据上述资料，计算 20＊3 年、20＊4 年借款利息资本化的金额并编制会计分录。（单位：万元）

**练习二**

某公司于 20＊3 年 1 月 1 日，为建造一工程项目专门以面值发行美元公司债券 1 000 万元，年利率为 8%，期限为 3 年。合同约定，每年 1 月 1 日支付当年利息，到期还本。工程于 20＊3 年 1 月 1 日开始实体建造，20＊4 年 6 月 30 日完工，达到预定可使用状态，期间发生的资产支出如下：20＊3 年 1 月 1 日，支出 200 万美元；7 月 1 日，支出 500 万美元；20＊4 年 1 月 1 日，支出 300 万美元。公司的记账本位币为人民币,外币业务采用外币业务发生时当日的市场汇率核算。相关汇率如下：20＊3年1月1日市场汇率为1美元＝7.7元人民币,12月31日,市场汇率为1美元＝7.75元人民币;20＊4年1月1日,市场汇率为1美元＝7.77元人民币,20＊4年6月30日,市场汇率为1美元＝7.80元人民币。

要求：编制有关的会计分录。(单位：万元)

**练习三**

某企业20＊4年1月1日开始建造一项固定资产,所占用的一般借款有两项(假定这里的支出均为超过专门借款的支出,不再单独考虑专门借款的情况)：

①20＊4年1月1日借入的3年期借款200万元,年利率为6%;

②20＊4年4月1日发行的3年期债券300万元,到期一次还本付息。票面年利率为5%,实际利率为6%,债券发行价格为285万元,折价15万元(不考虑发行债券时发生的辅助费用)。

有关资产支出如下：

1月1日支出100万元;2月1日支出50万元;3月1日支出50万元;4月1日支出200万元;5月1日支出60万元。

假定资产建造从1月1日开始,工程项目于20＊4年6月30日达到预定可使用状态。债券溢折价采用实际利率法摊销。

要求：

(1) 分别计算20＊4年第一季度和第二季度适用的资本化率;

(2) 分别计算20＊4年第一季度和第二季度应予资本化的利息金额并进行相应的账务处理。

(单位：万元)

**练习四**

甲公司于20＊7年1月1日动工兴建一办公楼,工程采用出包方式,每半年支付一次工程进度款。工程于20＊8年6月30日完工,达到预计可使用状态。

甲公司建造工程资产支出如下：

(1) 20＊7年1月1日，支出4 500万元；

(2) 20＊7年7月1日，支出7 500万元，累计支出12 000万元；

(3) 20＊8年1月1日，支出3 500万元，累计支出15 500万元。

甲公司为建造办公楼于20＊7年1月1日专门借款6 000万元，借款期限为3年，年利率为5%，按年支付利息。除此之外，无其他专门借款。

办公楼的建造还占用两笔一般借款：

(1) 从A银行取得长期借款6 000万元，期限为20＊6年12月1日至20＊9年12月1日，年利率为6%，按年支付利息。

(2) 发行公司债券4 000万元，发行日为20＊6年1月1日，期限为5年，年利率为7%，按年支付利息。

闲置专门借款资金用于固定收益债券短期投资，假定短期投资月收益率为0.5%。假定全年按360天计。

要求：

(1) 计算20＊7年专门借款利息资本化金额、一般借款利息资本化金额，编制会计分录；

(2) 计算20＊8年专门借款利息资本化金额、一般借款利息资本化金额，编制会计分录。

(单位：万元)

# 第十二章　所有者权益

## 一、填空题

1. 所有者权益是指企业资产扣除企业全部负债后由所有者享有的______________。公司的所有者权益又称为股东权益。所有者权益的内容包括所有者____________、接计入所有者权益的______________________、________________。

2. 留存收益是企业历年实现的净利润留存于企业的部分，主要包括____________________和________________两部分。

3. 企业增加资本主要有三个途径：接受投资者____________、____________转增资本和盈余公积转增资本；此外，股份制企业还可以通过__________________及将_____________转换成股票的方式实现增资。

4. 股份有限公司发放股票股利，在办妥相关手续后，借记"____________________"账户，贷记"____________"账户。

5. 企业按照法定程序报经批准减少注册资本的，应按照减资的金额，借记"__________"账户，贷记"______________"账户。

6. 股份有限公司回购股票所支付的价款高于购回股票面值的，如果收购的股票原系是溢价发行的，则超面值的收购款先冲减_____________________，不足部分冲_____________，若盈余公积不足冲减的，则____________________。

7. 盈余公积是企业按规定从税后利润中提取并已指定用途的__________。企业盈余公积包括______________________________________两种。

8. 企业发生的亏损，其弥补渠道主要有三个方面：一是由__________________________弥补；二是用__________________________弥补；三是以______________弥补亏损。

9. 企业用盈余公积转增资本，必须经股东大会批准。转增资本后，留存的法定盈余公积不得低于________________________。盈余公积转增资本时，借记"____________"账户，贷记"__________________"账户。

10. 未分配利润是企业留待以后年度分配的利润，也是企业留存收益的重要组成部分。从数量上看，未分配利润等于___________________________加上________________________，再减去____________________________________________的余额。

## 二、单项选择题

1. 股份有限公司溢价发行股票支付的手续费、佣金等，应(　　)。

A. 从溢价收入中扣除　　B. 全部列作开办费

C. 全部计入长期待摊费用　　D. 全部计入财务费用

2. 某有限责任公司资本的构成如下：甲投资者为200 000元，乙投资者为100 000元，丙投资者为100 000元；甲、乙、丙股权比例为2∶1∶1。现公司吸收新投资者丁，丁出资150 000元取得20%的股权比例，则新股东加入后，甲、乙、丙、丁各股东的股本依次为(　　)元。

A. 220 000，110 000，110 000，100 000

B. 200 000，100 000，100 000，150 000

C. 225 000，112 500，112 500，100 000

D. 200 000，100 000，100 000，100 000

3. 下列各项中，会引起留存收益总额发生增减变动的是(　　)。

A. 资本公积转增资本　　B. 盈余公积转增资本

C. 盈余公积补亏　　D. 用税后利润补亏

4. 企业不可以吸收所有者的(　　)作为投资。

A. 货币资产　　B. 固定资产

C. 租入资产　　D. 无形资产

5. 在下列事项中，不涉及留存收益总额发生变化的是(　　)。

A. 盈余公积转增资本　　　B. 盈余公积弥补亏损

C. 分派现金股利　　　　　D. 分派股票股利

6. 公司制的企业计提的法定盈余公积累计达到注册资本的(　　)时，可以不再提取。

A. 20%　　B. 25%　　C. 30%　　D. 50%

7. 某企业经营第一年发生亏损 100 万元，第二年实现净利润 300 万元，法定盈余公积的提取比例是 10%，则该企业当年应提取的法定盈余公积为(　　)万元。

A. 40　　B. 30　　C. 20　　D. 10

8. 某股份有限公司按法定程序报经批准后采用收购本公司股票的方式减资，购回股票支付价款低于股票面值总额的，所注销库存股账面余额与冲减股本的差额应计入(　　)。

A. 盈余公积　　　B. 营业外收入

C. 资本公积　　　D. 未分配利润

9. 甲股份有限公司委托 A 证券公司发行普通股 2 000 万股，每股面值 1 元，每股发行价格为 4 元。根据约定，股票发行成功后，甲股份有限公司应按发行收入的 2%向 A 证券公司支付发行费。如果不考虑其他因素，股票发行成功后，甲股份有限公司记入"资本公积"科目的金额应为(　　)万元。

A. 40　　B. 160　　C. 5 840　　D. 6 000

10. 某上市公司发行普通股 1 000 万股，每股面值 1 元，每股发行价格 5 元，支付手续费 20 万元，支付咨询费 60 万元。该公司发行普通股计入股本的金额为(　　)万元。

A. 1 000　　B. 4 920　　C. 4 980　　D. 5 000

11. 20*4 年 1 月 1 日某企业所有者权益情况如下：实收资本 200 万元，资本公积 17 万元，盈余公积 38 万元，未分配利润 32 万元。则该企业 20*4 年 1 月 1 日留存收益为(　　)万元。

A. 32　　B. 38　　C. 70　　D. 87

12. 某企业20＊4年1月1日所有者权益构成情况如下：实收资本1 500万元，资本公积100万元，盈余公积300万元，未分配利润200万元。20＊4年度实现利润总额为600万元，企业所得税税率为25%。假定不存在纳税调整事项及其他因素，该企业20＊4年12月31日可供分配利润为(　　)万元。

A. 600　　B. 650　　C. 800　　D. 1 100

13. 某企业年初未分配利润为100万元，本年净利润为1 000万元，按10%计提法定盈余公积，按5%计提任意盈余公积，宣告发放现金股利为80万元，该企业年末未分配利润为(　　)万元。

A. 855　　B. 867　　C. 870　　D. 874

14. 某企业盈余公积年初余额为50万元，本年利润总额为600万元，所得税费用为150万元，按净利润的10%提取法定盈余公积，并将盈余公积10万元转增资本。该企业盈余公积年末余额为(　　)万元。

A. 40　　B. 85　　C. 95　　D. 110

15. 某企业年初所有者权益160万元，本年度实现净利润300万元，以资本公积转增资本50万元，提取盈余公积30万元，向投资者分配现金股利20万元。假设不考虑其他因素，该企业年末所有者权益为(　　)万元。

A. 360　　B. 410　　C. 440　　D. 460

## 三、多项选择题

1. 在下列事项中，会导致实收资本或者股本发生增减变动的是(　　)。

A. 将资本公积转增资本　　B. 将盈余公积转增资本

C. 投资者投入资本　　D. 实际发放股票股利

E. 注销库存股

2. 企业实收资本增加的途径有(　　)。

A. 接受投资者投资　　B. 经批准用盈余公积转增

C. 经批准用资本公积转增　　D. 接受现金捐赠

3. 下列项目中，应通过“资本公积”科目核算的有（　　）。
A. 被投资企业增发股票形成的股本溢价
B. 自用房地产或者存货转换为投资性房地产引起的直接计入所有者权益的利得或者损失
C. 可供出售金融资产公允价值的变动引起的利得或者损失
D. 交易性金融资产公允价值的变动引起的利得或者损失

4. 企业吸收投资者投资时，下列账户的余额可能发生变化的有（　　）。
A. 盈余公积　B. 资本公积　C. 实收资本　D. 利润分配

5. 盈余公积可用于（　　）。
A. 支付股利　B. 转增资本
C. 弥补亏损　D. 转为资本公积

6. 下列项目中，有可能引起资本公积变动的有（　　）。
A. 与发行权益性证券直接相关的手续费、佣金等交易费用
B. 计入当期损益的利得
C. 用资本公积转增资本
D. 处置采用权益法核算的长期股权投资

7. 下列各项构成留存收益的有（　　）。
A. 资本溢价　B. 未分配利润
C. 任意盈余公积　D. 法定盈余公积

8. 下列各项中，不会引起留存收益变动的有（　　）。
A. 盈余公积补亏　B. 计提法定盈余公积
C. 盈余公积转增资本　D. 计提任意盈余公积

9. 下列各项，不会引起所有者权益总额发生增减变动的有（　　）。
A. 宣告发放股票股利　B. 资本公积转增资
C. 盈余公积转增资本　D. 接受投资者追加投资

10. 下列各项中，会使企业所有者权益增加的有（　　）。
A. 当年发生盈利
B. 用当年税后利润弥补以前年度亏损

C. 接受投资者投资

D. 以盈余公积补亏

## 四、判断题

1.（　　）企业增资扩股时，投资者投入的大于其按约定比例计算的其在注册资本中所占的份额部分，应该计入“实收资本”科目。

2.（　　）企业回购股票时，如果购回股票支付的价款低于面值总额的，所注销库存股的账面余额与所冲减股本的差额作为增加资本或者股本溢价处理。

3.（　　）企业提取的盈余公积可以用于弥补亏损、扩大生产经营、转增资本或者派送新股等。

4.（　　）直接计入所有者权益的利得和损失是指不应计入当期损益、会导致所有者权益发生增减变动的、与所有者投入资本或者向所有者分配利润有关的利得和损失。

5.（　　）企业对被投资单位的长期股权投资采用权益法核算的，在持股比例不变的情况下，因被投资单位除净损益以外的所有者权益的其他变动，如果是利得，则应该借记“资本公积——其他资本公积”账户。

6.（　　）用资本公积转增资本，会导致所有者权益总额发生改变。

7.（　　）企业结转本年利润后，如果“利润分配——未分配利润”科目是贷方余额，表示累积未分配的利润数额，如果是借方余额，表示累积未弥补的亏损数额。

8.（　　）同一控制下控股合并形成的长期股权投资，应在合并日按取得被合并方所有者权益账面价值的份额大于按支付的合并对价的账面价值的差额，贷记“资本公积——资本溢价或股本溢价”科目。

9.（　　）企业的盈余公积（法定盈余公积），可用于购置固定资产，也可用于购置流动资产，但无论用于哪一方面，均无须对盈余公积进行账务处理。

10.（　　）用盈余公积转增资本或者弥补亏损，均不影响所有者权益总额的变化。

11.（　　）公司分派现金股利或者股票股利，其对所有者权益的影响相同。

12.（　　）与发行权益性证券直接相关的手续费、佣金等交易费用，借记“资本公积——股本溢价”科目，贷记“银行存款”等科目；如果“资本公积——股本溢价”金额不足，就应该调整留存收益。

13.（　　）资本公积反映的是企业收到投资者出资额超出其在注册资本或者股本中所占份额的部分及直接计入当期损益的利得和损失。

14.（　　）年度终了，除“未分配利润”明细科目外，“利润分配”科目下的其他明细科目应当无余额。

15.（　　）经过股东大会或者类似权力机构批准，企业可以用资本公积转增资本。

## 五、计算及账务处理题

### 练习一

某有限责任公司由甲、乙两位股东出资组成，甲、乙各投资 100 万元，经过 3 年的经营形成留存收益 120 万元。3 年后有丙投资者有意投资该公司，丙愿意出资 170 万元占该公司股份的 1/3。

要求：根据上述资料，编制收到丙投资者投资额时的会计分录。（单位：万元）

### 练习二

甲公司 20＊3 年 12 月 31 日普通股股本为 4 000 万股，每股面值 1 元，可供投资者分配的利润为 600 万元，盈余公积 1 800 万元。20＊4 年 3 月 20 日，股东大会批准了 20＊3 年度利润分配方案，以 20＊3 年 12 月 31 日为登记日，按每股 0.25 元发放现金股利。甲公司共需要分配 1 000 万元现金股利，其中动用可供投资者分配的利润 600 万元、盈余公积 400 万元。

要求：根据上述资料，编制有关会计分录。（单位：万元）

**练习三**

甲公司20＊3年12月31日股东权益为20 000万元，其中股本10 000万元(面值为1元)，资本公积(股本溢价)5 000万元，盈余公积1 500万元，未分配利润3 500万元。经董事会批准回购本公司股票并注销。20＊4年发生业务如下：

(1) 以每股3.5元的价格回购本公司股票1 000万股。

(2) 以每股4元的价格回购本公司股票1 500万股。

(3) 注销股票。

要求：编制有关库存股的会计分录。(单位：万元)

**练习四**

甲股份有限公司20＊2年"未分配利润"年初贷方余额200万元，按10%提取法定盈余公积金，所得税率25%，20＊2年至20＊4的有关资料如下：

(1) 20＊2年实现净利润200万元；提取法定盈余公积后，宣告派发现金股利100万元；

(2) 20＊3年发生亏损600万元；

(3) 20＊4年实现利润总额800万元，假定无其他纳税调整事项。

要求：

(1) 编制20＊2年结转本年利润的会计分录；

(2) 编制20＊2年有关利润分配的会计分录；

(3) 编制20＊3年结转亏损的会计分录；

(4) 计算20＊4年应交的所得税，并编制会计分录；

(5) 计算20＊4年可供分配利润。

(单位：万元，写明明细科目)

**练习五**

甲公司为股份有限公司，20＊1年至20＊9年度有关业务资料如下：

(1) 20＊1年1月1日，甲公司股东权益总额为46 500万元(其中，股本总额为10 000万股，每股面值为1元；资本公积为30 000万元；盈余公积为6 000万元；未分配利润为500万元）。20＊1年度实现净利润400万元，股本与资本公积项目未发生变化。20＊2年3月1日，甲公司董事会提出如下预案：①按20＊1年度实现净利润的10％提取法定盈余公积；②以20＊1年12月31日的股本总额为基数，以资本公积（股本溢价）转增股本，每10股转增4股，计4 000万股。

20＊2年5月5日，甲公司召开股东大会，审议批准了董事会提出的预案，同时决定分派现金股利300万元。20＊2年6月10日，甲公司办妥了上述资本公积转增股本的有关手续。

（2）20＊2年度，甲公司发生净亏损3 142万元。

（3）20＊3年至20＊8年度，甲公司分别实现利润总额200万元、300万元、400万元、500万元、600万元和600万元。假定甲公司适用的所得税税率为25％；无其他纳税调整事项。

（4）20＊9年5月9日，甲公司股东大会决定以法定盈余公积弥补20＊8年12月31日账面累计未弥补亏损。

假定：①20＊2年发生的亏损可用以后5年内实现的税前利润弥补；②除前述事项外，其他因素不予考虑。

要求：

（1）编制甲公司20＊2年3月提取20＊1年度法定盈余公积的会计分录。

（2）编制甲公司20＊2年5月宣告分派20＊1年度现金股利的会计分录。

（3）编制甲公司20＊2年6月资本公积转增股本的会计分录。

（4）编制甲公司20＊2年度结转当年净亏损的会计分录。

（5）计算甲公司20＊8年度应交所得税并编制结转当年净利润的会计分录。

（6）计算甲公司20＊8年12月31日账面累计未弥补亏损。

（7）编制甲公司20＊9年5月以法定盈余公积弥补亏损的会计分录。

（单位：万元，写明明细科目）

# 第十三章　收入、费用和利润

## 一、填空题

1. 收入是指企业在日常活动中形成的________、________的经济利益的总流入。

2. 收入按照企业从事日常活动的性质，可分为________、________、________等；收入按照企业从事日常活动在企业的重要性，可分为________、________等。

3. 销售商品收入同时满足下列条件的，才能予以确认：(1)________________________；(2)________________________；(3) 收入的金额能够可靠地计量；(4) 相关的经济利益很可能流入企业；(5) 相关的已发生或将发生的成本能够可靠地计量。

4. 现金折扣是指________________；商业折扣是指________________；销售折让是指________________。

5. 代销商品销售有两种方式：__________、__________。

6. 对于具有融资性质的分期收款销售商品，企业应当按照______________确定收入金额。

7. 售后回购，是指________________________。

8. 让渡资产使用权收入主要包括两类：__________和__________。

9. 费用是指企业在日常活动中发生的、__________、__________的经济利益的总流出。企业的费用主要包括__________、__________、__________及期间费用(销售费用、管理费用和财务费用)。

10. 利润是指________________________________。

## 二、单项选择题

1. 下列各项中，符合收入的会计要素定义，可以确认为收入的是(　　)。

A. 出售无形资产收取的价款　　B. 出售固定资产收取的价款

C. 销售商品收到的价款　　D. 出售长期股权投资收取的价款

2. 20*2 年 1 月 1 日，甲公司采用分期收款方式向乙公司销售一套大型设备，合同约定的销售价格为 10 000 万元(不含增值税)，从销售当年开始分 5 次于每年 12 月 31 日等额收取。该大型设备成本为6 000 万元。假定该销售商品符合收入确认条件，同期银行贷款年利率为 6%。不考虑其他因素，假定期数为 5，利率为 6%的普通年金现值系数为 4.212 4。甲公司 20*2 年 1 月 1 日应确认的销售商品收入金额为(　　)万元。

A. 8 000　　B. 8 424.8　　C. 10 000　　D. 11 700

3. 下列关于收入的表述中，不正确的是(　　)。

A. 企业已将商品所有权上的主要风险和报酬转移给购货方是确认商品销售收入的必要前提

B. 企业提供劳务交易的结果能够可靠估计的，应采用完工百分比法确认提供劳务收入

C. 企业与其客户签订的合同或者协议包括销售商品和提供劳务的，在销售商品部分和提供劳务部分不能区分的情况下，应当全部作为提供劳务处理

D. 销售商品相关的已发生或者将发生的成本不能可靠计量的，已收到的价款不应确认为收入

4. 甲工业企业销售产品每件 230 元，若客户购买达到 100 件及以上的，可得到 20 元/件的商业折扣。某客户 20*1 年 12 月 10 日购买该企业产品 100 件，按规定现金折扣条件为"2/10，1/20，n/30"。适用的增值税税率为 17%。该企业于 12 月 16 日收到该笔款项时，应给予客户的现金折扣为(　　)元。(假定计算现金折扣时不考虑增值税)

A. 714　　B. 0　　C. 210　　D. 420

5. 在采用收取手续费方式发出商品时，委托方确认商品销售收入的时点为(　　)。

A. 委托方发出商品时

B. 受托方销售商品时

C. 委托方收到受托方开具的代销清单时

D. 受托方收到受托代销商品的销售货款时

6. 甲公司于 20＊2 年初将其所拥有的一座桥梁收费权出售给 A 公司 10 年，10 年后由甲公司收回收费权，一次性取得收入 2 000 万元，款项已收，并存入银行。售出 10 年期间，桥梁的维护由甲公司负责。则甲公司 20＊2 年该项业务应确认的收入为(　　)万元。

A. 2 000　　B. 40　　C. 0　　D. 200

7. 销售的商品需要安装和检查的，其通常确认销售收入的时点为(　　)。

A. 发出商品的时点

B. 收取最后一笔款项时

C. 购货方接受交货并安装检查完毕时

D. 合同约定的时间

8. 包括在商品售价内可区分的服务费，在销售商品时，收到的该项服务费应记入"(　　)"科目。

A. 预收账款　　B. 主营业务收入

C. 其他业务收入　　D. 营业外收入

9. 企业在资产负债表日提供劳务交易结果不能可靠估计的，下面的账务处理不正确的是(　　)。

A. 已经发生的劳务成本预计能够得到补偿的，应当按照已经发生的劳务成本的金额确认提供的劳务收入，并按相同的金额结转劳务成本

B. 已经发生劳务成本预计只能部分得到补偿的，应当按照能够得到补偿的劳务成本金额确认收入，并按照已发生的劳务成本结

转成本

C. 已经发生的劳务成本预计全部不能得到补偿的，应当将已经发生的劳务成本计入当期损益，不确认提供劳务收入

D. 已经发生的劳务成本预计全部不能得到补偿的，应当将已经发生的劳务成本计入当期损益，同时按照已经发生的劳务成本确认收入

10. 长江公司20＊1年初承建甲工程，工期为3年，预计该工程的总成本为1 200万元。第一年末，该工程实际发生成本530万元，预计为完成工程尚需发生成本670万元。20＊1年末，该建筑公司的“工程施工——甲工程”账户的实际发生额为530万元。其中，人工费170万元，材料费260万元，机械使用费80万元，其他直接费和工程间接费20万元。其中，甲工程领用的材料中有一批虽已运到施工现场但尚未使用，其成本为50万元。则20＊1年末甲工程的完工进度为（　　）。

A. 40％　　B. 44％　　C. 48.33％　　D. 53.33％

11. 企业销售商品缴纳的下列各项税费，不计入“营业税金及附加”科目的有（　　）

A. 消费税　　B. 印花税

C. 教育费附加　　D. 城市维护建设税

12. 企业专设销售机构人员的工资应计入（　　）账户。

A. “管理费用”　　B. “销售费用”

C. “制造费用”　　D. “其他业务成本”

13. 下列项目中，应计入营业外支出的是（　　）。

A. 计提的无形资产减值准备

B. 购买交易性金融资产所支付的相关费用

C. 管理不善造成的存货盘亏净损失

D. 出售无形资产所有权造成的净损失

14. 企业发生的违约金支出应计入（　　）。

A. 营业外支出　　B. 主营业务收入

C. 其他业务成本　　D. 财务费用

15. 下列交易或者事项，不应确认为营业外收入的是（　　）。

A. 捐赠利得　　B. 罚没利得

C. 出售无形资产收益　　D. 出租固定资产的收益

## 三、多项选择题

1. 收入的特征表现为（　　）。

A. 收入可能表现为所有者权益的增加

B. 收入包括代收的增值税

C. 收入从日常活动中产生，而不是从偶发的交易或事项中产生

D. 收入与所有者投入资本无关

2. 收入是企业在日常活动中形成的，下列各项中，属于收入的有（　　）。

A. 销售原材料收入　　B. 提供劳务收入

C. 销售商品收入　　D. 出售固定资产收入

3. 按我国企业会计准则规定，下列项目中不应确认为收入的有（　　）。

A. 销售商品收取的增值税

B. 出售飞机票时代收的保险费

C. 旅行社代客户购买景点门票收取的款项

D. 销售商品代垫的运杂费

4. 下列商品销售，没有确凿证据表明满足收入确认条件，发出商品时通常不应确认收入的有（　　）。

A. 采用售后回购方式融入资金

B. 采用售后租回方式销售商品

C. 附有销售退回条件的商品销售，企业不能合理估计退货可能性

D. 采用支付手续费方式委托代销商品的，商品已经发出，货款未收到

5. 甲公司为了促进销售，采用以旧换新的方式销售商品。20＊1年12月1日销售冷暖空调一台，销售价款为5 800元（不含增值税），同

时将旧空调以 400 元的价格回购，甲公司对该事项的处理正确的有（　　）。

A. 甲公司按照销售价款减去回购旧电视的款项确认收入

B. 销售的电视机按照销售商品确认收入，回购的旧电视机按照购入商品处理

C. 确认的主营业务收入的金额为 5 800 元

D. 增值税销项税额按照销售商品的价款为基础确定

6. 企业确定合同完工进度时可以选用的方法有（　　）。

A. 累计实际发生的合同成本占合同预计总成本的比例

B. 已经完成的合同工作量占合同预计总工作量的比例

C. 计划完工进度

D. 实际测定的完工进度

7. 关于提供劳务收入的确认计量，下列说法中正确的有（　　）。

A. 企业在资产负债表日提供劳务交易的结果能够可靠估计的，应当采用完工百分比法确认提供劳务收入

B. 企业应当按照从接受劳务方已收或者应收的合同或者协议价款确定提供劳务收入总额，但已收或者应收的合同或者协议价款不公允的除外

C. 企业应当在资产负债表日按照提供劳务收入总额乘以完工进度扣除以前会计期间累计已确认提供劳务收入后的金额，确认当期提供劳务收入

D. 企业与其他企业签订的合同或者协议包括销售商品和提供劳务时，无论销售商品部分和提供劳务部分是否能够区分，均应当作为销售商品处理

8. 关于售后回购，下列说法中正确的有（　　）。

A. 大多数情况下，售后回购交易属于融资交易，企业不应确认销售商品收入

B. 售后回购无论何种情况下均不能确认收入

C. 如果商品所有权上的主要风险和报酬已经转移，则在销售商品

时应确认收入

D. 如果商品所有权上的主要风险和报酬没有转移,应将售价与回购价的差额,在回购期间按期计提利息

9. 下列关于使用费收入的处理,说法正确的有(　　)。

A. 如果合同或者协议规定一次性收取使用费,且不提供后续服务的,应当视同销售该项资产一次性确认收入

B. 如果合同或者协议规定一次性收取使用费,提供后续服务的,应在合同或者协议规定的有效期内分期确认收入

C. 如果合同或者协议规定分期收取使用费的,通常应按合同或协议规定的收款时间和金额或者规定的收费方法计算确定的金额分期确认收入

D. 如果合同或者协议规定一次性收取使用费的,应视同销售该资产一次性确认收入

10. 下列有关收入确认的表述中,正确的有(　　)。

A. 广告制作费的收入应当在资产负债表日根据完工程度确认

B. 宣传媒介的广告佣金的收入应当在相关的广告或者商业行为开始出现于公众面前时确认

C. 属于与提供设备相关的特许权的收入应当在设备所有权转移时确认

D. 属于与提供初始及后续服务相关的特许权的收入应当在提供服务时确认

11. 下列各项,应计入"营业外收入"的有(　　)。

A. 出售无形资产取得的净收益

B. 转让长期股权投资的净收益

C. 接受捐赠

D. 盘盈存货取得的净收益

12. 下列各项费用,应计入"销售费用"的有(　　)。

A. 利息支出　　　　B. 业务招待费

C. 广告费　　　　D. 展览费

13. 下列各项，属于企业期间费用的有（　　）。

A. 管理费用　　B. 财务费用

C. 制造费用　　D. 销售费用

14. 下列项目属于营业外收入核算内容的有（　　）。

A. 出售无形资产净收益　　B. 固定资产盘盈收入

C. 聘请中介机构费用　　D. 罚没收入

15. 下列各项，影响当期利润表中净利润的有（　　）。

A. 固定资产盘亏　　B. 确认所得税费用

C. 对外捐赠固定资产　　D. 无形资产出售利得

## 四、判断题

1. （　　）收入不一定表现为企业资产的增加。

2. （　　）企业销售的商品在质量、品种、规格等方面不符合合同或者协议要求、又未根据正常的保证条款予以弥补，因而销售企业仍负有责任，表明商品所有权上的主要风险和报酬未随之转移。

3. （　　）采用托收承付方式销售商品的，如果商品已经发出且办妥托收手续，即使与商品所有权上的主要风险和报酬没有转移，企业也应当确认销售商品收入。

4. （　　）在采用预收货款方式销售产品的情况下，应当在发货时确认收入的实现。

5. （　　）制造费用与管理费用不同，本期发生的管理费用直接影响本期损益，而本期发生的制造费用不一定影响本期的损益。

6. （　　）以旧换新销售商品时，销售的商品按商品的售价确认收入，回收的商品冲减原确认的收入的金额。

7. （　　）具有融资性质的分期收款销售商品，应当在收取款项时分期确认收入。

8. （　　）对于房地产的销售，如果房地产购买方影响房地产设计的能力有限，如仅能对基本设计方案做微小变动，企业应当遵循有关销售商品收入的原则确认收入。

9. (　　)企业发生的原已确认收入的销售退回，属于本年度销售的，应直接冲减退回当月的销售收入及销售成本；如果是以前年度销售的，在资产负债表日至财务会计报告批准报出日之间发生退回的，应作为资产负债表日后事项的调整事项处理。

10. (　　)企业在销售产品或者提供劳务的同时授予客户奖励积分的，应将取得的货款或者应收货款扣除奖励积分公允价值的部分确认为收入，奖励积分的公允价值计入递延收益。

11. (　　)投资收益、资产减值损失和营业外收入都会影响企业的营业利润。

12. (　　)现金折扣和销售折让，均应在实际发生时计入当期“财务费用”。

13. (　　)企业的所得税费用一定等于企业的利润总额乘以所得税税率。

14. (　　)净利润一定小于利润总额。

15. (　　)年末结账后，本年利润账户一定没有余额。

## 五、计算及账务处理题

**练习一**

海天股份有限公司(以下简称海天公司)系工业企业，为增值税一般纳税人，适用的增值税税率为17%。销售单价除标明为含税价格外，均为不含增值税价格。

海天公司20＊1年12月发生如下业务：

(1) 12月1日，向甲企业赊销A产品50件，单价为20 000元，单位销售成本为10 000元。

(2) 12月10日，向丁企业销售一批材料，价款为700 000元，该材料发出成本为500 000元。当日收取面值为819 000元的银行承兑汇票一张。

(3) 12月15日，丙企业要求退回本年11月25日购买的20件A产品。该产品销售单价为20 000元，单位销售成本为10 000元，其销售收入 400 000 元已确认入账，价款尚未收取。经查明退货原因系发货错误，同意丙企业退货，并办理退货手续和开具红字增值税专用发票。

(4) 12 月 20 日，收到外单位租用本公司办公用房下一年度租金600 000元，款项已收存银行。

(5) 12 月 21 日，甲企业来函提出 12 月 1 日购买的 A 产品质量不完全合格。经协商同意按销售价款的 10%给予折让，并办理退款手续和开具红字增值税专用发票。

(6) 12 月 31 日，计算本月应缴纳的城市维护建设税 8 750 元、教育费附加 3 750 元。

要求：根据上述业务编制相关的会计分录。

**练习二**

远航公司为增值税一般纳税人，适用的增值税税率为 17%。20＊1 年 1 月 1 日，远航公司采用分期收款方式向立信公司销售一台 A 设备，该设备的售价为 10 500 万元，合同约定发出 A 设备当日收取价款2 285 万元(其中包括分期收款销售应收的全部增值税)，余款分 4 次从 20＊1 年起于每年的 12 月 31 日等额收取。A 设备的成本为 7 000 万元，设备已于当日发出，并开出增值税专用发票，收取的 2 285 万元已存入银行，该商品现销方式下的公允价值为 9 162.75 万元。远航公司采用实际利率法摊销未实现融资收益，实际年利率为 6%。

要求：编制远航公司 20＊1 年、20＊2 年的相关会计分录。(单位：万元，保留两位小数)

**练习三**

甲公司和乙公司均为增值税一般纳税人，适用的增值税税率为 17%。20＊3 年 6 月 1 日，甲公司与乙公司签订一项销售合同，根据合同向乙公司销售一批商品，开出的增值税专用发票上注明的销售价格为 1 000 000 元，增值税税额为 170 000 元，商品并未发出，款项已经收到。该批商品成本为 800 000 元。6 月 1 日，签订的补充合同约定，甲公司应于10月31日将所售商品回购,回购价为1 100 000元(不含增值税税额)。

要求:编制甲公司20*3年6月1日销售商品、各月末计提利息及10月31回购商品的相关会计分录。

**练习四**

甲股份有限公司(以下简称甲公司)系增值税一般纳税人,适用的增值税税率为17%,适用的所得税税率为25%。销售单价除标明为含税价格外,均为不含增值税价格。甲公司20*1年12月发生如下业务:

(1) 12月2日,向乙企业赊销A产品10件,单价为2 000元,单位销售成本为1 000元,约定的付款条件为"2/10,n/20"。同日,发出A产品,同时开具增值税专用发票。

(2) 12月8日,乙企业收到A产品后,发现有少量残次品,经双方协商,甲公司同意折让5%,并开具红字增值税专用发票,余款乙公司于12月8日偿还。假定计算现金折扣时,不考虑增值税。

(3) 甲公司经营以旧换新业务,12月9日向丙公司销售A产品2件,单价为2 340元(含税价格),单位销售成本为1 000元;同时收到2件同类旧商品,每件回收价100元(不考虑增值税);实际收入现金4 480元存入银行。

(4) 接受神舟公司的委托,代其销售E产品1 000件,按售价的10%收取手续费。E产品双方的协议价为每件200元,甲公司已将受托的E产品按每件200元全部售出并同时收到款项。向神舟公司开出代销清单并收到神舟公司开具的增值税专用发票。甲公司扣除手续费后将剩余款项归还给神舟公司。

(5) 12月15日,向戊企业销售一批材料,价款为20 000元,该材料发出成本为16 000元。当日收取面值为23 400元的银行承兑汇票一张。

(6) 12月18日,乙企业要求退回本年11月20日购买的10件A

产品。该产品销售单价为 2 000 元，单位销售成本为 1 000 元，其销售收入 20 000 元已确认入账，价款尚未收取。经查明退货原因系发货错误，同意乙企业退货，并办理退货手续和开具红字增值税专用发票。甲公司收到退回的货物。

(7) 12 月 20 日，收到外单位租用本公司办公用房下一年度租金 100 000 元，款项已收存银行。

(8) 采用视同买断代销方式委托东方企业销售 A 产品 100 件，协议价为每件 2 000 元，该产品每件成本为 1 000 元，商品已发出，符合收入确认条件，甲公司尚未收到款项。

要求：编制上述业务的会计分录。

**练习五**

华天建筑公司签订了一项总金额为 9 000 000 元的建造合同，承建一座桥梁。工程已于 20＊1 年 7 月开工，预计 20＊3 年 10 月完工。最初，预计工程总成本为 8 000 000 元，到 20＊2 年底，预计工程总成本已为 8 100 000 元。建造该项工程的其他有关资料如下表所示：

| 项目 | 20＊1 年 | 20＊2 年 | 20＊3 年 |
|---|---|---|---|
| 至目前为止已发生的成本 | 2 000 000 | 5 832 000 | 8 100 000 |
| 完成合同尚需发生的成本 | 6 000 000 | 2 268 000 | — |
| 已结算工程价款 | 1 800 000 | 4 800 000 | 2 400 000 |
| 实际收到价款 | 1 500 000 | 3 500 000 | 4 000 000 |

要求：(1) 确定各年的完工进度；(2) 计算各年应确认的收入、费用和毛利；(3) 编制 20＊3 年相关会计分录。

# 第十四章 所得税

## 一、填空题

1. 会计利润，是指企业按照________的规定，采用一定的会计程序和方法确定的________。

2. 应纳税所得额，是指企业每一纳税年度的收入总额，减除________、________、________及允许弥补的以前年度亏损后的余额。

3. 永久性差异，是指________________________________；时间性差异，是指________________________________。

4. 资产的计税基础，是指________________________________。

5. 负债的计税基础，是指________________________________。

6. 暂时性差异，是指________________________________。其中，应纳税暂时性差异，是指在确定未来收回资产或者清偿负债期间的应纳税所得额时，将导致________的暂时性差异；可抵扣暂时性差异，是指在确定未来收回资产或清偿负债期间的应纳税所得额时，将导致________的暂时性差异。

7. 应纳税暂时性差异通常产生于以下情况：(1)________________；(2)________________。可抵扣暂时性差异通常产生于以下情况：(1)________________；(2)________________。

8. 确认可抵扣暂时性差异产生的递延所得税资产时，交易或者事项发生时影响到会计利润或者应纳税所得额的，相关的所得税影响应作为________________的调整；与直接计入所有者权益的交易或者事项相关的，其所得税影响应________________；与企业合并中取得资产、负债相关的，其所得税影响应________________。

9. 企业在确认递延所得税资产和递延所得税负债时，应当按照________期间适用的所得税税率计量。

10. 所得税费用(或收益)=________+________

## 二、单项选择题

1. 20＊1 年购入一批库存商品，成本 600 万元，至年末尚未对外销售，已计提存货跌价准备 80 万元，则存货的计税基础是(　　)万元。

A. 0　　B. 600　　C. 520　　D. 80

2. 甲公司 20＊1 年 5 月 15 日取得一项交易性金融资产，其初始入账金额为 120 万元，20＊1 年 12 月 31 日该项交易性金融资产的公允价值为 123 万元. 则 20＊1 年 12 月 31 日该项交易性金融资产的计税基础为(　　)万元。

A. 120　　B. 123　　C. 108　　D. 0

3. A 公司 20＊0 年 12 月 31 日购入价值 200 万元的设备，预计使用期限为 5 年，无残值。会计采用年限平均法计提折旧，税法允许采用双倍余额递减法计提折旧。适用的所得税税率为 25%。20＊2 年 12 月 31 日应纳税暂时性差异余额为(　　)万元。

A. 120　　B. 48　　C. 72　　D. 12

4. 甲公司于 20＊1 年 3 月 1 日取得乙公司的一项长期股权投资，取得时成本为 2 100 万元(税法认定的取得成本也是 2 100 万元)。20＊1年 12 月 31 日甲公司对乙公司的长期股权投资按权益法核算确认了投资收益 100 万元，甲公司的该项长期股权投资 20＊1 年持有期间除确认投资收益外，未发生其他增减变动事项。假定甲公司和乙公司均采用资产负债表债务法核算所得税，适用的所得税税率均为 25%，甲公司没有出售该长期股权投资的计划。下列说法中正确的是(　　)。

A. 20＊1 年末长期股权投资的账面价值等于计税基础，不产生暂时性差异

B. 因该事项确认的递延所得税负债余额为 25 万元

C. 该事项产生可抵扣暂时性差异 100 万元

D. 该事项不确认递延所得税负债

5. 对于可抵扣暂时性差异可能产生的未来经济利益，应以很可能取得用来抵扣可抵扣暂时性差异的应纳税所得额为限，确认相应的（　　）。

A. 递延所得税资产　　B. 递延所得税负债

C. 应交所得税　　D. 暂时性差异

6. 某公司于 20＊2 年末购入一台管理用设备并投入使用，入账价值为 403 500 元，预计使用寿命为 10 年，预计净残值为 3 500 元，自 20＊3年 1 月 1 日起按年限平均法计提折旧。20＊7 年初，由于技术进步等原因，公司将该设备预计使用寿命变更为 6 年，预计净残值变更为 1 500 元。假定适用的所得税税率为 25%，税法允许按照变更后的折旧额在税前扣除。该项变更对 20＊7 年度净利润的影响金额为（　　）。

A. －81 000 元　　B. －60 750 元

C. 81 000 元　　D. 60 750 元

7. 按照《企业会计准则第 18 号——所得税》的规定，下列资产、负债项目的账面价值与其计税基础之间的差额，不确认递延所得税的是（　　）。

A. 企业计提无形资产减值准备

B. 期末按公允价值调增可供出售金融资产的金额

C. 因非同一控制下免税改组的企业合并初始确认的商誉

D. 企业因销售商品提供售后服务确认的预计负债

8. 甲公司于 20＊0 年发生经营亏损 5 000 万元，按照税法规定，该亏损可用于抵减以后 5 个年度的应纳税所得额。该公司预计其于未来 5 年内能够产生的应纳税所得额为 3 000 万元。甲公司适用的所得税税率为 25%，无其他纳税调整事项，则甲公司 20＊0 年就该事项的所得税影响，应确认（　　）。

A. 递延所得税资产 1 250 万元　B. 递延所得税负债 1 250 万元

C. 递延所得税资产 750 万元　　D. 递延所得税负债 750 万元

9. A 公司 20＊3 年发生业务招待费 200 万元，其中超标 15 万元，下列说法中正确的是(　　)。

A. 形成可抵扣暂时性差异 15 万元

B. 不产生暂时性差异

C. 形成应纳税暂时性差异 15 万元

D. 业务招待费的计税基础为 15 万元

10. 天地公司当期发生研究开发支出共计 200 万元,其中研究阶段支出 60 万元,开发阶段不符合资本化条件的支出 20 万元,开发阶段符合资本化条件的支出 120 万元,该项研发当期达到预定用途转入无形资产核算,假定天地公司当期摊销无形资产 10 万元。天地公司当期期末无形资产的计税基础为(　　)万元。

A. 110　　B. 180　　C. 200　　D. 165

11. 下列各项资产和负债中,因账面价值和计税基础不一致形成暂时性差异的是(　　)。

A. 计提职工工资形成的应付职工薪酬

B. 购买国债确认的利息收入

C. 因确认产品质量保证形成的预计负债

D. 因违反税法规定应缴纳但尚未缴纳的罚款

12. 下列各项负债中,其计税基础为零的是(　　)。

A. 因欠税产生的应交税款滞纳金

B. 因购入存货形成的应付账款

C. 因确认保修费用形成的预计负债

D. 为职工计提的应付养老保险金

13. 企业因下列事项所确认的递延所得税,不影响所得税费用的是(　　)。

A. 期末固定资产的账面价值高于其计税基础,产生的应纳税暂时性差异

B. 期末按公允价值调减交易性金融资产的金额,产生的可抵扣暂时性差异

C. 期末按公允价值调增可供出售金融资产的金额,产生的应纳税

暂时性差异

D. 期末按公允价值调增投资性房地产的金额，产生的应纳税暂时性差异

14. 长江公司采用资产负债表债务法核算其所得税，适用的所得税税率为25%。20*2年10月1日向甲公司销售A商品200件，单位售价为2万元(不含增值税)，单位成本为1.5万元；销售合同规定甲公司应在长江公司发出商品后2个月内支付款项，甲公司收到A商品后5个月内如发现质量问题有权退货。长江公司于20*2年10月10日发出商品。根据历史经验，长江公司对A商品的退货率估计为20%，至20*2年12月31日，上述销售的A商品尚未被退货。税法规定，销售的商品在实际发生退货时允许冲减已确认的收入和结转的成本。

要求：根据上述资料，不考虑其他因素，回答下列第(1)题至第(2)题。

(1) 长江公司该事项形成的暂时性差异为(　　)。

A. 应纳税暂时性差异20万元　B. 应纳税暂时性差异80万元

C. 可抵扣暂时性差异20万元　D. 不形成暂时性差异

(2) 该事项对长江公司20*2年递延所得税的影响为(　　)。

A. 增加递延所得税资产5万元　B. 增加递延所得税负债5万元

C. 不影响递延所得税　　　　　D. 减少递延所得税资产5万元

## 三、多项选择题

1. 下列各项中，属于递延所得税核算时一般应遵循的程序有(　　)。

A. 按照会计准则确定资产负债表中除递延所得税资产和递延所得税负债以外的其他资产和负债项目的账面价值

B. 按照会计准则中对于资产和负债计税基础的确定方法，以适用的税收法规为基础，确定资产负债表中有关资产、负债项目的计税基础

C. 比较资产的账面价值和计税基础，确定应纳税暂时性差异或者

可抵扣暂时性差异

D. 根据适用的税率计算递延所得税负债或者递延所得税资产

2. 有关计税基础的下列表述中,正确的有(　　)。

A. 某一资产负债表日资产的计税基础=资产的成本-以前期间已税前列支的金额

B. 某一资产负债表日资产的计税基础=资产的账面价值-以前期间已税前列支的金额

C. 某一资产负债表日负债的计税基础=账面价值-未来可税前列支的金额

D. 某一资产负债表日负债的计税基础=账面价值-以前期间已税前列支的金额

3. 不考虑其他因素,下列各事项中,不会导致计税基础和账面价值产生差异的有(　　)。

A. 存货期末的可变现净值高于成本(以前未计提过跌价准备)

B. 交易性金融资产期末公允价值低于成本

C. 固定资产发生的维修支出

D. 使用寿命不确定的无形资产计提减值准备

4. 采用资产负债表债务法时,调减所得税费用的项目包括(　　)。

A. 本期由于税率变动或者开征新税调减的递延所得税资产或者调增的递延所得税负债

B. 本期转回的前期确认的递延所得税资产

C. 本期由于税率变动或者开征新税调增的递延所得税资产或者调减的递延所得税负债

D. 本期转回的前期确认的递延所得税负债

5. 下列各项资产和负债中,因账面价值与计税基础不一致形成暂时性差异的有(　　)。

A. 使用寿命不确定的无形资产

B. 已计提减值准备的固定资产

C. 已确认公允价值变动损益的交易性金融资产

D. 因违反税法规定应缴纳但尚未缴纳的滞纳金

6. 下列资产和负债项目的账面价值与其计税基础之间的差额，应确认递延所得税的有(　　)。

A. 企业自行研究开发并资本化的专利权

B. 期末按公允价值调增可供出售金融资产的金额

C. 期末按公允价值调减投资性房地产的金额

D. 企业因销售商品提供售后服务确认的预计负债

7. 依据企业会计准则的规定，下列有关暂时性差异的表述中，正确的有(　　)。

A. 资产的账面价值大于其计税基础时，形成应纳税暂时性差异

B. 负债的账面价值大于其计税基础时，形成可抵扣暂时性差异

C. 资产的账面价值小于其计税基础时，形成可抵扣暂时性差异

D. 负债的账面价值小于其计税基础时，形成应纳税暂时性差异

8. 下列交易或者事项中，其计税基础等于账面价值的有(　　)。

A. 企业持有的交易性金融资产在资产负债表日的公允价值变动

B. 企业为关联方提供债务担保确认了预计负债 150 万元

C. 企业自行开发的无形资产，开发阶段符合资本化条件的支出为 15 万元，按税法规定，开发阶段支出形成无形资产，要按照无形资产成本的 150%摊销

D. 税法规定的收入确认时点与会计准则一致，会计确认预收账款 25 万元

9. 关于所得税，下列说法中正确的有(　　)。

A. 本期递延所得税资产发生额不一定会影响本期所得税费用

B. 企业应将所有应纳税暂时性差异确认为递延所得税负债

C. 企业应将所有可抵扣暂时性差异确认为递延所得税资产

D. 资产账面价值小于计税基础产生可抵扣暂时性差异

10. 递延所得税资产或者递延所得税负债可能对应的科目有(　　)。

A. 所得税费用　　　　　　　　B. 营业外收入

C. 资本公积　　　　　　　　D. 投资收益

11. 以下各项,可能会产生暂时性差异的有(　　)。

A. 应收账款计提坏账准备

B. 因对关联方债务提供担保而确认的预计负债

C. 自行研发形成的无形资产

D. 可供出售金融资产公允价值变动

12. 以下各项关于递延所得税负债的说法中正确的有(　　)。

A. 企业对所有的应纳税暂时性差异均应确认相关的递延所得税负债

B. 除直接计入所有者权益的交易或者事项及企业合并外,在确认递延所得税负债的同时,应增加利润表中的所得税费用

C. 因非同一控制免税合并形成的商誉,初始确认时账面价值与计税基础不同产生的应纳税暂时性差异,应当确认相关的递延所得税负债

D. 因非同一控制免税合并形成的商誉初始确认时账面价值与计税基础不同产生的应纳税暂时性差异,会计准则规定不确认相关的递延所得税负债

13. 依据企业会计准则的规定,下列有关所得税会计处理的表述中,正确的有(　　)。

A. 应当谨慎地确认递延所得税资产,足额确认递延所得税负债

B. 利润表中的所得税费用由当期所得税和递延所得税构成,从而更为准确地确定企业的净利润

C. 与直接计入所有者权益的交易或者事项相关的当期所得税和递延所得税,应当计入所有者权益

D. 资产负债表日,对于递延所得税资产和递延所得税负债,应当根据税法规定,按照预期收回该资产或者清偿该负债期间适用的税率计量,如果未来期间税率发生变化的,应当按照变化后的新税率计算确定

14. 下列有关所得税列报的表述中正确的有(　　)。

A. 递延所得税资产和递延所得税负债一般应当分别作为非流动资产和非流动负债在资产负债表中列示

B. 所得税费用应当在利润表中单独列示,同时还应在附注中披露与所得税有关的信息

C. 一般情况下,在个别报表中,当期所得税资产与负债及递延所得税资产及递延所得税负债可以以抵销后的净额列示

D. 一般情况下,在合并报表中,纳入合并范围的企业中,一方的当期所得税资产或者递延所得税资产与另一方的当期所得税负债或者递延所得税负债可以抵销列示

15. 下列对于会计利润调整为应纳税所得额的说法中正确的有(　　)。

A. 加上按照会计准则规定计入利润表但计税时不允许税前扣除的费用

B. 加上计入利润表费用大于按照税法规定可予税前抵扣的金额之间的差额

C. 减去计入利润表收入大于按照税法规定应计入应纳税所得额的收入之间的差额

D. 减去计入利润表费用小于按照税法规定可予税前抵扣的金额之间的差额

## 四、判断题

1. (　　)按照企业会计准则的规定,企业利润表的所得税费用等于当期应纳税所得额乘以所得税税率。

2. (　　)应纳税暂时性差异在未来期间转回时,会减少转回期间的应纳税所得额和应交所得税。

3. (　　)适用所得税税率的变化必然导致应纳税暂时性差异或者可抵扣暂时性差异在未来期间转回时产生增加或者减少应交所得税金额的变化。

4. (　　)确认递延所得税资产时,应以当期税率为基础计算确定。

5.（　　）企业融资租入固定资产按其公允价值与最低租赁付款额的现值两者孰低的金额确定的入账价值小于其计税基础，产生可抵扣暂时性差异，企业应确认相应的递延所得税资产。

6.（　　）企业合并业务发生时确认的资产、负债初始计量金额与其计税基础不同所形成的应纳税暂时性差异，不确认递延所得税负债。

7.（　　）可抵扣暂时性差异，在未来期间转回时，会增加转回期间的应纳税所得额。

8.（　　）有关可抵扣暂时性差异产生于直接计入所有者权益的交易或者事项的，不应当确认该暂时性差异相关的递延所得税资产。

9.（　　）对于应付职工薪酬，超过税法扣除标准的部分产生可抵扣暂时性差异，应确认相关的递延所得税资产。

10.（　　）按照我国会计准则的规定，确认递延所得税资产和递延所得税负债时应当考虑货币时间价值。

11.（　　）商誉的初始确认可能会产生应纳税暂时性差异，但会计准则规定不确认与其相关的递延所得税负债。

12.（　　）某些情况下，如果企业发生的某项交易或者事项不是企业合并，并且交易发生时既不影响会计利润也不影响应纳税所得额，且该项交易中产生的资产、负债的初始确认金额与其计税基础不同，产生可抵扣暂时性差异的，会计准则规定在交易或者事项发生时不确认相关的递延所得税资产。

13.（　　）递延所得税资产的确认应以未来期间很可能取得的用来抵扣可抵扣暂时性差异的应纳税所得额为限。

14.（　　）在资产负债表债务法下，期末“递延所得税资产”的账面余额等于期末可抵扣暂时性差异与现行所得税率的乘积。

15.（　　）对于超标的广告费和业务宣传费支出，由于该类费用在发生时按照会计准则规定计入当期损益，不形成资产负债表中的资产，但因按照税法规定可以确定其计税基础，其账面价值与计税基础的差异也形成可抵扣暂时性差异。

## 五、计算及账务处理题

**练习一**

甲公司采用资产负债表债务法核算其所得税，适用的所得税税率为25%。20＊1年为研究一项新技术，发生研发支出540万元，其中研究阶段支出100万元，开发阶段不符合资本化条件的支出为120万元，符合资本化条件的支出为320万元。20＊1年7月15日该项无形资产研究成功达到预定用途，甲公司预计其使用年限为8年，采用直线法摊销，预计净残值为0。税法采用的摊销方法、年限及净残值与会计相同。甲公司20＊1年实现净利润1 000万元。不考虑其他纳税调整事项。假定无形资产摊销计入管理费用。

要求：

(1) 计算甲公司20＊1年度应交所得税，并编制确认所得税相关的会计分录。

(2) 计算甲公司20＊1年12月31日无形资产的账面价值和计税基础；若其账面价值与计税基础不同产生暂时性差异，判断该暂时性差异是否确认相关递延所得税的影响。

(单位：万元)

**练习二**

甲公司采用资产负债表债务法核算其所得税，适用的所得税税率为25%。20＊1年6月30日，甲公司将自用房产转作经营性出租且以公允价值模式计量的投资性房地产。该房产原值1 000万元，预计使用年限为10年，转换前采用年限平均法计提折旧，无残值；截至20＊1年6月30日该房产已经使用3年，使用期间未计提减值准备；转换日，该房产的公允价值为1 000万元。20＊1年12月31日，其公允价值为1 100万元。假定税法对该房产按期计提折旧，税法规定的折旧年限、方法、净残值与转换前的会计核算相同。

要求：

(1) 编制 20＊1 年 6 月 30 日自用房产转换为投资性房地产的相关会计分录。

(2) 计算该项投资性房地产 20＊1 年 12 月 31 日的账面价值和计税基础，并判断暂时性差异的性质（应纳税暂时性差异或者可抵扣暂时性差异）。

(3) 编制 20＊1 年 12 月 31 日确认投资性房地产公允价值变动和相关所得税的会计分录。

（单位：万元）

**练习三**

甲上市公司于 20＊4 年 1 月设立，采用资产负债表债务法核算所得税费用，适用的所得税税率为 25%，该公司 20＊4 年利润总额为 6 000万元，当年发生的交易或者事项中，会计规定与税法规定存在差异的项目如下：

(1) 20＊4 年 12 月 31 日，甲公司应收账款余额为 5 000 万元，对该应收账款计提了 500 万元坏账准备。税法规定，企业计提的坏账损失不允许税前扣除，应收款项发生实质性损失时才允许税前扣除。

(2) 按照销售合同规定，甲公司承诺对销售的 X 产品提供 3 年免费售后服务。甲公司 20＊4 年销售的 X 产品预计在售后服务期间将发生的费用为 400 万元，已计入当期损益。税法规定，与产品售后服务相关的支出在实际发生时允许税前扣除。甲公司 20＊4 年没有发生售后服务支出。

(3) 20＊4 年 12 月 31 日，甲公司 Y 产品的账面余额为 2 600 万元，根据市场情况对 Y 产品计提跌价准备 400 万元，计入当期损益。税法规定，该类资产在发生实质性损失时允许税前扣除。

(4) 20＊4 年 4 月，甲公司自公开市场购入基金，作为交易性金融资产核算，取得成本为 2 000 万元，20＊4 年 12 月 31 日该基金的公允价值为 4 100 万元，公允价值相对账面价值的变动已计入当期损益，持有期间基金未进行分配，税法规定该类资产在持有期间公允价值变动不计入应纳税所得额，待处置时一并计算应计入应纳税所得额的金额。

其他相关资料：

(1) 假定预期未来期间甲公司适用的所得税税率不发生变化；

(2) 甲公司预计未来期间能够产生足够的应纳税所得额用以抵扣可抵扣暂时性差异。

要求：

(1) 确定甲公司上述交易或者事项中应收账款、预计负债、存货及交易性金融资产在20*4年12月31日的计税基础，同时比较其账面价值与计税基础，计算所产生的应纳税暂时性差异或者可抵扣暂时性差异的金额。

(2) 计算甲公司20*4年应纳税所得额、应交所得税、递延所得税费用(或者收益)。

(3) 编制甲公司20*4年确认所得税费用的会计分录。

(单位：万元)

**练习四**

丁公司20*8年度利润表中利润总额为12 000 000元，该公司适用的所得税税率为25%。递延所得税资产及递延所得税负债不存在期初余额，假定该公司预期以后年度有足够的应纳税所得额用于抵扣可抵扣暂时性差异。该公司20*8年发生的有关交易和事项中，会计处理与税收处理存在差别的有：

(1) 20*7年12月31日取得的一项固定资产，成本为6 000 000元，使用年限为10年，预计净残值为0，会计处理按双倍余额递减法计提折旧，税收处理按直线法计提折旧。假定税法规定的使用年限及预计净残值与会计规定相同。

(2) 向关联企业捐赠现金2 000 000元。

(3) 当年度发生研究开发支出5 000 000元，较上年度增长20%。其中，3 000 000元予以资本化；截至20*8年12月31日，该研发资产仍在开发过程中。税法规定，企业费用化的研究开发支出按150%税前扣除，资本化的研究开发支出按资本化金额的150%确定应予摊销的金额。

(4) 应付违反环保法规定罚款1 000 000元。

(5) 期末对持有的存货计提了300 000元的存货跌价准备。

要求：

(1) 计算20＊8年度应纳税所得额及应交所得税，并编制相关会计分录。

(2) 计算20＊8年末固定资产、开发支出、其他应付款及存货项目的暂时性差异(注明：应纳税差异或可抵扣差异)，并编制相关会计分录。

**练习五**

甲股份有限公司(以下简称甲公司)为上市公司，20＊2年1月1日递延所得税资产和递延所得税负债余额为0，适用的所得税税率为25%。20＊2年8月，甲公司接到有关部门通知，自20＊3年1月1日起，该公司适用的所得税税率变更为15%。该公司20＊2年利润总额为6 000万元，涉及所得税会计的交易或者事项如下：

(1) 20＊2年1月1日，甲公司以2 044.70万元自证券市场购入当日发行的3年期到期还本付息国债。该国债票面金额为2 000万元，票面年利率为5%，年实际利率为4%，到期日为20＊4年12月31日。甲公司将该国债作为持有至到期投资核算。税法规定，国债利息收入免交所得税。

(2) 20＊1年12月15日，甲公司购入一项管理用设备，支付购买价款、运输费、安装费等共计2 400万元。12月26日，该设备经安装达到预定可使用状态。甲公司预计该设备使用年限为10年，预计净残值为0，采用年限平均法计提折旧。税法规定，该类固定资产的折旧年限为20年。假定甲公司购置的设备预计净残值和采用的折旧方法符合税法规定。

(3) 20＊2年6月20日，甲公司因废水超标排放被环保部门处以

300万元罚款,罚款已以银行存款支付。税法规定,企业违反国家法规所支付的罚款不允许在税前扣除。

(4) 20＊2年9月12日,甲公司自证券市场购入某股票,支付价款500万元(假定不考虑交易费用),甲公司将该股票作为交易性金融资产核算。12月31日,该股票的公允价值为1 000万元。假定税法规定,交易性金融资产持有期间公允价值变动金额不计入应纳税所得额,待出售时一并计入应纳税所得额。

(5) 20＊2年10月10日,甲公司由于为乙公司银行借款提供担保,乙公司未如期偿还借款,而被银行提起诉讼,要求其履行担保责任。12月31日,该诉讼尚未审结。甲公司预计履行该担保责任很可能支出的金额为2 200万元。税法规定,企业为其他单位债务提供担保发生的损失不允许在税前扣除。

(6) 甲公司预计在未来期间有足够的应纳税所得额用于抵扣可抵扣暂时性差异。

(7) 甲公司计算20＊2年的应交所得税是2 012.55万元,所得税费用是2 104.55万元。

要求:

(1) 根据上述交易或者事项,分析和计算持有至到期投资、固定资产、交易性金融资产和预计负债在20＊2年12月31日的计税基础;

(2) 分析和判断甲公司计算的20＊2年应交所得税是否正确,如果不正确,请计算出正确金额;

(3) 分析和判断甲公司计算的20＊2年所得税费用是否正确,如果不正确,请计算出正确金额。

(单位:万元)

# 第十五章　财务报表

## 一、填空题

1. 财务报表，是指企业在________的基础上，按照规定的格式、内容和方法定期编制的，综合反映______________________________________的书面文件。

2. 财务报表按照编报期间的不同，可以分为____________和____________；按照编报主体的不同，可以分为____________、____________和____________。

3. 资产负债表是反映______________________________的财务报表，因此，它也称为"____________"；资产负债表一般有两种列示格式：________和________。

4. 利润表，又称________，是反映的____________________财务报表。利润表的列示格式一般有两种：____________和____________。

5. 利润表中费用的列示有两种方法："________"和"________"。

6. 每股收益，是指______________________________________________之比，亦称每股盈余、每股净利润。

7. 稀释每股收益是以基本每股收益为基础，假设______________________________，从而分别调整归属于普通股股东的当期净利润及发行在外普通股的加权平均数计算而得的每股收益。

8. 现金流量表，是反映______________________________________________的财务报表。现金流量表应当按照企业经营业务的性质分类列示：__________、____________和__________。

9. 所有者权益变动表是反映______________________________

____的报表。

10. 附注是财务报表的重要组成部分，是对____________________，以及对未能在这些项目中列示项目的进一步说明。

## 二、单项选择题

1. 下列有关财务报表及其列报的表述中，正确的是（　　）。

A. 按财务报表编报期间的不同，可以分为个别财务报表、汇总财务报表和合并财务报表

B. 如果企业遵循了会计准则的大部分规定时，财务报表可以被称为“遵循了企业会计准则”

C. 财务报表项目的列报不得改变

D. 如果企业已经正式决定在下一个会计期间进行清算或者停止营业，表明企业已处于非持续经营状态，应当采用其他基础编制财务报表

2. 资产负债表中资产和负债项目的排列依照（　　）顺序。

A. 项目的重要性　　B. 项目的收益性

C. 项目的时间性　　D. 项目的流动性

3. 下列项目中，不应在资产负债表“存货”项目下反映的是（　　）。

A. 在途物资　　B. 委托代销商品

C. 工程物资　　D. 材料成本差异

4. 下列项目中，属于资产负债表中非流动负债项目的是（　　）。

A. 应付1年内到期的非流动负债

B. 其他应付款

C. 应付股利

D. 应付债券

5. S公司20*1年8月1日购入E公司10万股股票作为交易性金融资产，每股价格为6元。5月15日收到E公司分派的现金股利1.6万元。收到分派的股利后，20*1年12月31日，E公司股票的每股价格为8元。则20*1年12月31日资产负债表中“交易性金融资

产”项目填列的金额为(　　)万元。

A. 78　　B. 108　　C. 30.5　　D. 80

6. 某企业“应付账款”科目月末贷方余额 45 000 元,其中“应付甲公司账款”明细科目贷方余额为 65 000 元,“应付乙公司账款”明细科目借方余额为 20 000 元;“预付账款”科目月末贷方余额为 20 000 元,其中“预付 A 公司账款”明细科目贷方余额为 30 000 元,“预付 B 公司账款”明细科目借方余额为 10 000 元。该企业月末资产负债表中“应付账款”项目的金额为(　　)元。

A. 45 000　　B. 30 000　　C. 95 000　　D. 15 000

7. 某企业 20 * 1 年 4 月 1 日从银行借入期限为 3 年的长期借款 400 万元,编制 20 * 3 年 12 月 31 日资产负债表时,此项借款应填入的报表项目是(　　)。

A. 短期借款　　B. 长期借款

C. 其他长期负债　　D. 1 年内到期的长期负债

8. 资产负债表中的“未分配利润”项目,应根据(　　)填列。

A. “利润分配”账户余额

B. “本年利润”和“利润分配”账户的余额计算

C. “本年利润”账户余额

D. “盈余公积”账户余额

9. 在下列各项税金中,应在利润表的“营业税金及附加”项目反映的是(　　)。

A. 车辆购置税　　B. 消费税

C. 增值税　　D. 印花税

10. 下列各项中,不影响企业营业利润的是(　　)。

A. 营业外收入　　B. 投资收益

C. 资产减值损失　　D. 管理费用

11. 甲公司 20 * 1 年度归属于普通股股东的净利润为 500 万元,发行在外普通股加权平均数为 1 250 万股,该普通股平均每股市场价格为 4 元。20 * 1 年 1 月 1 日,该公司对外发行 250 万份认股权证,行权日为 20*2 年 3 月 1 日，每份认股权证可以在行权日以 3.5 元的价格认购本公司 1 股新发的股份。甲公司 20*1 年度稀释每股收益为（　　）元。

A. 0.39　　B. 0.41　　C. 0.37　　D. 0.45

12. 乙公司 20*1 年度归属于普通股股东的净利润为 800 万元，发行在外普通股加权平均数为 2 000 万股。20*1 年 3 月 1 日，该公司与股东签订一份远期回购合同，承诺 1 年后以每股 5.5 元的价格回购其发行在外的 480 万股普通股。假设，该普通股 20*1 年 3 月至 12 月平均每股市场价格为 5 元。乙公司 20*1 年度稀释每股收益为（　　）。

A. 0.39　　B. 0.41　　C. 0.37　　D. 0.45

13. 下列经济业务中，引起现金流量净额变动的项目是（　　）。

A. 用银行存款购买 2 个月到期的债券

B. 从银行提取现金备用

C. 用自产产品抵偿债务

D. 开出支票偿还债务

14. 下列各项中，属于“经营活动产生的现金流量”项目的是（　　）。

A. 以现金购买办公用品　　B. 支付在建工程人员工资

C. 固定资产的购置与处置　　D. 转让股票投资取得的收入

15. 甲公司按照账龄分析法计提坏账准备，期初应收账款账面价值 190 万元，坏账准备 10 万元，期末应收账款账面价值 127 万元，坏账准备 23 万元，其中本期发生 5 万元的坏账损失，本期收回前期已经作为坏账损失处理的应收账款 8 万元，本期计提坏账准备 10 万元，假设无其他影响项目，则本期上述应收账款和坏账准备影响“销售商品、提供劳务收到的现金”的金额是（　　）万元。

A. 50　　B. 45　　C. 53　　D. 63

## 三、多项选择题

1. 财务报表的构成内容至少应当包括（　　）。

A. 资产负债表　　B. 利润表

C. 现金流量表　　D. 所有者权益(股东权益)变动表

E. 附注

2. 关于财务报表项目金额间的相互抵销,下列表述正确的是(　　)。

A. 财务报表项目应当以总额列报,资产和负债、收入和费用不能相互抵销

B. 资产项目可以按扣除减值准备后的净额列示

C. 非日常活动产生的损益以收入扣减费用后的净额列示

D. 应收账款可按扣减预收账款后的金额列示

3. 下列各项中,在资产负债表中的货币资金项目中加以反映的有(　　)。

A. 外埠存款　　B. 银行存款

C. 银行汇票存款　　D. 库存现金

E. 可供出售金融资产

4. 下列资产中,属于非流动资产的有(　　)。

A. 长期股权投资　　B. 其他应收款

C. 1年内到期的非流动资产　　D. 投资性房地产

E. 可供出售金融资产

5. 下列资产负债表各项目中,属于流动负债的有(　　)。

A. 预收账款　　B. 其他应付款

C. 预付账款　　D. 1年内到期的长期借款

E. 预计负债

6. 利润表中的"营业收入"项目,所包括的账户发生额有(　　)。

A. 所得税费用　　B. 公允价值变动损益

C. 主营业务收入　　D. 其他业务收入

E. 营业外收入

7. 下列各项中,影响营业利润的项目有(　　)。

A. 已销商品成本　　B. 原材料销售收入

C. 出售固定资产净收益　　D. 转让股票所得收益

E. 计提的资产减值损失

8. 下列项目中，属于潜在普通股的有(　　)。

A. 可转换公司债券

B. 已发行在外的普通股

C. 已发行在外的非可转换公司债券

D. 认股权证

E. 股份期权

9. 以下表述正确的是(　　)。

A. 计算稀释每股收益时只需要考虑稀释性潜在普通股

B. 计算普通股每股收益时不能假设潜在普通股已经行权

C. 存在稀释性潜在普通股，需要假设其全部转换为普通股后计算稀释每股收益

D. 稀释性潜在普通股是指假设当期转换为普通股会减少每股收益的潜在普通股

E. 潜在普通股一定会导致每股收益被稀释

10. 下列各项中，属于经营活动产生的现金流量的有(　　)。

A. 销售商品收到的现金　　B. 购买固定资产支付的现金

C. 吸收投资收到的现金　　D. 偿还应付账款支付的现金

11. 现金流量表中的"支付给职工以及为职工支付的现金"项目包括(　　)。

A. 支付给退休人员的退休金　　B. 支付的在建工程人员的工资

C. 支付的生产工人的工资　　D. 支付的行政管理人员的工资

E. 支付的车间管理人员的工资

12. 下列各项中，属于筹资活动产生的现金流量的有(　　)。

A. 购建固定资产、无形资产和其他长期资产所支付的现金

B. 取得借款收到的现金

C. 分配股利、利润或者偿付利息所支付的现金

D. 分得的现金股利

13. 在采用间接法将净利润调节为经营活动产生的现金净流量时，

下列各调整项目中，属于调增项目的有（　　）。

A. 因计提减值准备而确认的减值损失

B. 长期待摊费用的减少

C. 经营性应收项目的减少

D. 固定资产报废损失

E. 经营性应付项目的减少

14. 下列各项中，不在“所有者权益变动表”中单独填列的有（　　）。

A. 净利润

B. 公允价值变动收益

C. 股份支付计入所有者权益的金额

D. 与计入所有者权益项目相关的所得税影响

E. 稀释每股收益

15. 下列项目中，上市公司应在其会计报表附注中披露的有（　　）。

A. 会计政策变更当期和各个列报前期财务报表中受影响的项目名称和调整金额

B. 会计估计变更的原因

C. 未决诉讼

D. 与关联方交易的定价政策

E. 财务报表的编制基础

## 四、判断题

1.（　　）企业必须对外提供资产负债表、利润表、现金流量表和所有者权益变动表，附注可以不对外提供。

2.（　　）资产负债表中的“固定资产”项目应包括融资租入固定资产的原价和经营租入固定资产的原价。

3.（　　）资产负债表某些项目需要根据若干个总账账户的期末余额计算填列，如“货币资金”项目，根据“现金”“银行存款”“其他货币资金”账户的期末余额的合计数填列。

4.（　　）“利润分配”总账的年末余额不一定与相应的资产负债表

中未分配项目的数额一致。

5.（　　）利润表是资产负债表的补充报表，用于反映净资产增减变动的原因。

6.（　　）所有企业均应在利润表中列示基本每股收益和稀释每股收益。

7.（　　）稀释每股收益金额大于基本每股收益金额。

8.（　　）编制比较财务报表时，各列报期间中只要有一个期间列示了稀释每股收益，那么所有列报期间均应当列示稀释每股收益，即使其金额与基本每股收益相等。

9.（　　）企业计算稀释性潜在普通股转换为已发行普通股而增加的普通股股数的加权平均数时，以前期间发行的稀释性潜在普通股，应当假设在当期期初转换

10.（　　）现金流量表对于仅涉及非现金项目之间的增减变动而不影响现金流量净额的业务，不予反映。

11.（　　）现金流量表中的现金指企业库存现金及全部的银行存款。

12.（　　）以现金方式收回持有至到期投资时，收回的投资本金和投资收益均应在“收回投资所收到的现金”项目中反映。

13.（　　）转让无形资产所有权取得的收入应作为投资活动的现金流入。

14.（　　）现金流量表补充资料中的固定资产折旧项目反映的是企业本期计提的计入损益的折旧费。

15.（　　）直接计入损益的利得和损失在利润表中列示，直接计入权益的利得和损失在所有者权益变动表中列示。

## 五、计算及账务处理题

**练习一**

大地股份有限公司为增值税一般纳税人，适用的增值税税率为17%。有关资料如下：

(1) 20＊1 年 1 月 1 日，部分总账及其所属明细账余额如表 15-1 所示：

**表 15-1　账户余额表**

| 总　　账 | 明细账 | 借或贷 | 余额 |
| --- | --- | --- | --- |
| 应收账款 | A 公司 | 借 | 600 |
| 坏账准备 |  | 贷 | 30 |
| 长期股权投资 | B 公司 | 借 | 2 500 |
| 固定资产 | 厂房 | 借 | 3 000 |
| 累计折旧 |  | 贷 | 900 |
| 固定资产减值准备 |  | 贷 | 200 |
| 应付账款 | C 公司 | 借 | 150 |
|  | D 公司 | 贷 | 1 050 |
| 长期借款 | 甲银行 | 贷 | 300 |

注：该公司未单独设置“预付账款”会计科目；长期借款为 20＊0 年 10 月 1 日从甲银行借入，借款期限 2 年，年利率 5%，每年付息一次。

(2) 20＊1 年，大地股份有限公司发生如下业务：

①3 月 10 日，收回上年已作为坏账转销的应收 A 公司账款 70 万元并存入银行。

②4 月 15 日，收到 C 公司发来的一批材料并验收入库，增值税专用发票注明货款 100 万元，增值税 17 万元，其款项上年已预付。

③4 月 20 日，对厂房进行更新改造，发生后续支出总计 500 万元，所替换的旧设施账面价值为 300 万元(该设施原价 500 万元，已提折旧 167 万元，已提减值准备 33 万元)。该厂房于 12 月 30 日达到预定可使用状态，其后续支出符合资本化条件。

④1 至 4 月该厂房已计提折旧 100 万元。

⑤6 月 30 日从乙银行借款 200 万元，期限 3 年，年利率 6%，每半年付息一次。

⑥10月份以票据结算的经济业务有：持银行汇票购进材料500万元(不含税,下同)；持银行本票购进库存商品300万元；签发6个月的商业汇票购进库存商品800万元。

⑦12月31日,经计算本月应付职工工资200万元,应计提社会保险费50万元。同日,以银行存款预付E公司下月住房租金2万元,该住房供公司高级管理人员免费居住。

⑧12月31日,经减值测试,应收A公司账款预计未来现金流量现值为400万元。

⑨12月31日,计提银行借款的利息。

⑩大地股份有限公司对B公司的长期股权投资采用权益法核算,其投资占B公司的表决权股份的30%。20*1年B公司实现净利润9 000万元。长期股权投资在资产负债表日不存在减值迹象。除上述资料外,不考虑其他因素。

要求：

(1) 根据上述资料,编制相关会计分录；

(2) 计算大地股份有限公司20*1年12月31日下列资产负债表项目的金额：

①应收账款；②预付款项；③长期股权投资；④固定资产；⑤应付票据；⑥应付账款；⑦应付职工薪酬；⑧长期借款。

(单位：万元)

**练习二**

长江公司为增值税一般纳税人企业,适用的增值税税率为17%,所得税税率为25%,提供运输劳务的营业税税率为3%,转让不动产和无形资产的营业税税率为5%。城市维护建设税和教育费附加略。长江公司主要生产和销售甲产品,兼营提供运输劳务。20*1年该企业对原材料采用计划成本核算,"原材料"账户1月1日余额为102万元,"材料成本差异"账户1月1日贷方余额为4万元。假定除计提坏账准备因素外,各项资产、负债的账面价值与其计税基础一致,预计未来有足够的应纳纳税所得额抵扣可抵扣暂性差异。

20＊1年度长江公司发生下列经济业务：

(1) 购入一批材料，专用发票注明的材料价款为100万元，增值税17万元，材料已经验收入库，企业开出商业汇票支付。该批材料计划成本为98万元。

(2) 用银行存款支付上述购买材料的商业汇票款117万元。

(3) 销售一批甲产品，该批产品的成本为80万元，销售货款为200万元，专用发票注明的增值税额为34万元，产品已经发出，提货单已经交给买方，货款及增值税尚未收到。

(4) 上述产品销售业务中，买方用银行存款支付了款项174万元，余款则开具了一张面值60万元，期限为4个月的不带息商业承兑汇票。

(5) 当年发出材料计划成本150万元，其中生产产品领用原材料计划成本100万元，生产车间领用材料计划成本40万元，企业管理部门耗用材料计划成本10万元。计算材料成本差异率并结转发出材料应负担的成本差异。

(6) 当年分配并发放职工工资200万元，其中生产工人工资100万元，车间管理人员工资40万元，从事运输劳务的人员工资10万元，企业管理人员工资40万元，在建工程工人工资10万元。

(7) 用银行存款购买一批建筑材料，增值税专用发票上注明的价款为20万元，增值税3.4万元，并支付运杂费0.6万元。

(8) 本年提供运输劳务收入40万元存入银行，假定发生的相关成本、费用(不包括工资)20万元，均用银行存款支付。

(9) 10月10日转让一专利权的所有权，取得转让价款20万元存入银行，该专利权的账面余额为12万元，累计摊销为2万元。

(10) 10月20日，转让一项不动产取得转让收入40万元。该不动产原值为60万元，已提折旧10万元，转让时支付清理费用2万元。

(11) 本年度计提坏账准备4万元。

(12) 本年度计提固定资产折旧80.5万元，其中计入制造费用的固定资产折旧为70万元，计入管理费用的折旧为10.5万元。

(13) 当年无形资产摊销5万元，用银行存款支付销售费用20万元。

(14) 用银行存款80万元购入一台不需安装的设备，设备已交付使用。

(15) 从银行取得一笔流动资金周转借款200万元存入银行。

(16) 用银行存款支付借款利息18万元，全部计入财务费用。

(17) 年末可供出售金融资产的公允价值增加12万元。

(18) 计算当年应交所得税。

(19) 当年用银行存款缴纳增值税15万元，所得税6万元，营业税2万元。

要求：

(1) 根据上述经济业务编制相关会计分录；

(2) 根据上述资料编制利润表(表15-2)。

(单位：万元)

**表15-2 利润表**

会企02表

编制单位：长江公司　　　　20*1年　　　　金额单位：万元

| 项　目 | 本期金额 | 上期金额 |
|---|---|---|
| 一、营业收入 | | 略 |
| 减：营业成本 | | |
| 营业税金及附加 | | |
| 销售费用 | | |
| 管理费用 | | |
| 财务费用 | | |
| 资产减值损失 | | |
| 加：公允价值变动收益(损失以"－"号填列) | | |

续 表

| 项　目 | 本期金额 | 上期金额 |
|---|---|---|
| 投资收益(损失以"－"号填列) | | |
| 其中：对联营企业和合营企业的投资收益 | | |
| 二、营业利润(亏损以"－"号填列) | | |
| 加：营业外收入 | | |
| 减：营业外支出 | | |
| 其中：非流动资产处置损失 | | |
| 三、利润总额(亏损总额以"－"号填列) | | |
| 减：所得税费用 | | |
| 四、净利润(净亏损以"－"号填列) | | |
| 五、每股收益 | | |
| (一)基本每股收益 | | |
| (二)稀释每股收益 | | |
| 六、其他综合收益 | | |
| 七、综合收益总额 | | |

**练习三**

渤海公司 20＊1 年度归属于普通股股东的净利润为 5 000 万元，发行在外普通股加权平均数为 10 000 万股。年初已发行在外的潜在普通股有：

(1) 股份期权 1 800 万份，每份股份期权拥有在授权日起 5 年后的可行权日以 12 元的行权价格购买 1 股本公司新发股票的权利。

(2) 按面值发行的 5 年期可转换公司债券 9 000 万元，债券每张面值 100 元，票面年利率为 4%，按债券面值转股，转股价格为每股 18 元。

(3) 按面值发行的 3 年期可转换公司债券 6 400 万元，债券每张面值 100 元，票面年利率为 3.6%，按债券面值转股，转股价格为每股 16 元。

当期普通股平均市场价格为 15 元，年度内没有期权被行权，也没有可转换公司债券被转换或者赎回，所得税税率为 25%。假设不考虑可转换公司债券负债成分和权益成分的分拆。

要求：

(1) 计算渤海公司 20＊1 年基本每股收益。

(2) 计算渤海公司 20＊1 年稀释每股收益。

**练习四**

华胜股份有限公司为商品流通企业，存货成本中不包含职工薪酬。该公司为增值税一般纳税人，适用的增值税税率为 17%，适用的所得税税率为 25%。其他有关资料如下：

(1) 20＊1 年 12 月 31 日资产负债表有关项目年初、期末数见表 15-3。

**表 15-3　资产负债表(部分)**

| 资产 | 年初数 | 期末数 | 负债和所有者权益 | 年初数 | 期末数 |
|---|---|---|---|---|---|
| 应收票据 | 37 860 | 21 470 | 应付账款 | 40 000 | 25 000 |
| 应收账款 | 49 500 | 69 300 | 应付职工薪酬 | 5 000 | 6 000 |
| 预付款项 | 10 000 | 15 000 | 其中：福利费 | 5 000 | 6 000 |
| 存货 | 100 000 | 700 000 | 应交税费 | 4 000 | 5 000 |
| | | | 其中：应交增值税 | 1 000 | 600 |
| | | | 　　　应交其他税金 | 2 700 | 4 000 |
| | | | 　　　职工教育经费等 | 300 | 400 |
| | | | 其他应付款 | 450 | 1 500 |

(2) 20＊1 年度利润表有关项目本年累计数见表 15-4。

表 15-4 利润表(部分)

| 项 目 | 本期数 |
|---|---|
| 营业收入 | 768 750 |
| 营业成本 | 456 500 |
| 营业税金及附加 | 6 460 |
| 销售费用 | 200 000 |
| 所得税费用 | 40 000 |

(3) 其他有关资料如下:

①本期增值税销项税额为 136 000 元,进项税额为 71 400 元,已交税金为 65 000 元。

②其他应付款为收取的出借包装物押金。

③20＊1 年度没有实际发生坏账;20＊0 年和 20＊1 年 2 年末均没有计提存货跌价准备。

④未单独设置“管理费用”科目;销售费用中包含职工工资 100 000 元、福利费 14 000 元、折旧费 2 000 元、计提应收账款坏账准备 200 元、水电费 10 000 元、差旅费 20 000 元、会议费 8 000 元、办公费 20 000 元、咨询费 15 000 元、业务招待费 10 800 元。

⑤上述资产负债表和利润表项目均与投资活动、筹资活动无关。

要求:计算现金流量表中下列项目的金额。

(1) 销售商品、提供劳务收到的现金。

(2) 收到的其他与经营活动有关的现金。

(3) 购买商品、接受劳务支付的现金。

(4) 支付给职工及为职工支付的现金。

(5) 支付的各项税费。

(6) 支付的其他与经营活动有关的现金。

**练习五**

兴业股份有限公司为增值税一般纳税人,适用的增值税税率为

17%,适用的所得税税率为25%。该公司20＊1年有关资料如下：

(1) 资产负债表部分账户年初、年末余额和本年发生额见表15-5所示。(单位：万元)

**表15-5　资产负债表账户资料**

| 账户名称 | 年初余额 | | 期末余额 | | 本期发生额 | |
|---|---|---|---|---|---|---|
| | 借方 | 贷方 | 借方 | 贷方 | 借方 | 贷方 |
| 交易性金融资产 | 180 | | 500 | 400 | 280 | |
| 应收票据 | 300 | | | 300 | 0 | |
| 应收账款——甲 | 600 | | 2 500 | 2 200 | 900 | |
| ——乙 | | 100 | 500 | 600 | | 200 |
| 坏账准备 | | 6 | | 12 | | 18 |
| 应收股利 | | | 10 | 10 | 0 | |
| 原材料 | 300 | | 2 000 | 2 200 | 100 | |
| 制造费用 | | | 800 | 800 | 0 | |
| 生产成本 | 100 | | 4 000 | 3 800 | 300 | |
| 库存商品 | 200 | | 3 800 | 3 500 | 500 | |
| 固定资产 | 5 000 | | 400 | 1 000 | 4 400 | |
| 累计折旧 | | 2 000 | 800 | 200 | | 1 400 |
| 在建工程 | 1 000 | | 300 | | 1 300 | |
| 短期借款 | | | 200 | 250 | | 50 |
| 长期借款 | | 1 000 | | | | 1 000 |
| 应付账款——丙 | | 500 | 1 200 | 1 000 | | 300 |
| ——丁 | 200 | | 100 | 200 | 100 | |
| 应付职工薪酬 | | 30 | 1 160 | 1 200 | | 70 |
| 应交税费——应交增值税 | | | 986 | 986 | | |
| ——未交增值税 | | 30 | 150 | 200 | | 80 |
| ——应交其他税金 | | 25 | 320 | 395 | | 100 |

（2）利润表部分账户本年发生额见表 15-6 所示。（单位：万元）

**表 15-6　利润表账户资料**

| 账户名称 | 借方发生额 | 贷方发生额 |
|---|---|---|
| 主营业务收入 | | 5 800 |
| 主营业务成本 | 3 500 | |
| 营业税金及附加 | 45 | |
| 销售费用 | 300 | |
| 管理费用 | 500 | |
| 财务费用 | 40 | |
| 资产减值损失 | 12 | |
| 投资收益 | | 30 |
| 营业外支出 | | 20 |
| 所得税费用 | | 216 |

（3）其他有关资料如下：

①交易性金融资产的取得及出售均为现金结算，且交易性金融资产均不属于现金等价物。

②“制造费用”及“生产成本”账户借方发生额含工资及福利费 1 000万元、折旧费 180 万元，不含其他摊入的费用。

③“固定资产”账户借方发生额为现金购入的固定资产 400 万元；“在建工程”账户借方发生额含用现金支付的资本化利息费用 30 万元，以及用现金支付的出包工程款 270 万元。

④应付职工薪酬均为生产经营人员的工资及福利费。

⑤“应交税费——应交增值税”账户借方发生额含增值税进项税额 476 万元、已交税金 310 万元、转出未交增值税 200 万元，贷方发生额为销售商品发生的销项税额 986 万元；“应交税费——未交增值税”账户借方发生额为交纳的增值税 150 万元。

⑥“销售费用”及“管理费用”账户借方发生额含工资及福利费 200

万元、离退休人员费80万元、折旧费20万元、房产税和印花税30万元以及用现金支付的其他费用467万元。

⑦“资产减值损失”账户借方发生额为计提坏账准备12万元、

⑧“财务费用”账户借方发生额含票据贴现息5万元及用现金支付的其他利息。

⑨“投资收益”账户贷方发生额含出售股票获得的投资收益20万元及收到的现金股利。

⑩“营业外支出”账户借方发生额为出售固定资产发生的净损失20万元(出售固定资产的原价为1 000万元、累计折旧为800万元,支付的清理费用为30万元,收到的价款为210万元)。

⑩假定该公司期末未发生其他交易或者事项。

要求:

(1) 填列该公司资产负债表所列示项目的年初数和年末数(见表15-7)。

**表15-7　资产负债表(部分)**

编制单位:兴业股份有限公司　　　　20＊1年12月31日　　　　单位:万元

| 资产 | 年初数 | 期末数 | 负债和所有者权益 | 年初数 | 期末数 |
|---|---|---|---|---|---|
| 应收账款 | | | 应付账款 | | |
| 应收票据 | | | 预收账款 | | |
| 预付账款 | | | 应付职工薪酬 | | |
| 存货 | | | | | |

(2) 填列该公司现金流量表所列示项目的金额(见表15-8)。

**表15-8　现金流量表(部分)**

编制单位:兴业股份有限公司　　　　单位:万元

| 项　目 | 计算过程 | 金额 |
|---|---|---|
| 销售商品、提供劳务收到的现金 | | |
| 购买商品、接受劳务支付的现金 | | |

续　表

| 项　目 | 计算过程 | 金额 |
| --- | --- | --- |
| 支付给职工及为职工支付的现金 | | |
| 支付各项税费 | | |
| 支付的其他与经营活动有关的现金 | | |
| 收回投资收到的现金 | | |
| 取得投资收益收到的现金 | | |
| 处置固定资产收回的现金净额 | | |
| 购建固定资产支付的现金 | | |
| 投资支付的现金 | | |
| 取得借款收到的现金 | | |
| 偿还债务支付的现金 | | |
| 偿付利息支付的现金 | | |

# 第十六章　或有事项

## 一、填空题

1. 或有事项是指过去的交易或者事项形成的，其结果须由__________________的________________事项。

2. 或有负债，是指过去的交易或者事项形成的__________，其存在须通过未来不确定事项的发生或者不发生予以证实；或过去的交易或者事项形成的__________，履行该义务__________导致经济利益流出企业或者该义务的金额不能可靠计量。

3. 或有资产，是指过去的交易或者事项形成的__________，其存在须通过________________予以证实。

4. 与或有事项相关的义务同时满足下列条件的，应当确认为预计负债：该义务是企业承担的现时义务；_________________________；_________________________。

5. 企业清偿预计负债所需支出全部或者部分预期由第三方补偿的，补偿金额只有在__________能够收到时才能作为资产单独确认。确认的补偿金额不应当超过__________。

## 二、单项选择题

1. 企业因对外担保事项可能产生的负债，在担保涉及诉讼的情况下，下列说法中正确的是（　　）。

A. 因为法院尚未判决，企业没有必要确认为预计负债

B. 虽然法院尚未判决，但企业估计败诉的可能性为50%，则应确

认相应的预计负债

C. 虽然法院尚未判决，但是企业估计败诉的可能性大于胜诉的可能性，且损失金额能够合理估计的，则应确认相应的预计负债

D. 虽然企业一审已被判决败诉，但正在上诉，不应确认为预计负债

2. 下列有关或有事项的表述中，正确的是（　　）。

A. 或有资产与或有事项相联系，有或有事项就有或有资产

B. 对于或有事项既要确认或有负债，也要确认或有资产

C. 由于担保引起的或有事项随着被担保人债务的全部清偿而消失

D. 只有对本单位产生不利影响的事项，才能作为或有事项

3. 下列事项中，不属于重组事项的是（　　）。

A. 出售或者终止企业的部分经营业务

B. 对企业的组织结构进行较大的调整

C. 因经营困难，与债权方进行债务重组

D. 关闭企业的部分经营场所，或者将营业活动由一个国家或者地区迁移到其他国家或者地区

4. 20*7 年 1 月 2 日，甲公司与乙公司签订不可撤销的租赁合同，以经营租赁方式租入乙公司一台机器设备，专门用于生产 M 产品，租赁期为 5 年，年租金为 100 万元。因 M 产品在使用过程中产生严重的环境污染，甲公司自 20*9 年 1 月 1 日起停止生产该产品，当日 M 产品库存为 0，假定不考虑其他因素，该事项对甲公司 20*9 年度利润总额的影响为（　　）万元。

A. 0　　　B. 100　　　C. 200　　　D. 300

5. 甲公司 20*2 年 12 月实施了一项关闭 C 产品生产线的重组义务，重组计划预计发生下列支出：因辞退员工将支付补偿款 100 万元；因撤销厂房租赁合同将支付违约金 20 万元；因将用于 C 产品生产的固定资产等转移至其他车间使用将发生运输费 2 万元；因对留用员工进行培训将发生支出 2 万元；因推广新款 A 产品将发生广告费用 100 万

元；因处置用于C产品生产的固定资产将发生减值损失50万元。20＊2年度甲公司因上述事项影响当年利润总额的金额为(　　)万元。

A. 320　　B. 170　　C. 272　　D. 122

6. 20＊1年12月31日，甲公司存在一项未决诉讼。根据类似案例的经验判断，该项诉讼败诉的可能性为90%。如果败诉，甲公司将须赔偿对方100万元并承担诉讼费用5万元，但很可能从第三方收到补偿款10万元。20＊1年12月31日，甲公司应就此项未决诉讼确认的预计负债金额为(　　)万元。

A. 90　　B. 95　　C. 100　　D. 105

7. 20＊1年11月，甲公司因污水排放对环境造成污染被周围居民提起诉讼。20＊1年12月31日，该案件尚未一审判决。根据以往类似案例及公司法律顾问的判断，甲公司很可能败诉。如败诉，预计赔偿2 000万元的可能性为70%，预计赔偿1 800万元的可能性为30%。假定不考虑其他因素，该事项对甲公司20＊1年利润总额的影响金额为(　　)万元。

A. －1 800　　B. －1 900　　C. －1 940　　D. －2 000

8. 20＊0年11月，A公司与B公司签订合同，A公司于20＊1年1月销售商品给B公司，合同价格为1 600万元，如A公司单方面撤销合同，应支付违约金为500万元。20＊0年12月31日，该商品市场价格大幅度的上升，A公司为了履行合同仍然购入该商品并入库，购买商品成本总额为2 000万元，则A公司正确的会计处理为(　　)。

A. 确认预计负债400万元　　B. 确认存货跌价准备200万元

C. 确认预计负债200万元　　D. 确认存货跌价准备400万元

9. 关于最佳估计数，下列说法中错误的是(　　)。

A. 企业应当在资产负债表日对预计负债的账面价值进行复核，有确凿证据表明该账面价值不能真实反映当前最佳估计数的，应当按照当前最佳估计数对该账面价值进行调整

B. 企业不应当在资产负债表日对或有事项确认的最佳估计数进行复核

C. 确认预计负债的最佳估计数既有初始计量，也有后续计量

D. 对货币时间价值影响重大的，应当通过对相关未来现金流出进行折现后确定最佳估计数

10. 甲公司因专利纠纷于20＊2年9月起诉乙公司，要求乙公司赔偿100万元。甲公司在年末编制财务报表时，根据法律诉讼的进展情况及律师的意见，认为对乙公司予以赔偿的可能性在50%以上，赔偿金额在60万元至80万元之间，在此范围内支付各种赔偿金额的可能性相同，另需支付诉讼费2万元。如乙公司向甲公司支付的赔偿款可向丙公司追偿，基本确定可获得赔偿金额50万元，在上述情况下，甲公司在年末对该事项应进行的会计处理是(　　)

A. 确认预计负债72万元，确认其他应收款50万元

B. 确认预计负债72万元，披露或有资产50万元

C. 披露或有负债72万元，确认其他应收款50万元

D. 确认预计负债82万元，确认其他应收款50万元

## 三、多项选择题

1. 或有事项的基本特征包括(　　)。

A. 或有事项是过去的交易或者事项形成的一种状况

B. 或有事项的结果只能由未来发生或者不发生的事项予以证实

C. 或有事项的结果具有不确定性

D. 或有事项的结果的不确定性不能完全由企业所控制

2. 下列各项中，属于或有事项的有(　　)。

A. 某公司预提产品质量保证费用

B. 某企业为其他企业的贷款提供担保

C. 某企业以财产做抵押向银行借款

D. 某公司被国外企业提起诉讼

3. 在理解或有事项的确认标准时，通常将“可能性”划分的层次是(　　)。

A. 基本确定　B. 很可能　C. 可能　D. 极小可能

4. 或有资产具有以下特点(　　)。

A. 或有资产由过去的交易或者事项产生

B. 或有资产的结果具有不确定性

C. 或有资产不符合资产确认的条件

D. 或有资产是企业拥有的未来资产

5. 与或有事项有关的义务是否予以确认,应同时考虑的标准是(　　)。

A. 该项义务为企业承担的潜在义务

B. 该项义务为企业承担的现时义务

C. 该项义务的履行很可能导致经济利益流出企业

D. 该项义务的金额能够可靠地计量

6. 以下"可能性"划分标准中正确的是(　　)。

A. "很可能"是指发生的概率大于50%,但小于或者等于95%

B. "基本确定"是指发生的概率大于或等于95%,但小于100%

C. "可能"是指发生的概率大于5%,但小于或者等于50%

D. "极小可能"是指发生的概率大于0,但小于或者等于5%

7. 关于或有事项,下列说法中正确的有(　　)。

A. 企业承担的重组义务满足或有事项确认预计负债条件的,应当确认预计负债

B. 重组是指企业制定和控制的,将显著改变企业组织形式、经营范围或者经营方式的计划实施行为

C. 企业应当按照与重组有关的直接支出确定预计负债金额

D. 与重组有关的直接支出包括留用职工岗前培训、市场推广、新系统和营销网络投入等支出

8. 关于或有事项,下列说法中正确的有(　　)。

A. 待执行合同不属于或有事项,但待执行合同变为亏损合同的,应当作为或有事项

B. 待执行合同变成亏损合同时,亏损合同产生的义务满足预计负债确认条件的,应当确认为预计负债

C. 待执行合同变成亏损合同时，不管该合同是否为有标的资产，都应确认相应的预计负债

D. 企业可以将未来的经营亏损确认为负债

9. 如果清偿因或有事项而确认的负债所需支出全部或者部分预期由第三方补偿的，下列说法中正确的有（　　）。

A. 补偿金额在基本确定收到时，企业应按所需支出扣除补偿金额确认负债

B. 补偿金额只能在基本确定收到时，作为资产单独确认，且确认的补偿金额不应超过所确认负债的账面价值

C. 补偿金额只能在很可能收到时，作为资产单独确认，且确认的补偿金额不应超过所确认负债的账面价值

D. 补偿金额在基本确定收到时，企业应按所需支出确认预计负债，而不能扣除补偿金额

10. 20*1 年 12 月 31 日，甲公司存在一项未决诉讼，根据类似案例的经验判断，该项诉讼败诉的可能性为 85%，如果败诉，甲公司需要赔偿对方 200 万元并支付诉讼费用 10 万元，但有 98% 的可能性从第三方收到补偿款 25 万元，则下列关于甲公司 20*1 年 12 月 31 日的会计处理中，表述正确的有（　　）。

A. 确认营业外支出 175 万元　　B. 确认管理费用 10 万元

C. 确认预计负债 210 万元　　D. 确认其他应收款 25 万元

## 四、判断题

1. （　　）或有负债随着情况的变化，也可能会转变成预计负债。

2. （　　）或有事项产生的经济利益基本确定流入企业时，企业就应将或有事项确认为资产。

3. （　　）在对或有事项确认负债的同时，应确认一项支出或者费用。这项支出或者费用在利润表中不应单列项目反映，而应与其他费用或者支出项目（如“销售费用”“管理费用”“营业外支出”等）合并反映。

4.（　　）或有事项的结果不确定，仅指或有事项的结果是否发生具有不确定性。

5.（　　）如果所需支出存在一个连续范围，且范围内各种结果发生的可能性相同，则最佳估计数应当按照该范围内的上下限金额的平均数确定。

6.（　　）对于因或有事项形成的潜在资产，不能加以确认，一般也不加以披露，除非很可能导致未来经济利益流入企业。

7.（　　）如果或有事项涉及单个项目，最佳估计数按照最可能发生金额确定。

8.（　　）企业应当在资产负债日对预计负债的账面价值进行复核，有确凿证据表明该账面价值不能真实反映当前最佳估计数的，应当按照当前最佳估计数对该账面价值进行调整。

9.（　　）如果企业针对特定批次产品的保修承诺确认预计负债，则在保修期结束时，应将预计负债的余额转入营业外支出。

10.（　　）在涉及未决诉讼、仲裁的情况下，如果披露全部或者部分信息预期会对企业造成重大不利影响，则企业无须在会计报表附注中披露该未决诉讼、仲裁的形成原因和预计产生的财务影响等内容。

## 五、计算及账务处理题

**练习一**

A 公司 20＊9 年 10 月 1 日有一笔已到期的银行贷款本金 200 万元，利息 20 万元，A 公司具有还款能力，但因与 B 银行存在其他经济纠纷，而未按时归还 B 银行的贷款，20＊9 年 12 月 1 日，B 银行向人民法院提起诉讼，截至 20＊9 年 12 月 31 日人民法院尚未对案件进行审理。A 公司法律顾问认为败诉的可能性为 75%，预计将要支付的罚息、诉讼费用在 2 000 000～2 100 000 元之间，其中诉讼费 50 000 元。

要求：根据上述资料，编制 A 公司 20＊9 年末的相关会计分录，并列示其附注披露。

**练习二**

甲公司为设备生产和销售企业。20＊1 年第一季度销售机床 400 台，每台售价为 40 000 元。对购买其产品的消费者，甲公司做出如下承诺：设备售出后 3 年内如出现非意外事件造成的设备故障和质量问题，甲公司免费负责保修(含零部件更换)。根据以往的经验，发生的保修费一般为销售额的 1%～1.5%。假定甲公司 20＊1 年第一季度实际发生的维修费分别为 30 000 元。假定 20＊0 年“预计负债——产品质量保证”账户年末余额为 140 000 元。

要求：根据上述资料，编制甲公司的相关会计分录。

**练习三**

华天公司于 20＊0 年 12 月 10 日与普天公司签订合同，约定在 20＊1年 2 月 10 日以每件 40 元的价格向普天公司提供 A 产品 100 件，如果不能按期交货，将向普天公司支付总价款 20%的违约金。签订合同时产品尚未开始生产，华天公司准备生产产品时，材料的价格突然上涨，预计生产 A 产品的单位成本将超过合同单价。不考虑相关税费。

要求：分别以下列两种情况确认华天公司该待执行合同的预计负债，并做相关账务处理。

(1) 若生产 A 产品的单位成本为 55 元；

(2) 若生产 A 产品的单位成本为 45 元。

**练习四**

天地公司 20＊3 年 6 月份发生了下列交易或者事项：

(1) 6 月 1 日，天地公司收到丙公司提供的相关证据表明，20＊2 年 12 月销售给丙公司的 A 产品出现了质量问题，丙公司根据合同规定要求天地公司赔偿 120 万元。天地公司经分析很可能发生赔偿支出，估计赔偿金额为 120 万元。鉴于天地公司就 A 产品已在保险公司投了产品质量保险，6 月 30 日，天地公司基本确定可从保险公司获得理赔 20 万元，天地公司尚未向丙公司支付赔偿款。

(2) 6月5日,由天地公司提供贷款担保的乙公司因陷入严重财务困难无法支付到期贷款本息1 200万元,被贷款银行提起诉讼。6月20日,法院一审判决天地公司承担连带偿还责任,天地公司不服判决并决定上诉。6月30日,天地公司律师认为,天地公司很可能需要为乙公司所欠贷款本息承担全额连带偿还责任。天地公司在20*3年6月1日前,未确认过与该贷款担保相关的负债。

(3) 6月15日,天地公司与丁公司签订了不可撤销的产品销售合同。合同约定:天地公司为丁公司生产B产品1万件,售价为每件0.1万元,4个月后交货,若违约不执行合同,应按合同总价款的30%向丁公司支付违约金。因6月下旬原油等能源价格上涨,导致生产成本上升,天地公司预计B产品生产成本上涨为每件0.11万元。至6月30日,天地公司无库存B产品所需原材料,公司计划7月上旬调试有关生产设备和采购原材料,开始生产B产品。

假定不考虑所得税和其他相关税费。

要求:编制天地公司20*3年6月30日与上述或有事项有关的会计分录。

(单位:万元)

# 第十七章 资产负债表日后事项

## 一、填空题

1. 资产负债表日后事项是指________________________发生的________事项。

2. 资产负债表日后调整事项，是指________________________的事项；资产负债表日后非调整事项，是指________________________的事项。

3. 某一事项究竟是调整事项还是非调整事项，取决于________________________。

4. 资产负债表日后发生的调整事项，其账项调整包括：(1) 涉及损益的，应通过“____________”科目核算；(2) 涉及利润分配调整的，直接在“____________”科目中核算；(3) 不涉及损益及利润分配的事项，调整相关科目。

5. 资产负债表日后发生的调整事项，除账项调整外，还应调整财务报表相关项目的数字，具体包括：(1) 资产负债表日编制的财务报表相关项目的____________；(2) 当期编制的财务报表相关项目的____________；(3) 经过上述调整后，如果涉及报表附注内容的，还应当调整____________。

6. 资产负债表日后发生的非调整事项，应当在报表附注中披露________________________，及其________________________。无法做出估计的，应当说明原因。

## 二、单项选择题

1. 下列年度资产负债表日至财务报告批准报出日之间发生的事项中，不属于资产负债表日后事项的是（　　）。

A. 销售商品活动

B. 对企业财务状况产生重大影响的外汇汇率大幅度变动

C. 出售重要的子公司

D. 火灾造成重大损失

2. 资产负债表日至财务报告批准报出日之间发生的下列事项，属于资产负债表日后调整事项的是（　　）。

A. 对联营企业追加投资进而达到控制

B. 发生的上期销售的商品在当期退回

C. 外汇汇率发生重大变化

D. 以存货 100 万元归还报告年度形成的负债 120 万元

3. 甲公司 20＊0 年度财务报告于 20＊1 年 2 月 25 日编制完成，注册会计师完成审计及签署审计报告日是 20＊1 年 4 月 15 日，经董事会批准报表对外公布日是 20＊1 年 4 月 20 日，20＊1 年 4 月 25 日，上年末的一项未决诉讼结案，法院判决该公司支付赔偿 100 万元。董事会再次批准报表对外公布日为 20＊1 年 4 月 28 日。不考虑其他因素，则该公司 20＊0 年度资产负债表日后事项涵盖的期间是（　　）。

A. 20＊1 年 1 月 1 日至 4 月 15 日

B. 20＊1 年 1 月 1 日至 4 月 20 日

C. 20＊1 年 1 月 1 日至 4 月 25 日

D. 20＊1 年 1 月 1 日至 4 月 28 日

4. 20＊1 年财务报告批准报出日为 20＊2 年 4 月 30 日。20＊2 年 3 月 4 日，公司发现 20＊1 年一项财务报表舞弊或者差错，该公司应调整（　　）。

A. 20＊1 年会计报表资产负债表的期末余额和利润表本期金额

B. 20＊1 年会计报表资产负债表的年初余额和利润表上期金额

C. 20＊1年会计报表资产负债表的期末余额和利润表上期金额

D. 20＊2年会计报表资产负债表的期末余额和本年累计数及本年实际数

5. 甲公司发生资产负债表日后调整事项涉及以下资产负债项目中,不应调整的是(　　)。

A. 固定资产　　B. 未分配利润

C. 货币资金　　D. 应交税费

6. 资产负债表日后的非调整事项是指(　　)。

A. 资产负债表日后新发生的所有事项

B. 资产负债表日或者以前已经存在,但资产负债表日后发生变化的事项

C. 资产负债表日后新发生的且对理解和分析财务报告有重大影响的事项

D. 资产负债表日或者以前已经存在,但对理解财务报告没有重大影响的事项

7. 甲公司20＊1年度的财务会计报告于20＊2年4月10日批准报出,20＊2年1月10日,因产品质量原因,购买方将20＊1年12月10日从甲公司购入的一大批大额商品(达到重要性要求)退回。则下列关于甲公司会计处理的说法中,正确的是(　　)。

A. 调整20＊2年度利润表营业收入等相关项目的本年数

B. 调整20＊1年度利润表营业收入等相关项目的本年数

C. 不做会计处理

D. 调整20＊2年度利润表营业收入等相关项目的上年数

8. 20＊1年12月31日,甲公司对一起未决诉讼确认的预计负债为800万元。20＊2年3月6日,法院对该起诉讼判决,甲公司应赔偿乙公司600万元;甲公司和乙公司均不再上诉。甲公司的所得税税率为25%,按净利润的10%提取法定盈余公积,20＊1年度财务报告批准报出日为20＊2年3月31日,预计未来期间能够取得足够的应纳税所得额用以抵扣可抵扣暂时性差异。不考虑其他因素,该事项使得甲公

司 20＊1 年 12 月 31 日资产负债表“未分配利润”项目“期末余额”增加的金额为(　　)万元。

A. 135　　B. 150　　C. 180　　D. 200

9. 下列有关资产负债表日后事项的表述中,正确的是(　　)。

A. 资产负债表日至财务报告批准报出日之间,由董事会制定的财务报告所属期间利润分配方案中的盈余公积的提取,应作为调整事项处理

B. 资产负债表日后发生的调整事项如涉及现金收支项目的,均可以调整报告年度资产负债表的货币资金项目,但不调整报告年度现金流量表各项目数字

C. 资产负债表日后事项,作为调整事项调整会计报表有关项目数字后,还应在会计报表附注中进行披露

D. 资产负债表日至财务报告批准报出日之间,由董事会制定的财务报告所属期间利润分配方案中的现金股利,应作为调整事项处理

10. 甲公司 20＊1 年度财务报告于 20＊2 年 3 月 5 日对外报出,20＊2年 2 月 1 日,甲公司收到乙公司因产品质量原因退回的商品,该商品系 20＊1 年 12 月 5 日销售;20＊2 年 2 月 5 日,甲公司按照 20＊1 年 12 月份申请通过的方案成功发行公司债券;20＊2 年 1 月 25 日,甲公司发现 20＊1 年 11 月 20 日入账的固定资产未计提折旧;20＊2 年 1 月 5 日,甲公司得知丙公司 20＊1 年 12 月 30 日发生重大火灾,无法偿还所欠甲公司 20＊1 年的货款。下列事项中,属于甲公司 20＊1 年度资产负债表日后非调整事项的是(　　)。

A. 乙公司退货　　B. 甲公司发行公司债券

C. 固定资产未计提折旧　　D. 应收丙公司货款无法收回

## 三、多项选择题

1. 下列关于资产负债表日后事项的表述中,正确的有(　　)。

A. 影响重大的资产负债表日后非调整事项应在附注中披露

B. 对资产负债表日后调整事项应当调整资产负债表日财务报表有关项目

C. 资产负债表日后事项包括资产负债表日至财务报告批准报出日之间发生的全部事项

D. 判断资产负债表日后调整事项的标准在于该事项对资产负债表日存在的情况提供了新的或者进一步的证据

2. 下列年度资产负债表日至财务报告批准报出日之间发生的事项中，属于资产负债表日后事项的有（　　）。

A. 按期履行报告年度签订的商品购销合同

B. 对企业财务状况产生重大影响的外汇汇率大幅度变动

C. 出售重要的子公司

D. 火灾造成重大损失

3. 在报告年度资产负债表日后至财务报告批准报出日之间发生的下列事项中，属于资产负债表日后调整事项的有（　　）。

A. 已确定将要支付赔偿额大于该赔偿在资产负债表日的预计金额

B. 发现报告年度会计处理存在重大差错

C. 国家发布对企业经营业绩将产生重大影响的产业政策

D. 发现某商品销售合同在报告年度资产负债表日已成为亏损合同的证据

4. 某上市公司 20＊0 年度财务会计报告批准报出日为 20＊1 年 4 月 20 日。公司在 20＊1 年 1 月 1 日至 4 月 20 日发生的下列事项中，属于资产负债表日后调整事项的有（　　）。

A. 发生重大企业合并

B. 20＊0 年已确认收入的商品销售业务，因产品质量问题于 20＊1 年 2 月 8 日发生销售折让

C. 20＊0 年已确认收入的商品销售业务，因客户按现金折扣条件提前付款而在 20＊1 年 1 月 12 日发生现金折扣

D. 20＊1 年 1 月 2 日盘盈一项固定资产

5. 甲公司20＊1年度财务报告批准报出日为20＊2年3月30日，该公司20＊2年1月1日至3月30日之间发生的下列事项，属于调整事项的有（　　）。

A. 20＊1年10月6日，甲公司被乙公司起诉，至20＊1年12月31日法院尚未判决。20＊2年2月5日，法院判决甲公司应赔偿乙公司500万元

B. 20＊1年12月发出且已确认收入的一批产品发生销售退回，商品已收到并入库

C. 股东大会通过的现金股利分配方案

D. 20＊1年12月31日，甲公司应收丙公司账款余额为100万元。20＊2年2月15日，丙公司发生火灾造成严重损失，甲公司预计该应收账款的70％将无法收回

6. 下列发生于报告年度资产负债表日至财务报告批准报出日之间的各事项中，应调整报告年度财务报表相关项目金额的有（　　）。

A. 董事会通过报告年度利润分配预案中的提取盈余公积

B. 发现年度财务报告存在重要会计差错

C. 资产负债表日未决诉讼结案，实际判决金额与已确认预计负债不同

D. 新证据表明存货在报告年度资产负债表日的可变现净值与原估计不同

7. 下列应在“以前年度损益调整”科目贷方反映的有（　　）。

A. 调增本期投资收益

B. 调整以前年度损益而相应减少管理费用

C. 调整以前年度损益而相应增加的营业外收入

D. 调整以前年度损益而需调增的财务费用

8. 甲公司20＊1年度财务报告于20＊2年3月31日批准报出，20＊1年甲公司为乙公司的1 000万元债务提供80％的担保，乙公司因到期无力偿还债务被起诉，至12月31日，法院尚未做出判决，甲公司根据有关情况预计很可能承担部分担保责任，且金额能够可靠计量，于

20＊1年12月31日确认预计负债800万元。20＊2年2月6日法院做出判决，甲公司承担全部担保责任，需为乙公司偿还债务的80%，甲公司已执行法院判决，甲公司的以下处理中，正确的有（　　）。

A. 甲公司对上述担保业务应按资产负债表日后调整事项处理

B. 甲公司在20＊1年12月31日资产负债表中应调减预计负债800万元，调增其他应付款800万元

C. 甲公司在20＊1年12月31日资产负债表中应调减预计负债800万元，调减银行存款800万元

D. 甲公司20＊1年12月31日资产负债表无须做出调整

9. 根据现行会计准则的规定，企业发生的资产负债表日后事项中，属于非调整事项的是（　　）。

A. 董事会通过现金股利分配方案

B. 出售重要的子公司

C. 因未执行合同而被起诉

D. 进一步确定了资产负债表日前购入资产的成本或者售出资产的收入

10. 资产负债表日后期间发生的下列事项中，不属于非调整事项的是（　　）。

A. 日后期间发行股票筹措巨额资金

B. 报告年度暂估入账的固定资产，在日后期间办妥了竣工决算手续

C. 日后期间资产负债表日未决诉讼结案并支付赔偿，且上年确认的预计负债金额小于实际支付金额

D. 日后期间自然灾害导致资产损失严重

## 四、判断题

1.（　　）资产负债表日后事项是在资产负债表日后期间内发生的全部事项。

2.（　　）资产负债表日后发生的某一事项究竟是调整事项还是非

调整事项，取决于该事项表明的情况在资产负债表日或者以前是否已经存在。

3.（　　）对资产负债表日后事项中涉及损益的调整事项，对损益的调整通过“以前年度损益调整”科目核算，最后将“以前年度损益调整”科目的余额转入“本年利润”科目。

4.（　　）资产负债表日后事项涵盖期间股利的分配应作为日后调整事项进行处理。

5.（　　）上市公司在其年度资产负债表日至财务报告批准报出日之间发生的向社会公众发行的公司债券业务，属于非调整事项。

6.（　　）资产负债表日后调整事项可能涉及调整的报表有资产负债表、利润表、所有者权益变动表、现金流量表；同时，如果上述调整涉及附注内容，还应调整附注相关项目的数字。

7.（　　）资产负债表日后可供出售金融资产市价严重下跌应作为资产负债表日后调整事项。

8.（　　）资产负债表日后发生重大债务重组，属于非调整事项。

9.（　　）企业在日后期间发现报告年度以前年度会计差错的，应调整报告年度资产负债表相关项目年初数。

10.（　　）资产负债表日后涉及的重大诉讼，如果在资产负债表日之前已经存在，日后期间判决的诉讼属于日后调整事项；如果资产负债表日之前不存在，而是资产负债表日之后新发生的，则属于日后非调整事项。

## 五、计算及账务处理题

### 练习一

甲公司 20＊1 年度财务报告于 20＊2 年 4 月 25 日批准报出，20＊1 年所得税汇算清缴在 20＊2 年 3 月 10 日完成。甲公司适用的所得税税率为 25%，按净利润 10% 提取法定盈余公积。20＊1 年 10 月 15 日，甲公司销售一批商品给乙公司，该批商品的售价为 1 000 000 元，成本为 800 000 元，增值税率为 17%，消费税率为 5%。甲公司发出商品后，确认了销售收入，结转了销售成本，并计提了应缴纳的消费税。20＊1

年 12 月 31 日，该笔货款尚未收到，甲公司按应收账款的 5%计提了坏账准备。20＊2 年 3 月 1 日，由于商品质量问题，该批商品被退回。假定未来期间甲公司很可能取得用来抵扣暂时性差异的应纳税所得额。

要求：对上述事项进行账务处理，并对 20＊1 年度财务报表相关项目进行调整。

**练习二**

沿用上题的资料，假定销售退回发生在 20＊2 年 3 月 20 日，其他条件不变。

要求：对上述事项进行账务处理，并对 20＊1 年度财务报表相关项目进行调整。

**练习三**

甲公司为对其所得税采用资产负债表债务法核算，适用的所得税税率为 25%；20＊1 年财务报告于 20＊2 年 3 月 31 日批准报出，所得税汇算清缴日为 20＊2 年 4 月 30 日；甲公司按照净利润的 10%提取法定盈余公积。

(1) 20＊1 年 10 月 20 日，甲公司被乙公司提起诉讼。乙公司向法院提起诉讼要求甲公司赔偿因其违约而给乙公司造成的经济损失。至 20＊1 年 12 月 31 日，甲公司代理律师认为甲公司很可能败诉并需要赔偿乙公司 300 万元。

(2) 20＊2 年 3 月 1 日，经法院判决甲公司需要偿付乙公司经济损失 500 万元，甲公司未上诉并支付了相关赔偿款。

(3) 甲公司 20＊1 年实现的利润总额为 1 000 万元且已经对所得税进行了计算，无其他调整事项。税法规定，该项损失在预计时不允许税前扣除，在实际发生时可以于税前扣除。

要求：

(1) 编制甲公司因诉讼事项于 20＊1 年 12 月 31 日的会计分录；计算 20＊1 年度的所得税费用并编制相关会计分录。

(2) 编制甲公司因诉讼事项于20＊2年3月1日的会计分录。

(3) 填列甲公司对20＊1年度资产负债表和利润表相关项目的调整数(调增用"+",调减用"-")。

(单位：万元)

**练习四**

甲公司20＊1年度财务报告批准报出日为20＊2年4月5日。20＊1年甲公司所得税汇算清缴在20＊2年3月15日完成,甲公司适用的所得税税率为25%。甲公司按净利润的10%提取法定盈余公积。假定未来期间甲公司很可能取得用来抵扣暂时性差异的应纳税所得额。20＊2年1月1日至4月5日甲公司发生了以下事项:

(1) 20＊2年1月31日,甲公司持有的某一作为交易性金融资产的股票市价发生下跌。该股票的账面价值为5 000 000元,市价为2 000 000元。

(2) 20＊2年2月15日,甲公司所在地发生水灾,导致公司资产遭受损失10 000 000元。

(3) 20＊2年3月1日,甲公司收到法院通知,乙公司已宣告破产清算,其所欠甲公司1 170 000元货款不能全部偿还。甲公司预计可收回应收账款的70%。20＊1年12月31日甲公司编制财务报表时,已知乙公司财务状况不佳,为该笔应收账款提取了10%的坏账准备。

要求:

(1) 判断上述事项哪些属于资产负债表日后调整事项,哪些属于资产负债表日后非调整事项。

(2) 对调整事项进行账务处理,并对20＊1年度财务报表相关项目进行调整。

# 第十八章　会计政策、会计估计变更和差错更正

## 一、填空题

1. 会计政策，是指企业在会计确认、计量和报告中所采用的______________________________。会计政策变更，是指企业对________交易或者事项________________________________________________的行为。

2. 追溯调整法，是指对某项交易或者事项变更会计政策，视同该项交易或者事项________时，即__________________________，并以此对财务报表相关项目进行调整的方法。

3. 会计政策变更累积影响数，是指按照变更后的会计政策对以前各期________的列报前期__________________________之间的差额。

4. 未来适用法，是指将变更后的会计政策应用于________________________，或者在__________________________确认会计估计变更影响数的方法。

5. 会计估计，是指企业对____________的交易或者事项以________________为基础所做的判断。会计估计变更，是指由于____________________________________________________，从而对资产或者负债的账面价值或者资产的定期消耗金额进行调整。

6. 企业应当以________________________________________________作为判断该变更是会计政策变更，还是会计估计变更的划分基础。

7. 前期差错，是指由于没有运用或者错误运用下列两种信息，而对前期财务报表造成省略或者错报：(1)______________________________；(2)__________________________________。前期差错通常包括________、应用会计政策错误、__________________及舞弊产生的影

响，以及________等。

8. 追溯重述法，是指在发现前期差错时，____________，从而对财务报表相关项目进行更正的方法。

## 二、单项选择题

1. 对下列项目的判断中，属于会计政策的是（　　）。

A. 所得税费用采用资产负债表债务法核算

B. 无形资产的使用寿命

C. 计提坏账准备的比例

D. 固定资产的折旧方法

2. 下列关于会计政策变更的各项表述中，正确的是（　　）。

A. 会计政策一经确定，不得变更

B. 本期发生的交易或者事项与以前相比具有本质差别而采用新的会计政策，不属于会计政策变更

C. 对初次发生的或者不重要的交易或者事项采用新的会计政策，属于会计政策变更

D. 会计政策变更，说明前期所采用的原会计政策有误

3. 下列各项中，不属于会计估计的是（　　）。

A. 固定资产的初始计量

B. 建造合同完工进度的确定

C. 固定资产预计使用寿命、净残值和折旧方法的确定

D. 预计负债最佳估计数的确定

4. 甲公司对乙公司的长期股权投资，原持股比例为15%，采用成本法核算，20＊1年因追加投资持股比例达到45%，决定改用权益法核算。该经济事项属于（　　）。

A. 会计估计变更　　　　B. 会计差错

C. 会计政策变更　　　　D. 正常会计处理

5. 20＊1年初，甲上市公司发现其所持有的采用公允价值模式计量的投资性房地产公允价值严重下降，严重影响企业利润，决定对该投

资性房地产采用成本模式计量。该经济事项属于(　　)。

A. 会计政策变更　　　　　　B. 会计差错

C. 会计估计变更　　　　　　D. 资产负债表日后事项

6. 下列各项中,应采用未来适用法进行会计处理的是(　　)。

A. 会计估计变更

B. 滥用会计政策变更

C. 本期发现的以前年度重大会计差错

D. 可以合理确定累积影响数的会计政策变更

7. 下列各项中,属于会计差错的是(　　)。

A. 固定资产达到预定可使用状态后,相关的借款费用计入当期损益

B. 固定资产达到预定可使用状态后,相关借款费用计入该固定资产成本

C. 在同一年度开始和完成的劳务在劳务完成时确认收入

D. 开始和完成分属不同年度的劳务,且在资产负债表日提供劳务交易的结果能够可靠估计的,应采用完工百分比法确认收入

8. 某上市公司 20＊1 年度的财务报告于 20＊2 年 4 月 30 日批准报出,20＊2 年 3 月 15 日,该公司发现了 20＊1 年度的一项重大会计差错。该公司正确的做法是(　　)。

A. 调整 20＊1 年度资产负债表的年初余额和利润表上期金额

B. 调整 20＊1 年度资产负债表的年末余额和利润表本期金额

C. 调整 20＊2 年度资产负债表的年末余额和利润表本期金额

D. 调整 20＊2 年度资产负债表的年初余额和利润表上期金额

9. 20＊1 年 2 月 1 日,某上市公司发现所使用的甲设备技术革新和淘汰速度加快,决定从该月起将设备预计使用年限由原来的 10 年改为 5 年,当时公司 20＊0 年财务报告尚未报出,该经济业务属于(　　)。

A. 会计政策变更　　　　　　B. 日后调整事项

C. 会计差错更正　　　　　　D. 会计估计变更

10. 对本期发生的属于本期的会计差错,采取的会计处理方法

是(　　)。

A. 不做任何调整　　B. 调整前期相同的相关项目

C. 调整本期相关项目　　D. 直接计入当期净损益项目

## 三、多项选择题

1. 下列各项中,属于会计政策的有(　　)。

A. 存货的计价方法

B. 建造合同收入的确认方法

C. 外币折算所采用的方法

D. 非货币性资产交换的确认和计量原则

2. 会计估计的特点包括(　　)。

A. 会计估计的存在是由于经济活动中内在的不确定性因素的影响

B. 会计估计应当以最近可利用的信息或者资料为基础

C. 会计估计相应会削弱会计核算的可靠性

D. 会计估计是企业进行会计核算的基础

3. 下列事项中属于会计政策变更的有(　　)。

A. 按照会计准则、规章的要求采用新的会计政策

B. 对本期发生的交易或者事项与以前相比具有本质差别而采用新的会计政策

C. 为提供更可靠、更相关的信息采用新的会计政策

D. 对初次发生的或者不重要的交易或者事项采用新的会计政策

4. 下列事项属于会计估计变更的有(　　)。

A. 资产负债表日交易性金融资产按公允价值计量且其变动计入当期损益

B. 固定资产折旧方法由年限平均法变更为加速折旧法

C. 无形资产摊销期限由10年改为6年

D. 固定资产净残值率由5%改为4%

5. 下列各项中,应采用未来适用法处理的有(　　)。

A. 企业因账簿超过法定保存期限而销毁，引起会计政策变更累积影响数只能确定账簿保存期限内的部分

B. 企业账簿因不可抗力因素而毁坏，引起累积影响数无法确定

C. 会计政策变更累积影响数能够确定，但法律或者行政法规要求对会计政策的变更采用未来适用法

D. 会计估计变更

6. 关于会计政策变更的累积影响数，下列说法正确的有（　　）。

A. 计算会计政策变更累积影响数时，不需要考虑利润或者股利的分配

B. 如果提供比较财务报表，则对于比较财务报表可比期间以前的会计政策变更累积影响数，应调整比较财务报表最早期间的期初留存收益

C. 如果提供比较财务报表，则对于比较财务报表期间的会计政策变更，应调整各该期间净损益各项目和财务报表其他相关项目

D. 累积影响数的计算不需要考虑所得税影响

7. 企业进行会计估计变更的原因有（　　）。

A. 企业取得了新的信息

B. 企业积累了更多的经验

C. 赖以进行估计的基础发生了变化

D. 企业发生经营亏损

8. 企业发生的下列事项中，不应作为重要差错更正的有（　　）。

A. 由于地震使厂房使用寿命受到影响，调减了厂房的预计使用年限

B. 委托代销方式销售商品时在发出商品时确认了收入

C. 由于出现新技术，将专利权的摊销年限由 8 年改为 5 年

D. 鉴于当期利润完成状况不佳，将固定资产的折旧方法由双倍余额递减法改为直线法

9. 下列属于会计差错的事项有（　　）。

A. 账户分类和计算错误

B. 漏记已完成的交易

C. 由于资产或者负债的当前状况及预期经济利益或者义务发生了变化，因而对资产或者负债的账面价值或者资产的定期消耗金额进行调整

D. 因市场发生变化，企业变更确定公允价值的方法

10. 下列关于会计政策、会计估计及其变更的表述中，正确的有（　　）。

A. 会计政策是企业在会计确认、计量和报告中所采用的原则、基础和会计处理方法

B. 会计估计以最近可利用的信息或者资料为基础，不会削弱会计确认和计量的可靠性

C. 企业应当在会计准则允许的范围内选择适合本企业情况的会计政策，但一经确定，不得随意变更

D. 初次发生的交易或者事项采用新的会计政策属于会计政策变更，应采用追溯调整法进行处理

## 四、判断题

1.（　　）除了法律或者会计制度等行政法规、规章要求外，企业不得自行变更会计政策。

2.（　　）按照会计政策变更和会计估计变更划分原则，难以对某项变更进行区分的，应将该变更作为会计政策变更处理。

3.（　　）会计政策变更一律采用追溯调整法进行会计处理，会计估计变更一律采用未来适用法进行会计处理。

4.（　　）由于租赁合同发生变更，企业将经营性租赁的固定资产转为融资租赁固定资产，在会计上应当作为会计政策变更处理。

5.（　　）因经营方向改变，对周转材料的需求增加，周转材料的摊销方法由一次转销法变更为分次摊销法，该项变更属于会计政策变更。

6.（　　）如果以前期间由于没有正确运用当时已掌握的相关信息而导致会计估计有误，则属于差错，按前期差错更正的规定进行会计

处理。

7.（　　）企业发现的重要差错，无论是本期还是以前期间的差错，均应调整期初留存收益和其他相关项目。

8.（　　）前期差错的重要程度应根据差错的性质和金额加以具体判断。

9.（　　）资产负债表日后期间发现了报告年度财务报表舞弊或者差错，应当调整发现年度期初留存收益及相关项目。

10.（　　）固定资产折旧方法变更应作为会计政策变更进行会计处理。

## 五、计算及账务处理题

**练习一**

甲公司为增值税一般纳税人，适用的增值税税率为17%。所得税采用债务法核算，适用的所得税税率为25%。按净利润的10%提取法定盈余公积。20*4年1月1日，甲公司将对外出租的一栋办公楼由成本计量模式改为公允价值计量模式。该办公楼于20*0年12月31日对外出租，出租时办公楼的原价为10 000万元，已提折旧为2 000万元，预计尚可使用年限为20年，采用年限平均法计提折旧，假定甲公司计提折旧的方法及预计使用年限符合税法规定。从20*0年1月1日起，甲公司所在地有活跃的房地产交易市场，公允价值能够持续可靠取得，甲公司对外出租的办公楼20*0年12月31日、20*1年12月31日、20*2年12月31日、20*3年12月31日和20*4年12月31日的公允价值分别为8 000万元、9 000万元、9 600万元、10 100万元和10 200万元。假定按年确认公允价值变动损益。

要求：

（1）编制20*0年12月31日将自用房地产转换为投资性房地产的会计分录。

（2）计算20*1年、20*2年和20*3年该投资性房地产每年计提的折旧额。

(3) 填列 20＊4 年 1 月 1 日会计政策变更累积影响数计算表(表 18-1)。会计政策变更累积影响数及比较期影响数计算表(调增用“+”,调减用“-”)。

**表 18-1　会计政策变更累积影响数计算表**

单位：万元

| 年度 | 旧政策影响当期损益 | 新政策影响当期损益 | 税前差异 | 所得税影响 | 税后差异 |
| --- | --- | --- | --- | --- | --- |
| 20＊1 年 | | | | | |
| 20＊2 年 | | | | | |
| 小计 | | | | | |
| 20＊3 年 | | | | | |
| 小计 | | | | | |

(4) 编制有关项目的调整分录。

(5) 计算 20＊4 年递延所得税负债发生额(注明借贷方)。

(6) 编制 20＊4 年投资性房地产公允价值变动及确认递延所得税的会计分录。

(单位：万元)

**练习二**

A 股份有限公司(以下简称 A 公司)为增值税一般纳税人,适用的增值税税率为 17%,适用的所得税税率为 25%。该公司按净利润的 10%计提法定盈余公积,根据 20＊3 年 12 月 20 日董事会决定,20＊3 年会计核算针对管理用固定资产存在如下变更:

A 公司 20＊0 年 12 月 20 日购入一台管理用设备,原始价值为 200 万元,原估计使用年限为 10 年,预计净残值为 4 万元,按双倍余额递减法计提折旧。由于固定资产所含经济利益预期实现方式的改变和技术因素的原因,已不能继续按原定的折旧方法、折旧年限计提折旧。甲公司于 20＊3 年 1 月 1 日将设备的折旧方法改为年限平均法，将设备的折旧年限由原来的 10 年改为 8 年，预计净残值仍为 8 万元。上述两项资产均未计提减值准备。

要求：

(1) 判断上述变更属于会计估计变更还是会计政策变更。

(2) 计算管理用设备 20＊1 年、20＊2 年应计提的年折旧额及 20＊3年变更前和变更后应计提的年折旧额。

(3) 计算上述会计变更对 20＊3 年净利润的影响。

(单位：万元)

**练习三**

20＊2 年 12 月 31 日，丙公司发现 20＊1 年公司漏记一项管理用固定资产的折旧费用 300 000 元，所得税申报表中也未扣除该项费用。假定 20＊1 年丙公司适用所得税税率为 25%，无其他纳税调整事项。该公司按净利润的 10%和 5%提取法定盈余公积和任意盈余公积。

要求：对丙公司上述会计差错进行会计处理。

**练习四**

天意股份有限公司(以下简称天意公司)所得税采用资产负债表债务法，所得税税率为 25%；按净利润 10%计提盈余公积。该公司在 20＊1年 12 月份在内部审计中发现下列问题：

(1) 20＊0 年末库存商品账面余额为 305 万元。经检查，该批商品的预计售价为 270 万元，预计销售费用和相关税金为 15 万元。当时，由于疏忽，将预计售价误记为 360 万元，未计提存货跌价准备。

(2) 20＊0 年 12 月 15 日，天意公司购入 200 万元股票，作为交易性金融资产。至年末尚未出售，12 月末的收盘价为 140 万元。天意公司按其成本列报在资产负债表中。

要求：将上述发现的问题按照企业会计准则的要求进行差错更正。

(单位：万元)

# 第二部分　参考答案

# 第一章 总　　论

## 一、填空题

1. 投资者及其他财务报告使用者　企业财务状况、经营成果和现金流量　履行受托责任情况

2. 可靠性　相关性　可理解性　可比性　实质重于形式　重要性　谨慎性　及时性

3. 会计主体　持续经营　会计分期　货币计量

4. 历史成本　重置成本　可变现净值　现值　公允价值

5. 过去的交易或者事项　拥有或者控制　经济利益

6. 过去的交易或者事项　经济利益　现时义务

7. 非日常活动　所有者权益　所有者投入资本

8. 非日常活动　所有者权益　向所有者分配利润

9. 日常活动　所有者权益　所有者投入资本

10. 日常活动　所有者权益　向所有者分配利润

## 二、单项选择题

1. A　2. C　3. A　4. B　5. B　6. A　7. D　8. C　9. A　10. C　11. C　12. B　13. B　14. D　15. D

## 三、多项选择题

1. ABC　2. BCD　3. ABC　4. ABCD　5. ABCD　6. ABCD　7. CD　8. ABCD　9. AB　10. ABCD　11. AB　12. ACD

13. ABC　14. ABC　15. ABC

## 四、判断题

1. ×　2. ×　3. ×　4. ×　5. ×　6. ×　7. ×　8. √　9. ×　10. √　11. ×　12. ×　13. √　14. √　15. √

## 五、案例分析题

(1) 错误。会计主体不一定是法律主体。甲公司和 3 个子公司组成的企业集团,应作为一个会计主体编制合并财务报表。

(2) 错误。公司这种处理不是以实际发生的交易或者事项为依据,违背了会计信息质量的可靠性要求。

(3) 错误。该交易不属于企业过去的交易或者事项,不应形成企业的负债。

(4) 错误。该购买行为尽管使企业经济利益流出了 200 万元,但并不会导致企业所有者权益的减少,不应当将该经济利益的流出确认为费用。

(5) 错误。根据谨慎性要求,企业在对交易或者事项进行会计确认、计量和报告时,应当保持应有的谨慎,不应高估资产或者收益,低估负债或者费用。

(6) 正确。从法律形式上看,企业并不拥有该固定资产的所有权,它不是企业的资产。但是,从经济实质来看,承租企业能够控制该固定资产所带来的未来经济利益。因此,该公司应当将其作为企业的资产予以确认、计量和报告。

# 第二章　货币资金与应收款项

## 一、填空题

1. 库存现金　银行存款　其他货币资金

2. 职工和内部有关单位

3. 待处理财产损益——待处理流动资产损益

4. 企业或者银行记账有差错　存在未达账项

5. 外埠存款　银行汇票存款　银行本票存款　信用卡存款　存出投资款

6. 商业汇票　商业承兑汇票　银行承兑汇票

7. 扣除商业折扣后的实际售价

8. 总价法　净价法

9. 未扣除现金折扣的金额　扣除最大现金折扣后的金额

10. 预付账款　应付账款

## 二、单项选择题

1. B　2. D　3. C　4. A　5. B　6. A　7. A　8. C　9. B　10. C　11. D　12. B　13. C　14. D　15. A

## 三、多项选择题

1. CD　2. BD　3. BCD　4. ACD　5. BD　6. ABC　7. ABCD　8. ABD　9. ABC　10. ABD　11. ABC　12. AD　13. AC　14. BCD　15. ABC

## 四、判断题

1. × 2. √ 3. × 4. × 5. × 6. √ 7. × 8. × 9. × 10. √ 11. √ 12. × 13. √ 14. √ 15. √

## 五、计算及账务处理题

### 练习一

(1) 编制 20*1 年 9 月 1 日甲公司销售商品的会计分录。

| | | |
|---|---|---|
| 借：应收票据 | 1 170 000 | |
| 　贷：主营业务收入 | | 1 000 000 |
| 　　　应交税费——应交增值税(销项税额) | | 170 000 |

(2) 编制 20*1 年 12 月 31 日甲公司计提票据利息的会计分录。

| | | |
|---|---|---|
| 借：应收票据 | 23 400 | |
| 　贷：财务费用 | | 23 400 |

(3) 编制 20*2 年 3 月 1 日甲公司收回票款的会计分录。

| | | |
|---|---|---|
| 借：银行存款 | 1 205 100 | |
| 　贷：应收票据 | | 1 193 400 |
| 　　　财务费用 | | 11 700 |

### 练习二

(1) 编制 20*1 年 2 月 1 日甲公司销售商品的会计分录。

| | | |
|---|---|---|
| 借：应收账款 | 585 000 | |
| 　贷：主营业务收入 | | 500 000 |
| 　　　应交税费——应交增值税(销项税额) | | 85 000 |

(2) 编制 20*1 年 5 月 8 日甲公司收到商业汇票的会计分录。

| | | |
|---|---|---|
| 借：应收票据 | 585 000 | |
| 　贷：应收账款 | | 585 000 |

(3) 编制 20*1 年 8 月 12 日甲公司贴现应收票据的会计分录。

借：银行存款　　572 130
　财务费用　　12 870
　贷：短期借款　　585 000

(4) 编制 20＊1 年 11 月 8 日向银行支付票款的会计分录。

借：短期借款　　585 000
　贷：银行存款　　585 000

借：应收账款　　585 000
　贷：应收票据　　585 000

**练习三**

(1) 编制 20＊1 年 3 月 15 日甲公司销售商品的会计分录。

借：应收账款　　351 000
　贷：主营业务收入　　300 000
　　应交税费——应交增值税(销项税额)　　51 000

借：主营业务成本　　200 000
　贷：库存商品　　200 000

(2) 编制 20＊1 年 6 月 4 日甲公司出售债权的会计分录。

借：其他应收款　　17 550
　银行存款　　245 700
　营业外支出　　87 750
　贷：应收账款　　351 000

(3) 编制 20＊1 年 8 月 3 日甲公司退回商品的会计分录。

借：主营业务收入　　9 000
　应交税费——应交增值税(销项税额)　　1 530
　贷：其他应收款　　10 530

借：库存商品　　6 000
　贷：主营业务成本　　6 000

(4) 编制 20＊1 年 8 月 6 日甲公司收到银行退回部分预留款项的会计分录。

借：银行存款　　7 020
　贷：其他应收款　　7 020

**练习四**

(1) 编制 20＊1 年 2 月 1 日甲公司销售商品的会计分录。

借：应收账款　　351 000
　贷：主营业务收入　　300 000
　　　应交税费——应交增值税(销项税额)　　51 000

(2) 编制 20＊1 年 3 月 1 日质押应收账款取得借款的会计分录。

借：银行存款　　200 000
　贷：短期借款　　200 000

(3) 编制甲公司每月末支付利息的会计分录。

借：财务费用　　1 000
　贷：银行存款　　1 000

(4) 编制 20＊1 年 9 月 1 日甲公司偿还借款本金的会计分录。

借：短期借款　　200 000
　贷：银行存款　　200 000

(5) 编制 20＊1 年 11 月 30 日甲公司收回货款的会计分录。

借：银行存款　　351 000
　贷：应收账款　　351 000

**练习五**

(1) 根据资料(2)，编制甲公司有关业务的会计分录。

①借：应收账款　　9 360 000
　　贷：主营业务收入　　8 000 000
　　　　应交税费——应交增值税(销项税额)　　1 360 000

②借：银行存款　　1 000 000
　　贷：应收账款　　1 000 000

③借：坏账准备　　200 000

贷：应收账款 200 000

④借：应收账款 500 000

贷：坏账准备 500 000

借：银行存款 500 000

贷：应收账款 500 000

(2) 计算 20＊2 年末甲公司应计提的坏账准备并编制会计分录。

20＊2 年末甲公司应计提的坏账准备为－136 800 元。

借：坏账准备 136 800

贷：资产减值损失 136 800

**练习六**

(1) 根据资料(2)，编制甲公司有关业务的会计分录。

①借：应收账款 1 053

贷：主营业务收入 900

应交税费——应交增值税(销项税额) 153

②借：坏账准备 40

贷：应收账款 40

③借：银行存款 500

贷：应收账款 500

④借：应收账款 10

贷：坏账准备 10

借：银行存款 10

贷：应收账款 10

⑤借：应收账款 117

贷：主营业务收入 100

应交税费——应交增值税(销项税额) 17

(2) 计算 20＊1 年末甲公司应计提的坏账准备并编制会计分录。

20＊1 年末甲公司应计提的坏账准备为 61.50 万元。

借：资产减值损失 61.50

贷：坏账准备 61.50

**练习七**

(1) 20＊1 年

①借：应收账款 4 680

贷：主营业务收入 4 000

应交税费——应交增值税(销项税额) 680

②借：坏账准备 80

贷：应收账款 80

③借：资产减值损失 103

贷：坏账准备 103

(2) 20＊2 年

①借：银行存款 2 000

贷：应收账款 2 000

②借：应收账款 5 850

贷：主营业务收入 5 000

应交税费——应交增值税(销项税额) 850

③借：坏账准备 50

贷：应收账款 50

④借：资产减值损失 69

贷：坏账准备 69

(3) 20＊3 年

①借：银行存款 5 000

贷：应收账款 5 000

②借：应收账款 3 510

贷：主营业务收入 3 000

应交税费——应交增值税(销项税额) 510

③借：应收账款 25

贷：坏账准备 25

借：银行存款　　　　　　　　　　　　　　　25

　　贷：应收账款　　　　　　　　　　　　　　　25

④借：坏账准备　　　　　　　　　　　　　32.45

　　贷：资产减值损失　　　　　　　　　　　　32.45

# 第三章　存　　货

## 一、填空题

1. 产成品或者商品　在产品　材料、物料

2. 很可能　成本

3. 存货的采购成本　采购　入库

4. 采购成本　加工成本　其他成本

5. 加工过程中实际耗用的原材料或者半成品　加工费　运输费　装卸费　按规定计入存货成本的税金

6. 投资合同或者协议约定的价值　公允价值

7. 重置成本

8. 销售费用　其他业务成本

9. 成本与可变现净值

10. 估计售价　至完工时估计将要发生的成本　估计销售费用　相关税费

## 二、单项选择题

1. A　2. D　3. D　4. D　5. D　6. D　7. B　8. C　9. B　10. A　11. B　12. A　13. C　14. B　15. A

## 三、多项选择题

1. ABC　2. ACD　3. ABC　4. ACD　5. ABCD　6. AB　7. BD　8. AC　9. BCD　10. ACD　11. CD　12. ABC　13. ABD　14. ABCD　15. ABC

## 四、判断题

1. √　2. √　3. √　4. ×　5. √　6. ×　7. ×　8. ×　9. ×　10. √　11. √　12. √　13. √　14. ×　15. ×

## 五、计算及账务处理题

**练习一**

(1) 根据资料(1)～(6),编制相关的会计分录。

①借：原材料　2 000 000
　　应交税费——应交增值税(进项税额)　340 000
　贷：应付账款　2 340 000

②借：原材料　1 030 000
　　应交税费——应交增值税(进项税额)　170 000
　贷：银行存款　1 200 000

③借：委托加工物资　400 000
　贷：原材料　400 000

④借：委托加工物资　50 000
　　应交税费——应交增值税(进项税额)　8 500
　　　　　　——应交消费税　50 000
　贷：银行存款　108 500

⑤借：原材料　450 000
　贷：委托加工物资　450 000

⑥借：应收账款　234 000

　　贷：其他业务收入　　200 000

　　　　应交税费——应交增值税（销项税额）　　34 000

借：其他业务成本　　120 000

　　贷：原材料　　120 000

(2) 计算 12 月 31 日 A 产品和 T 材料应计提的存货跌价准备，并编制相应的会计分录。

①A 产品

应计提的存货跌价准备为 100 000 元。

借：资产减值损失　　100 000

　　贷：存货跌价准备　　100 000

②T 材料

应计提的存货跌价准备为 400 000 元。

借：资产减值损失　　400 000

　　贷：存货跌价准备　　400 000

**练习二**

(1) 库存产成品 A 应冲回的存货跌价准备为 300 000 元。

借：存货跌价准备　　300 000

　　贷：资产减值损失　　300 000

(2) 库存产成品 B 应计提的存货跌价准备为 250 000 元。

借：资产减值损失　　250 000

　　贷：存货跌价准备　　250 000

(3) 库存材料甲应计提的存货跌价准备为 150 000 元。

借：资产减值损失　　150 000

　　贷：存货跌价准备　　150 000

(4) 库存材料乙应计提的存货跌价准备为 11 500 元。

借：资产减值损失　　11 500

　　贷：存货跌价准备　　11 500

**练习三**

(1) 根据资料(2),编制有关业务的会计分录。

| | | |
|---|---|---|
| ①借：材料采购 | 480 000 | |
| 　　应交税费——应交增值税(进项税额) | 81 600 | |
| 　贷：银行存款 | | 561 600 |
| ②借：原材料 | 500 000 | |
| 　贷：材料采购 | | 500 000 |
| 借：材料采购 | 20 000 | |
| 　贷：材料成本差异 | | 20 000 |
| ④借：生产成本 | 580 000 | |
| 　贷：原材料 | | 580 000 |

(2) 计算本月发出甲材料应负担的成本差异,并编制相应的会计分录。

本月发出材料应负担的成本差异为－20 300 元。

| | | |
|---|---|---|
| 借：生产成本 | 20 300 | |
| 　贷：材料成本差异 | | 20 300 |

**练习四**

(1) 根据资料(2)编制有关业务的会计分录。

| | | |
|---|---|---|
| ①借：原材料 | 808 000 | |
| 　贷：材料采购 | | 808 000 |
| 借：材料采购 | 8 000 | |
| 　贷：材料成本差异 | | 8 000 |
| ②借：材料采购 | 1 609 300 | |
| 　　应交税费——应交增值税(进项税额) | 272 700 | |
| 　贷：银行存款 | | 1 882 000 |
| ③借：原材料 | 1 592 000 | |
| 　贷：材料采购 | | 1 592 000 |

借：材料成本差异　　17 300
　贷：材料采购　　17 300
④借：生产成本　　1 400 000
　贷：原材料　　1 400 000

(2) 计算本月发出甲材料应负担的成本差异，并编制相应的会计分录。

本月发出材料应负担的成本差异为－3 990 元。

借：生产成本　　3 990
　贷：材料成本差异　　3 990

**练习五**

(1) 借：库存商品　　200 000
　　应交税费——应交增值税(进项税额)　　34 000
　贷：银行存款　　234 000
(2) 借：库存商品　　500 000
　　应交税费——应交增值税(进项税额)　　85 000
　贷：银行存款　　585 000
(3) 借：银行存款　　877 500
　贷：主营业务收入　　750 000
　　应交税费——应交增值税(销项税额)　　127 500
借：主营业务成本　　600 000
　贷：库存商品　　600 000
(4) 借：资产减值损失　　50 000
　贷：存货跌价准备　　50 000

**练习六**

(1) 编制 12 月 1 日该公司购入 A 材料的会计分录。

借：原材料　　1 000

应交税费——应交增值税(进项税额)　　170

贷:应付账款　　1 170

(2) 编制12月5日该公司购入A材料的会计分录。

借:原材料　　1 900

应交税费——应交增值税(进项税额)　　323

贷:银行存款　　2 223

(3) 计算该公司本月发出A材料的实际成本,并编制相应的会计分录。

本月发出A材料的实际成本为2 200万元。

借:生产成本　　2 200

贷:原材料　　2 200

(4) 计算该公司12月31日结存A材料应计提的存货跌价准备,并编制相应的会计分录。

A材料应计提的存货跌价准备为50万元。

借:资产减值损失　　50

贷:存货跌价准备　　50

**练习七**

(1) 根据资料(1)～(4)编制相关的会计分录。

①借:原材料　　217.80

应交税费——应交增值税(进项税额)　　36.72

贷:银行存款　　254.52

②借:原材料　　163.40

应交税费——应交增值税(进项税额)　　27.71

贷:应付账款　　191.11

③借:原材料　　1 415

应交税费——应交增值税(进项税额)　　240.55

贷:实收资本　　1 655.55

④借:银行存款　　200.07

贷：其他业务收入　　171

应交税费——应交增值税(销项税额)　　29.07

(2) 计算A公司20＊1年12月S材料的加权平均单位成本。

S材料的加权平均单位成本为每公斤0.28万元。

(3) 根据资料(5)编制相关的会计分录。

借：生产成本　　910

其他业务成本　　168

贷：原材料　　1 078

(4) 计算A公司20＊1年12月31日结存S材料应计提的存货跌价准备，并编制相应的会计分录。

S材料应计提的存货跌价准备为103.20万元。

借：资产减值损失　　103.20

贷：存货跌价准备　　103.20

**练习八**

(1) 根据资料(1)编制相关的会计分录。

①借：委托加工物资　　620 000

贷：原材料　　620 000

②借：委托加工物资　　100 000

应交税费——应交增值税(进项税额)　　17 000

——应交消费税　　80 000

贷：银行存款　　197 000

③借：委托加工物资　　20 000

贷：银行存款　　20 000

④借：原材料　　740 000

贷：委托加工物资　　740 000

(2) 根据资料(2)计算20＊1年12月31日库存A材料应计提的存货跌价准备，并编制相应的会计分录。

A材料应计提的存货跌价准备为90 000元。

借：资产减值损失　　90 000
　贷：存货跌价准备　　90 000

# 第四章　投　　资

## 一、填空题

1. 金融资产　金融负债　权益工具　基础类　衍生类

2. 以公允价值计量且其变动计入当期损益的金融资产　持有至到期投资　贷款和应收款项　可供出售的金融资产

3. 直接指定为以公允价值计量且其变动计入当期损益的金融资产

4. 到期日固定　回收金额固定或可确定　明确意图和能力

5. 在活跃市场中没有报价　回收金额固定或者可确定

6. 公允价值　直接计入当期损益　计入初始确认金额　实际利率

7. 摊余成本　减值损失

8. 取得被合并方所有者权益账面价值的份额

9. 公允价值及为进行企业合并发生的各项直接相关费用　当期损益　权益性证券或者债务性证券的初始确认金额

10. 企业持有的对子公司投资　对合营企业投资

## 二、单项选择题

1. A　2. C　3. D　4. B　5. C　6. A　7. B　8. D　9. A　10. B　11. B　12. B　13. B　14. D　15. D

## 三、多项选择题

1. CD　2. BCD　3. ABC　4. AB　5. BD　6. BCD　7. ABD

8. ABD　9. ABCD　10. ABCD　11. AD　12. ACD　13. AB　14. BD　15. AD

## 四、判断题

1. ×　2. ×　3. ×　4. √　5. √　6. ×　7. ×　8. ×　9. ×　10. ×　11. ×　12. ×　13. √　14. ×　15. √

## 五、计算及账务处理题

### 练习一

(1) 20＊1年1月1日，购入债券时：

| | | |
|---|---|---|
| 借：交易性金融资产——成本 | 1 000 000 | |
| 　　应收利息 | 30 000 | |
| 　　投资收益 | 20 000 | |
| 　贷：银行存款 | | 1 050 000 |

(2) 20＊1年1月16日，收到20＊0年下半年利息时：

| | | |
|---|---|---|
| 借：银行存款 | 30 000 | |
| 　贷：应收利息 | | 30 000 |

(3) 20＊1年3月31日，确认投资收益时：

| | | |
|---|---|---|
| 借：应收利息 | 15 000 | |
| 　贷：投资收益 | | 15 000 |

(4) 20＊1年3月31日，确认债券公允价值变动时：

| | | |
|---|---|---|
| 借：交易性金融资产——公允价值变动 | 100 000 | |
| 　贷：公允价值变动损益 | | 100 000 |

(5) 20＊1年6月30日，确认投资收益时：

| | | |
|---|---|---|
| 借：应收利息 | 15 000 | |
| 　贷：投资收益 | | 15 000 |

(6) 20＊1年6月30日，确认债券公允价值变动时：

| | | |
|---|---|---|
| 借：公允价值变动损益 | 120 000 | |

贷：交易性金融资产——公允价值变动　　120 000

(7) 20＊1 年 7 月 16 日，收到该债券 20＊1 年上半年利息时：

借：银行存款　　30 000

贷：应收利息　　30 000

(8) 20＊1 年 8 月 16 日，出售该债券时：

借：银行存款　　1 200 000

交易性金融资产——公允价值变动　　20 000

贷：交易性金融资产——成本　　1 000 000

投资收益　　200 000

公允价值变动损益　　20 000

**练习二**

(1) 20＊1 年 3 月 6 日购入时：

借：交易性金融资产——成本　　5 000 000

应收股利　　200 000

投资收益　　50 000

贷：银行存款　　5 250 000

(2) 20＊1 年 3 月 16 日收到现金股利：

借：银行存款　　200 000

贷：应收股利　　200 000

(3) 20＊1 年 12 月 31 日

借：公允价值变动损益　　500 000

贷：交易性金融资产——公允价值变动　　500 000

(4) 20＊2 年 3 月 21 日乙公司宣告现金股利时：

借：应收股利　　300 000

贷：投资收益　　300 000

(5) 20＊2 年 3 月 31 日收到现金股利时：

借：银行存款　　300 000

贷：应收股利　　300 000

(6) 20＊2 年 12 月 31 日

借：交易性金融资产——公允价值变动　　800 000

　贷：公允价值变动损益　　800 000

(7) 20＊3 年 1 月 3 日处置时：

借：银行存款　　5 050 000

　　公允价值变动损益　　300 000

　贷：交易性金融资产——成本　　5 000 000

　　　交易性金融资产——公允价值变动　　300 000

　　　投资收益　　50 000

**练习三**

(1) 20＊1 年 1 月 1 日甲公司购入该债券的会计分录。

借：持有至到期投资——成本　　1 000

　　　　　　　　　——利息调整　　100

　贷：银行存款　　1 100

(2) 计算 20＊1 年 12 月 31 日甲公司该债券投资收益、应计利息和利息调整摊销额。

20＊1 年 12 月 31 日甲公司该债券投资收益＝1 100×6.4%＝70.40(万元)。

20＊1 年 12 月 31 日甲公司该债券应计利息＝1 000×10%＝100(万元)。

20＊1 年 12 月 31 日甲公司该债券利息调整摊销额＝100－70.40＝29.60(万元)。

会计处理：

借：持有至到期投资——应计利息　　100

　贷：投资收益　　70.40

　　　持有至到期投资——利息调整　　29.60

(3) 20＊2 年 1 月 1 日甲公司售出该债券的损益＝955－(800＋56.32＋80)＝18.68(万元)。

会计处理：

借：银行存款　955

　贷：持有至到期投资——成本　800

　　　　　　　　　——应计利息　80

　　　　　　　　　——利息调整　56.32

　　投资收益　18.68

(4) 20＊2 年 1 月 1 日甲公司该债券剩余部分的摊余成本＝1 100＋100－29.60－800－56.32－80＝234.08(万元)。

将剩余持有至到期投资重分类为可供出售金融资产的账务处理：

借：可供出售金融资产　240

　贷：持有至到期投资——成本　200

　　　　　　　　　——应计利息　20

　　　　　　　　　——利息调整　14.08

　　资本公积——其他资本公积　5.92

**练习四**

(1) 20＊1 年 5 月 6 日，购入股票时：

借：应收股利　22.50

　　可供出售金融资产——成本　1 501.50

　贷：银行存款　1 524

(2) 20＊1 年 5 月 10 日，收到现金股利：

借：银行存款　22.50

　贷：应收股利　22.50

(3) 20＊1 年 6 月 30 日，确认股票的价格变动：

借：可供出售金融资产——公允价值变动　58.50

　贷：资本公积——其他资本公积　58.50

(4) 20＊1 年 12 月 31 日，确认股票价格变动：

借：资本公积——其他资本公积　60

　贷：可供出售金融资产——公允价值变动　60

(5) 20＊2 年 5 月 9 日，确认应收现金股利：

借：应收股利　　30

　贷：投资收益　　30

(6) 20＊2 年 5 月 13 日，收到现金股利时：

借：银行存款　　30

　贷：应收股利　　30

(7) 20＊2 年 5 月 20 日，出售股票时：

借：银行存款　　1 470

　　投资收益　　30

　　可供出售金融资产——公允价值变动　　1.50

　贷：可供出售金融资产——成本　　1 501.50

借：投资收益　　1.50

　贷：资本公积——其他资本公积　　1.50

**练习五**

(1) 对乙公司投资的账务处理如下：

借：固定资产清理　　7 300

　　累计折旧　　500

　　固定资产减值准备　　200

　贷：固定资产　　8 000

借：长期股权投资　　7 600

　贷：固定资产清理　　7 600

借：固定资产清理　　300

　贷：营业外收入　　300

(2) 对丙公司投资的账务处理如下：

借：长期股权投资　　4 000

　　累计摊销　　600

　　无形资产减值准备　　200

　　营业外支出　　200

贷：无形资产　5 000

**练习六**

(1) 借：长期股权投资——A公司　802
　　贷：银行存款　802
(2) 借：应收股利　5
　　贷：投资收益　5
(3) 借：银行存款　5
　　贷：应收股利　5
(4) 黄河公司采用成本法核算，不作账务处理。
(5) 借：资产减值损失　302
　　贷：长期股权投资减值准备　302
(6) 借：银行存款　520
　　长期股权投资减值准备　302
　　贷：长期股权投资——A公司　802
　　　投资收益　20

**练习七**

(1) 20＊2年1月1日A公司投资时：
借：长期股权投资——C公司（成本）　22 000
　贷：银行存款　22 000
(2) 20＊2年4月26日C公司宣告分配现金股利时：
借：应收股利　1 500
　贷：长期股权投资——C公司（成本）　1 500
(3) 20＊2年5月26日收到现金股利时：
借：银行存款　1 500
　贷：应收股利　1 500
(4) 20＊2年度C公司实现净利润9 500万元。
借：长期股权投资——C公司（损益调整）　2 850

贷：投资收益　　2 850

(5) 20＊3年1月25日C公司宣告分配20＊2年现金股利6 000万元。

借：应收股利　　1 800

贷：长期股权投资——C公司(损益调整)　　1 800

(6) 20＊3年末C公司可供出售金融资产的公允价值变动而冲减其他资本公积800万元。

借：资本公积——其他资本公积　　240

贷：长期股权投资——C公司(其他权益变动)　　240

(7) 20＊3年度C公司亏损50 000万元。

借：投资收益　　15 000

贷：长期股权投资——C公司(损益调整)　　15 000

(8) 20＊4年度C公司亏损30 000万元。

借：投资收益　　9 000

贷：长期股权投资——C公司(损益调整)　　6 310

长期应收款　　2 000

预计负债　　690

(9) 20＊5年度C公司扭亏为盈实现净利润40 000万元。

借：预计负债　　690

长期应收款　　2 000

长期股权投资——C公司(损益调整)　　9 310

贷：投资收益　　12 000

# 第五章　固定资产

## 一、填空题

1. 生产商品、提供劳务、出租或者经营管理　超过一个会计年度

2. 与该固定资产有关的经济利益很可能流入企业　该固定资产的成本能够可靠计量

3. 实际支付的购买价款　相关税费　运输费　装卸费　安装费　专业人员服务费

4. 物资成本　人工成本　缴纳的相关税费　应予资本化的固定资产借款费用　应分摊的间接费用

5. 前期差错　以前年度损益调整

6. 原价扣除预计净残值后的余额　已计提的固定资产减值准备累计金额

7. 固定资产的原价　固定资产的预计净残值　固定资产减值准备　固定资产的使用寿命

8. 已提足折旧仍继续使用的固定资产　单独入账的土地

9. 年限平均法　工作量法　双倍余额递减法　年数总和法

10. 固定资产预计净残值　固定资产期初账面净值　双倍的直线法折旧率

## 二、单项选择题

1. B　2. A　3. A　4. D　5. C　6. A　7. C　8. B　9. C　10. C　11. B　12. B　13. B　14. D　15. B

## 三、多项选择题

1. ABCD　2. ACD　3. ACD　4. ABD　5. AC　6. AD　7. AD　8. AC　9. ABC　10. ABC　11. BD　12. ABD　13. ABD　14. ABD　15. BCD

## 四、判断题

1. ×　2. √　3. √　4. ×　5. ×　6. √　7. √　8. √　9. ×　10. ×　11. √　12. ×　13. ×　14. ×　15. √

## 五、计算及账务处理题

**练习一**

(1) 编制 A 公司购入和安装该生产线的有关会计分录。

借：在建工程　　500 000

　　应交税费——应交增值税(进项税额)　　85 000

　贷：银行存款　　585 000

借：在建工程　　40 000

　贷：库存商品　　40 000

借：在建工程　　50 000

　贷：应付职工薪酬　　50 000

借：在建工程　　10 000

　贷：银行存款　　10 000

借：固定资产　　600 000

　贷：在建工程　　600 000

(2) 计算 20＊1 年度和 20＊2 年度该生产线应计提的折旧额，并编制相应的会计分录。

20＊1 年度该生产线应计提的折旧额为 120 000 元。

借：制造费用　　120 000

　贷：累计折旧　　120 000

20＊2 年度该生产线应计提的折旧额为 192 000 元。

借：制造费用　　192 000

　贷：累计折旧　　192 000

(3) 计算 20＊3 年度该生产线应计提的折旧额，并编制相应的会计分录。

20＊3 年度该生产线应计提的折旧额为 72 000 元。

借：制造费用　　72 000

　贷：累计折旧　　72 000

(4) 编制 A 公司出售该生产线的有关会计分录。

借：固定资产清理　　216 000
　　累计折旧　　384 000
　贷：固定资产　　600 000
借：固定资产清理　　30 000
　贷：银行存款　　30 000
借：银行存款　　409 500
　贷：固定资产清理　　350 000
　　　应交税费——应交增值税(销项税额)　　59 500
借：固定资产清理　　104 000
　贷：营业外收入　　104 000

**练习二**

(1) 编制 B 公司 20＊1 年购入和安装该设备的有关会计分录。

借：在建工程　　429 000
　　应交税费——应交增值税(进项税额)　　68 000
　贷：银行存款　　497 000
借：在建工程　　160 000
　贷：原材料　　160 000
借：在建工程　　400 000
　贷：库存商品　　400 000
借：在建工程　　31 000
　贷：应付职工薪酬　　31 000
借：固定资产　　1 020 000
　贷：在建工程　　1 020 000

(2) 计算 20＊1 度和 20＊2 年度该设备应计提的折旧额，并编制相应的会计分录。

20＊1 度该设备应计提的折旧额为 170 000 元。

借：制造费用　　170 000
　贷：累计折旧　　170 000

20＊2 年度该设备应计提的折旧额为 306 000 元。

借：制造费用　　306 000

　贷：累计折旧　　306 000

(3) 计算 20＊2 年 12 月 31 日该设备应计提的减值准备，并编制相应的会计分录。

20＊2 年 12 月 31 日该设备应计提的减值准备为 124 000 元。

借：资产减值损失　　124 000

　贷：固定资产减值准备　　124 000

(4) 计算 20＊3 年度该设备应计提的折旧额，并编制相应的会计分录。

20＊3 年度该设备应计提的折旧额为 140 000 元。

借：制造费用　　140 000

　贷：累计折旧　　140 000

(5) 编制 B 公司出售该设备的有关会计分录。

借：固定资产清理　　280 000

　　累计折旧　　616 000

　　固定资产减值准备　　124 000

　贷：固定资产　　1 020 000

借：固定资产清理　　5 000

　贷：银行存款　　5 000

借：银行存款　　468 000

　贷：固定资产清理　　400 000

　　　应交税费——应交增值税(销项税额)　　68 000

借：固定资产清理　　35 000

　贷：营业外收入　　35 000

**练习三**

(1) 编制 C 公司 20＊1 年购入和安装该设备的有关会计分录。

借：在建工程　　5 020 000

应交税费——应交增值税(进项税额) 850 000
贷:银行存款 5 870 000
借:在建工程 300 000
贷:原材料 200 000
应付职工薪酬 100 000
借:固定资产 5 320 000
贷:在建工程 5 320 000

(2) 计算 20*2 年度该设备应计提的折旧额,并编制相应的会计分录。

20*2 年度该设备应计提的折旧额为 520 000 元。

借:制造费用 520 000
贷:累计折旧 520 000

(3) 计算 20*2 年 12 月 31 日该设备应计提的减值准备,并编制相应的会计分录。

20*2 年 12 月 31 日该设备应计提的减值准备为 200 000 元。

借:资产减值损失 200 000
贷:固定资产减值准备 200 000

(4) 计算 20*3 年度该设备应计提的折旧额,并编制相应的会计分录。

20*3 年度该设备应计提的折旧额为 375 000 元。

借:制造费用 375 000
贷:累计折旧 375 000

(5) 编制 20*3 年 9 月 30 日该设备转入更新改造时的会计分录。

借:在建工程 4 225 000
累计折旧 895 000
固定资产减值准备 200 000
贷:固定资产 5 320 000

(6) 编制 20*4 年 3 月 20 日 C 公司支付工程价款、结转改造后设备成本的会计分录。

借：在建工程 625 000
　贷：银行存款 625 000
借：固定资产 4 850 000
　贷：在建工程 4 850 000

(7) 计算 20＊4 年度该设备应计提的折旧额,并编制相应的会计分录。

20＊4 年度该设备应计提的折旧额为 450 000 元。

借：制造费用 450 000
　贷：累计折旧 450 000

(8) 计算 20＊5 年度该设备应计提的折旧额,并编制相应的会计分录。

20＊5 年度该设备应计提的折旧额为 500 000 元。

借：制造费用 500 000
　贷：累计折旧 500 000

(9) 编制 20＊5 年 10 月 15 日 C 公司处置该设备的有关会计分录。

借：固定资产清理 3 900 000
　　累计折旧 950 000
　贷：固定资产 4 850 000
借：银行存款 100 000
　贷：固定资产清理 100 000
借：银行存款 300 000
　贷：固定资产清理 300 000
借：固定资产清理 50 000
　贷：银行存款 50 000
借：营业外支出 3 550 000
　贷：固定资产清理 3 550 000

**练习四**

(1) 编制 D 公司 20＊1 年 8 月 1 日购入工程物资的会计分录。

借：工程物资　　2 080

　　应交税费——应交增值税（进项税额）　　340

　　贷：银行存款　　2 420

（2）编制该生产线建造期间有关业务的会计分录。

借：在建工程　　2 500

　　贷：工程物资　　2 080

　　　　原材料　　300

　　　　应付职工薪酬　　120

借：营业外支出　　40

　　其他应收款　　10

　　贷：在建工程　　50

借：在建工程　　20

　　贷：原材料　　20

借：库存商品　　40

　　贷：在建工程　　40

借：固定资产　　2 430

　　贷：在建工程　　2 430

（3）计算 20＊2 年度该生产线应计提的折旧额，并编制相应的会计分录。

20＊2 年度该生产线应计提的折旧额为 400 万元。

借：制造费用　　400

　　贷：累计折旧　　400

（4）计算 20＊2 年 12 月 31 日该生产线应计提的减值准备，并编制相应的会计分录。

20＊2 年 12 月 31 日该生产线应计提的减值准备为 200 万元。

借：资产减值损失　　200

　　贷：固定资产减值准备　　200

（5）计算 20＊3 年度该生产线应计提的折旧额，并编制相应的会计分录。

20＊3年度该设备应计提的折旧额为302.50万元。

借：制造费用　　302.50

　贷：累计折旧　　302.50

(6) 编制20＊3年10月31日该设备转入更新改造时的会计分录。

借：在建工程　　1 527.50

　　累计折旧　　702.50

　　固定资产减值准备　　200

　贷：固定资产　　2 430

(7) 编制D公司支付工程价款、结转改造后生产线成本的会计分录。

借：在建工程　　472.50

　贷：银行存款　　472.50

借：固定资产　　2 000

　贷：在建工程　　2 000

(8) 计算20＊4年度该生产线应计提的折旧额，并编制相应的会计分录。

20＊4年度该设备应计提的折旧额为247.50万元。

借：制造费用　　247.50

　贷：累计折旧　　247.50

(9) 计算20＊5年度该生产线应计提的折旧额，并编制相应的会计分录。

20＊5年度该生产线应计提的折旧额为123.75万元。

借：制造费用　　123.75

　贷：累计折旧　　123.75

(10) 编制20＊5年6月20日D公司出售该生产线的有关会计分录。

借：固定资产清理　　1 628.75

　　累计折旧　　371.25

　贷：固定资产　　2 000

借：银行存款　　2 223

贷：固定资产清理 1 900

应交税费——应交增值税(销项税额) 323

借：固定资产清理 5

贷：银行存款 5

借：固定资产清理 266.25

贷：营业外收入 266.25

**练习五**

(1) 20＊1年2月20日，预付工程款。

借：预付账款 320

贷：银行存款 320

(2) 20＊1年8月1日，办理建筑工程价款的结算。

借：在建工程——建筑工程——发电车间 1 000

——冷却塔 600

贷：预付账款 320

银行存款 1 280

(3) 20＊1年10月15日，购入发电设备。

借：工程物资 1 400

应交税费——应交增值税(进项税额) 238

贷：银行存款 1 638

(4) 20＊2年3月20日，办理建筑工程价款的结算。

借：在建工程——建筑工程——发电车间 1 000

——冷却塔 600

贷：银行存款 1 600

(5) 20＊2年4月20日，将发电设备交付安装。

借：在建工程——安装工程 1 400

贷：工程物资 1 400

(6) 20＊2年6月10日，办理安装工程价款的结算。

借：在建工程——安装工程 200

贷：银行存款　200

(7) 支付工程管理费、可行性研究费、公证费、监理费。

借：在建工程——待摊支出　116

贷：银行存款　116

(8) 进行负荷联合试车。

借：在建工程——待摊支出　60

贷：银行存款　60

借：银行存款　80

贷：在建工程——待摊支出　80

(9) 分摊待摊支出。

待摊支出分摊率＝(116＋60－80)/(2 000＋1 200＋1 600)×100%＝2%。

发电车间建筑工程应分摊的待摊支出＝2 000×2%＝40(万元)。

冷却塔建筑工程应分摊的待摊支出＝1 200×2%＝24(万元)。

发电设备安装工程应分摊的待摊支出＝1 600×2%＝32(万元)。

借：在建工程——建筑工程——发电车间　40

——冷却塔　24

在建工程——安装工程　32

贷：在建工程——待摊支出　96

(10) 20*2 年 6 月 30 日，火力发电厂达到预定可使用状态。

借：固定资产——发电车间　2 040

——冷却塔　1 224

——发电设备　1 632

贷：在建工程——建筑工程——发电车间　2 040

——冷却塔　1 224

在建工程——安装工程　1 632

# 第六章　无形资产

## 一、填空题

1. 没有实物形态　非货币性资产
2. 专利权　非专利技术　商标权　著作权　土地使用权　特许权
3. 经济利益　成本
4. 购买价款　相关税费
5. 购买价款的现值
6. 投资合同或者协议约定的价值　公允价值
7. 研究阶段　开发阶段
8. 其他业务收入　其他业务成本
9. 营业外收入　营业外支出
10. 营业外支出

## 二、单项选择题

1. B　2. D　3. B　4. B　5. C　6. A　7. B　8. A　9. C　10. B　11. B　12. B　13. B　14. D　15. D

## 三、多项选择题

1. ACD　2. ABC　3. ACD　4. BC　5. AB　6. ACD　7. ACD　8. ABD　9. ABCD　10. BCD　11. ABCD　12. ABD　13. ABCD　14. AB　15. BCD

## 四、判断题

1. √　2. √　3. ×　4. ×　5. √　6. ×　7. ×　8. √　9. ×　10. √　11. √　12. √　13. √　14. ×　15. √

## 五、计算及账务处理题

### 练习一

(1) 20＊1 年 1 月 1 日购入无形资产时：

| | | |
|---|---|---|
| 借：无形资产 | 5 000 000 | |
| 　贷：银行存款 | | 5 000 000 |

(2) 20＊1 年末计提摊销额时：

| | | |
|---|---|---|
| 借：管理费用 | 500 000 | |
| 　贷：累计摊销 | | 500 000 |

20＊2 年末～20＊8 年末，计提摊销额的会计处理同上。

(3) 20＊8 年末无形资产报废时：

| | | |
|---|---|---|
| 借：营业外支出 | 1 000 000 | |
| 　　累计摊销 | 4 000 000 | |
| 　贷：无形资产 | | 5 000 000 |

### 练习二

(1) 20＊1 年

①发生研发支出时

| | | |
|---|---|---|
| 借：研发支出——费用化支出 | 1 000 000 | |
| 　　　　　——资本化支出 | 2 000 000 | |
| 　贷：原材料 | | 2 100 000 |
| 　　　应付职工支出 | | 600 000 |
| 　　　银行存款 | | 300 000 |

②将费用化支出计入当期损益时

借：管理费用　　1 000 000

　贷：研发支出——费用化支出　　1 000 000

(2) 20＊2 年 1 月专利技术达到预定用途时：

借：无形资产　　2 000 000

　贷：研发支出——资本化支出　　2 000 000

(3) 20＊2 年末计提摊销额时：

借：管理费用　　400 000

　贷：累计摊销　　400 000

20＊3 年末、20＊4 年末，计提摊销额时的会计处理同上。

(4) 20＊5 年 1 月无形资产报废时：

借：营业外支出　　800 000

　　累计摊销　　1 200 000

　贷：无形资产　　2 000 000

**练习三**

(1) 20＊1 年 1 月 1 日购入专利权时：

借：无形资产　　2 000 000

　贷：银行存款　　2 000 000

(2) 20＊1 年 12 月 31 日计提摊销额时：

借：管理费用　　400 000

　贷：累计摊销　　400 000

20＊2 年末、20＊3 年末，计提摊销额的会计处理同上。

(3) 20＊4 年 1 月 1 日出售专利权时：

借：银行存款　　1 000 000

　　累计摊销　　1 200 000

　贷：无形资产　　2 000 000

　　　应交税费——应交营业税　　50 000

　　　营业外收入　　150 000

**练习四**

(1) 20＊1年1月1日

| | | |
|---|---|---|
| 借：无形资产 | 2 723 248 | |
| 　　未确认融资费用 | 276 752 | |
| 　贷：长期应付款 | | 3 000 000 |

(2) 20＊1年末

| | | |
|---|---|---|
| 借：长期应付款 | 1 000 000 | |
| 　贷：银行存款 | | 1 000 000 |
| 借：财务费用 | 136 162.40 | |
| 　贷：未确认融资费用 | | 136 162.40 |
| 借：管理费用 | 544 649.60 | |
| 　贷：累计摊销 | | 544 649.60 |

(3) 20＊2年末

| | | |
|---|---|---|
| 借：长期应付款 | 1 000 000 | |
| 　贷：银行存款 | | 1 000 000 |
| 借：财务费用 | 92 970.52 | |
| 　贷：未确认融资费用 | | 92 970.52 |
| 借：管理费用 | 544 649.60 | |
| 　贷：累计摊销 | | 544 649.60 |

(4) 20＊3年末

| | | |
|---|---|---|
| 借：长期应付款 | 1 000 000 | |
| 　贷：银行存款 | | 1 000 000 |
| 借：财务费用 | 47 619.08 | |
| 　贷：未确认融资费用 | | 47 619.08 |
| 借：管理费用 | 544 649.60 | |
| 　贷：累计摊销 | | 544 649.60 |

(5) 20＊4年末

| | | |
|---|---|---|
| 借：管理费用 | 544 649.60 | |
| 　贷：累计摊销 | | 544 649.60 |

(6) 20＊5 年初

借：银行存款　　600 000

　　累计摊销　　2 178 598.40

　贷：无形资产　　2 723 248

　　　应交税费——应交营业税　　30 000

　　　营业外收入　　25 350.40

**练习五**

(1) 20＊1 年

①发生支出时：

借：研发支出——费用化支出　　1 500 000

　　　　　　——资本化支出　　3 000 000

　贷：原材料　　3 000 000

　　　应付职工薪酬　　1 000 000

　　　银行存款　　500 000

②将费用化支出计入当期损益时：

借：管理费用　　1 500 000

　贷：研发支出——费用化支出　　1 500 000

(2) 20＊2 年 1 月专利技术达到预定用途时：

借：无形资产　　3 000 000

　贷：研发支出——资本化支出　　3 000 000

(3) 20＊2 年末计提摊销额时：

借：管理费用　　300 000

　贷：累计摊销　　300 000

(4) 20＊3 年 12 月 31 日

①计提摊销额时：

借：管理费用　　300 000

　贷：累计摊销　　300 000

②计提减值准备时：

借：资产减值损失　　800 000

　贷：无形资产减值准备　　800 000

(5) 20＊4 年 10 月 15 日出售该专利技术时：

①计提摊销额时：

借：管理费用　　150 000

　贷：累计摊销　　150 000

②确认转让损益时：

借：银行存款　　1 200 000

　　累计摊销　　750 000

　　无形资产减值准备　　800 000

　　营业外支出　　310 000

　贷：无形资产　　3 000 000

　　　应交税费——应交营业税　　60 000

**练习六**

(1) 20＊1 年 5 月 1 日购入专利权时：

借：无形资产　　1 200

　贷：银行存款　　1 200

(2) 20＊1 年末计提摊销额时：

借：管理费用　　80

　贷：累计摊销　　80

(3) 20＊2 年末计提摊销额时：

借：管理费用　　120

　贷：累计摊销　　120

(4) 20＊3 年末

①计提摊销额时：

借：管理费用　　120

　贷：累计摊销　　120

②计提减值准备时：

借：资产减值损失 88
　贷：无形资产减值准备 88

(5) 20＊4 年末计提摊销额时：

借：管理费用 108
　贷：累计摊销 108

(6) 20＊5 年 4 月 1 日出售专利权时：

①计提摊销额时：

借：管理费用 27
　贷：累计摊销 27

②确认转让损益时：

借：银行存款 750
　　累计摊销 455
　　无形资产减值准备 88
　贷：无形资产 1 200
　　　应交税费——应交营业税 37.50
　　　营业外收入 55.50

**练习七**

(1) 20＊1 年 11 月 10 日购入无形资产时：

借：无形资产 450
　贷：银行存款 450

(2) 20＊1 年末计提摊销额时：

借：管理费用 7.50
　贷：累计摊销 7.50

(3) 20＊2 年末计提摊销额时：

借：管理费用 45
　贷：累计摊销 45

(4) 20＊3 年末计提摊销额时：

借：管理费用 45

贷：累计摊销 45

(5) 20＊4 年末

①计提摊销额时：

借：管理费用 45

贷：累计摊销 45

②计提减值准备时：

借：资产减值损失 102.50

贷：无形资产减值准备 102.50

(6) 20＊5 年末

①计提摊销额时：

借：管理费用 30

贷：累计摊销 30

②计提减值准备时：

借：资产减值损失 75

贷：无形资产减值准备 75

(7) 20＊6 年 7 月 1 日出售专利权时：

①计提摊销额时：

借：管理费用 10

贷：累计摊销 10

②确认转让损益时：

借：银行存款 150

累计摊销 182.50

无形资产减值准备 177.50

贷：无形资产 450

应交税费——应交营业税 7.50

营业外收入 52.50

**练习八**

(1) 20＊1 年

①发生支出时：

| | | |
|---|---|---|
| 借：研发支出——费用化支出 | 400 | |
| ——资本化支出 | 1 200 | |
| 贷：原材料 | | 650 |
| 应付职工薪酬 | | 900 |
| 银行存款 | | 50 |

②将费用化支出计入当期损益时：

| | | |
|---|---|---|
| 借：管理费用 | 400 | |
| 贷：研发支出——费用化支出 | | 400 |

(2) 20＊2 年 1 月专利技术达到预定用途时：

| | | |
|---|---|---|
| 借：无形资产 | 1 200 | |
| 贷：研发支出——资本化支出 | | 1 200 |

(3) 20＊3 年末计提减值准备时：

| | | |
|---|---|---|
| 借：资产减值损失 | 400 | |
| 贷：无形资产减值准备 | | 400 |

(4) 20＊4 年末

①计提摊销额时：

| | | |
|---|---|---|
| 借：管理费用 | 160 | |
| 贷：累计摊销 | | 160 |

②计提减值准备时：

| | | |
|---|---|---|
| 借：资产减值损失 | 80 | |
| 贷：无形资产减值准备 | | 80 |

(5) 20＊5 年末至 20＊6 年 12 月

①计提摊销额时：

| | | |
|---|---|---|
| 借：管理费用 | 140 | |
| 贷：累计摊销 | | 140 |

②确认报废损失时：

| | | |
|---|---|---|
| 借：累计摊销 | 440 | |
| 无形资产减值准备 | 480 | |

营业外支出　　280

贷：无形资产　　1 200

# 第七章　投资性房地产

## 一、填空题

1. 已出租的土地使用权　持有并准备增值后转让的土地使用权　已出租的建筑物

2. 出让或者转让　经营租赁

3. 成本模式　投资性房地产累计折旧(摊销)

4. 成本　公允价值变动

5. 公允价值　当期损益

6. 成本模式　公允价值模式　成本模式　公允价值模式

7. 会计政策变更　期初留存收益(未分配利润)

8. 公允价值　当期损益(公允价值变动损益)

9. 公允价值变动损益　资本公积——其他资本公积　其他业务成本

10. 其他业务收入

## 二、单项选择题

1. C　2. B　3. D　4. D　5. A　6. C　7. A　8. D　9. A　10. C　11. D　12. A　13. D　14. C　15. C

## 三、多项选择题

1. AC　2. ABD　3. ABD　4. BD　5. AD　6. BCD　7. ABC

8. ABC　9. BD　10. ABD　11. ABD　12. AC　13. ACDE　14. ABCE

## 四、判断题

1. ×　2. √　3. ×　4. ×　5. √　6. √　7. ×　8. ×　9. ×　10. √　11. ×　12. ×　13. √　14. ×　15. ×

## 五、计算及账务处理题

**练习一**

(1) 20＊2 年 1 月 1 日至 20＊3 年 1 月 1 日该固定资产的累计折旧额为 75 万元。

借：投资性房地产　　3 020
　　累计折旧　　75
　贷：固定资产　　3 020
　　　投资性房地产累计折旧　　75

(2) 20＊3 年计提的折旧额为 75 万元。

借：其他业务成本　　75
　贷：投资性房地产累计折旧　　75

取得租金时

借：银行存款　　400
　贷：其他业务收入　　400

(3) 20＊4 年 1 月 1 日出售时：

借：银行存款　　3 200
　贷：其他业务收入　　3 200

借：其他业务成本　　2 870
　　投资性房地产累计折旧　　150
　贷：投资性房地产　　3 020

**练习二**

(1) 收回仓库自用：

| | | |
|---|---|---|
| 借：固定资产 | 150 | |
| 　贷：投资性房地产 | | 130 |
| 　　　公允价值变动损益 | | 20 |

(2) 出租营业房：

| | | |
|---|---|---|
| 借：固定资产清理 | 100 | |
| 　　累计折旧 | 20 | |
| 　贷：固定资产 | | 120 |
| 借：投资性房地产 | 90 | |
| 　　公允价值变动损益 | 10 | |
| 　贷：固定资产清理 | | 100 |

(3) 出租土地使用权时：

| | | |
|---|---|---|
| 借：投资性房地产 | 1 750 | |
| 　贷：无形资产 | | 700 |
| 　　　资本公积 | | 1 050 |

**练习三**

(1) 20＊3 年 1 月 1 日出租时：

| | | |
|---|---|---|
| 借：投资性房地产——成本 | 1 000 000 | |
| 　　累计折旧 | 200 000 | |
| 　贷：固定资产 | | 1 000 000 |
| 　　　资本公积——其他资本公积 | | 200 000 |

(2) 20＊3 年收取租金时：

| | | |
|---|---|---|
| 借：银行存款 | 80 000 | |
| 　贷：其他业务收入 | | 80 000 |

(3) 20＊3 年 12 月 31 日

| | | |
|---|---|---|
| 借：投资性房地产——公允价值变动 | 50 000 | |
| 　贷：公允价值变动损益 | | 50 000 |

(4) 20＊4 年 1 月 1 日

借：银行存款　　1 070 000

　贷：其他业务收入　　1 070 000

借：其他业务成本　　1 050 000

　贷：投资性房地产——成本　　1 000 000

　　　　　　　　——公允价值变动　　50 000

借：资本公积——其他资本公积　　200 000

　贷：其他业务成本　　200 000

借：公允价值变动损益　　50 000

　贷：其他业务成本　　50 000

**练习四**

(1) 20＊2 年 9 月 1 日，乙公司开发完成写字楼并出租。

借：投资性房地产——写字楼(成本)　　6 600

　贷：开发商品　　6 600

(2) 20＊2 年 12 月 31 日，以公允价值为基础调整其账面价值，公允价值与账面价值之间的差额计入当期损益。

借：投资性房地产——写字楼(公允价值变动)　　10 000

　贷：公允价值变动损益　　10 000

(3) 20＊3 年 12 月 31 日，以公允价值为基础调整其账面价值，公允价值与账面价值之间的差额计入当期损益。

借：投资性房地产——写字楼(公允价值变动)　　1 400

　贷：公允价值变动损益　　1 400

(4) 20＊4 年 12 月 31 日，以公允价值为基础调整其账面价值，公允价值与账面价值之间的差额计入当期损益。

借：公允价值变动损益　　500

　贷：投资性房地产——写字楼(公允价值变动)　　500

**练习五**

借：投资性房地产——写字楼(成本)　　13 000
　　投资性房地产累计折旧　　7 000
　贷：投资性房地产　　17 000
　　　利润分配——未分配利润　　2 700
　　　盈余公积　　300

**练习六**

(一)

(1) 20＊3 年 6 月 18 日

借：投资性房地产——写字楼(成本)　　54 000
　　公允价值变动损益　　1 000
　贷：开发产品　　55 000

(2) 20＊3 年 12 月 31 日

借：投资性房地产——写字楼(公允价值变动)　　2 000
　贷：公允价值变动损益　　2 000

(3) 20＊4 年 8 月出售时：

借：银行存款　　60 000
　贷：其他业务收入　　60 000
借：其他业务成本　　56 000
　贷：投资性房地产——写字楼(成本)　　54 000
　　　　　　　　　——写字楼(公允价值变动)　　2 000

同时，将投资性房地产累计公允价值变动转入其他业务成本

借：公允价值变动损益　　1 000
　贷：其他业务成本　　1 000

(二)

(1) 20＊3 年 6 月 18 日

借：投资性房地产——写字楼(成本)　　56 200

贷：开发产品　55 000

资本公积——其他资本公积　1 200

(2) 20＊3年12月31日

借：公允价值变动损益　200

贷：投资性房地产——写字楼(公允价值变动)　200

(3) 20＊4年8月出售时：

借：银行存款　60 000

贷：其他业务收入　60 000

借：其他业务成本　56 000

投资性房地产——写字楼(公允价值变动)　200

贷：投资性房地产——写字楼(成本)　56 200

同时，将投资性房地产累计公允价值变动转入其他业务成本。

借：其他业务成本　200

贷：公允价值变动损益　200

同时，将转换时原计入资本公积的部分转入其他业务成本。

借：资本公积——其他资本公积　1 200

贷：其他业务成本　1 200

# 第八章　资产减值

## 一、填空题

1. 可收回金额　单项资产和资产组
2. 减值迹象　商誉和使用寿命不确定的无形资产　减值测试
3. 公允价值减去处置费用后的净值　较高

4. 单项资产　单项资产　所属的资产组

5. 最小资产组合　应当基本上独立于

6. 商誉　该资产的公允价值减去处置费用后的净额（如可确定的）　该资产预计未来现金流量的现值（如可确定的）　零

7. 独立的现金流入　某一资产组　单独　其他相关资产组或者资产组组合

8. 每年年度终了　其相关的资产组或者资产组组合

## 二、单项选择题

1. B　2. C　3. A　4. A　5. C　6. B　7. D　8. B　9. C　10. D

## 三、多项选择题

1. ABCD　2. BCD　3. AB　4. ABC　5. BD　6. BC　7. ABC　8. ABCD　9. ACD　10. ABCD　11. BC　12. AB

## 四、判断题

1. ×　2. ×　3. ×　4. √　5. ×　6. ×　7. ×　8. √　9. √　10. √

## 五、计算及账务处理题

**练习一**

(1) 固定资产改扩建有关业务的会计分录。

借：在建工程　　1 200

　　累计折旧　　300

　贷：固定资产　　1 500

借：在建工程　　234

贷：原材料 200

应交税费——应交增值税(进项税额转出) 34

借：在建工程 50

贷：应付职工薪酬 50

借：在建工程 16

贷：银行存款 16

改扩建后"在建工程"账户的金额＝1 200＋234＋50＋16＝1 500(万元)。

借：固定资产 1 500

贷：在建工程 1 500

(2) 20＊2年计提折旧＝(1 500－80)/20＝71(万元)。

借：制造费用 71

贷：累计折旧 71

(3) 20＊2年12月31日计提减值准备前的固定资产的账面净值＝1 500－71＝1 429(万元)，可收回金额为1 220万元，应计提减值准备209(1 429－1 220)万元。

借：资产减值损失 209

贷：固定资产减值准备 209

(4) 20＊3年计提折旧＝(1 220－80)/19＝60(万元)。

借：制造费用 60

贷：累计折旧 60

(5) 20＊3年12月31日计提减值准备前的固定资产的账面价值＝1 220－60＝1 160(万元)，可收回金额为1 600万元，不应计提减值准备，也不能转回以前年度计提的减值准备。

(6) 20＊4年计提折旧＝60(万元)。

借：制造费用 60

贷：累计折旧 60

**练习二**

（1）

**资产减值损失分析计算表**

| | 机器 A | 机器 B | 机器 C | 整条生产线（资产组） |
|---|---|---|---|---|
| 账面价值 | 300 000 | 700 000 | 1 000 000 | 2 000 000 |
| 可收回金额 | | | | 1 400 000 |
| 减值损失 | | | | 600 000 |
| 减值损失分摊比例 | 15% | 35% | 50% | 100% |
| 分摊减值损失 | 50 000 | 210 000 | 300 000 | 560 000 |
| 分摊后账面价值 | 250 000 | 490 000 | 700 000 | |
| 尚未分摊的减值损失 | | | | 40 000 |
| 二次分摊比例 | | 41.18% | 58.82% | 100% |
| 二次分摊减值损失 | | 16 472 | 23 528 | 40 000 |
| 二次分摊后应确认减值损失总额 | 50 000 | 226 472 | 323 528 | 600 000 |
| 二次分摊后账面价值 | 250 000 | 473 528 | 676 472 | 1 400 000 |

注：资产组中 A 机器仅分摊减值损失 50 000 元，而不是 90 000 元（600 000×15%），这是因为其可变现净值为 250 000 元，分摊减值损失后的账面价值不得低于该金额；而 B 机器和 C 机器无法合理估计可变现净值，分摊减值损失后的账面价值不得小于零即可。

（2）会计分录。

借：资产减值损失　　600 000

　贷：固定资产减值准备——A 机器　　50 000

　　　　　　　　　　　——B 机器　　226 472

　　　　　　　　　　　——C 机器　　323 528

**练习三**

甲资产组的账面价值为 4 000 000 元，可收回金额为 3 500 000 元，发生减值 500 000 元。

甲资产组中的减值额先冲减商誉 100 000 元，余下的 400 000 元分配给 A 设备、B 设备和专利权。

A 设备应承担的减值损失＝40/(200＋150＋50)×200＝20(万元)；

B 设备应承担的减值损失＝40/(200＋150＋50)×150＝15(万元)；

专利权应承担的减值损失＝40/(200＋150＋50)×50＝5(万元)。

会计分录：

借：资产减值损失　　500 000

　贷：商誉减值准备　　100 000

　　　固定资产减值准备　　350 000

　　　无形资产减值准备　　50 000

**练习四**

(1) 将总部资产分配到各资产组，在此基础上进行减值测试。鉴于各资产组的使用寿命相同，可直接将总部资产按照各资产组账面价值的比例进行分配。

**总部资产分摊表**

| 资产组 | 分摊总部资产前账面价值 | 分摊比例 | 分摊总部资产 | 分摊总部资产后账面价值 |
|---|---|---|---|---|
| A | 5 000 000 | 50% | 1 000 000 | 6 000 000 |
| B | 3 000 000 | 30% | 600 000 | 3 600 000 |
| C | 2 000 000 | 20% | 400 000 | 2 400 000 |
| 合计 | 10 000 000 | 100% | 2 000 000 | 12 000 000 |

(2) 将分摊总部资产后的资产账面价值与其可收回金额进行比较，确定计提减值金额。

**资产减值准备计提表**

| 资产组合 | 分摊总部资产后账面价值 | 可收回金额 | 应计提减值准备金额 |
|---|---|---|---|
| A | 6 000 000 | 5 400 000 | 600 000 |
| B | 3 600 000 | 3 360 000 | 240 000 |
| C | 2 400 000 | 2 100 000 | 300 000 |

(3) 将各资产组的减值额在总部资产和各资产组之间分配。

A 资产组减值额分配给总部资产的金额＝60×(100/600)＝10(万元)；

A 资产组减值额分配给 A 资产组本身的金额＝60×(500/600)＝50(万元)；

B 资产组减值额分配给总部资产的金额＝24×(60/360)＝4(万元)；

B 资产组减值额分配给 B 资产组本身的金额＝24×(300/360)＝20(万元)；

C 资产组减值额应先冲减商誉 180 000 元，其余额再分配给总部资产和本资产组，即应分配的金额＝30－18＝12(万元)；

C 资产组减值额分配给总部资产的金额＝12×(40/240)＝2(万元)；

C 资产组减值额分配给 C 资产组本身的金额＝12×(200/240)＝10(万元)。

会计分录：

| | | |
|---|---|---|
| 借：资产减值损失 | 1 140 000 | |
| 　贷：商誉减值准备 | | 180 000 |
| 　　固定资产减值——资产组 A | | 500 000 |
| 　　　　　　　——资产组 B | | 200 000 |
| 　　　　　　　——资产组 C | | 100 000 |
| 　　　　　　　——总部资产 | | 160 000 |

# 第九章　非货币性资产交换

## 一、填空题

1. 存货、固定资产、无形资产和长期股权投资等非货币性资产　少量的货币性资产(即补价)

2. 货币资金和将以固定或者可确定的金额收取的资产　资产在将来为企业带来的经济利益,即货币金额,是否是固定的或者可确定的

3. 换入资产的未来现金流量在风险、时间和金额方面与换出资产显著不同　换入资产与换出资产的预计未来现金流量现值不同且其差额与换入资产和换出资产的公允价值相比是重大的

4. 不涉及或者只涉及少量的货币性资产

5. 换入资产公允价值　25%　25%(含25%)

6. 资产的公允价值与其账面价值不相同　换出资产公允价值与换出资产账面价值的差额

7. 公允价值加上支付的补价和应支付的相关税费　当期损益　公允价值减去补价加上应支付的相关税费　当期损益

8. 公允价值　换出资产账面价值加上应支付的相关税费　不确认损益

9. 换出资产账面价值总额　换入资产的原账面价值占换入资产原账面价值总额

## 二、单项选择题

1. B　2. B　3. C　4. B　5. B　6. D　7. C　8. C　9. A　10. B　11. A　12. D

## 三、多项选择题

1. DE　2. AD　3. AD　4. ABC　5. BCD　6. AC　7. ABC　8. ABCE　9. AC　10. ABCD

## 四、判断题

1. √　2. ×　3. ×　4. √　5. ×　6. √　7. √　8. √　9. ×　10. ×

## 五、计算及账务处理题

**练习一**

(1) 甲公司的会计处理。

换入资产的入账价值为 23 000 元

借：固定资产——复印机　23 000

　　应交税费——应交增值税(进项税额)　3 910

　贷：主营业务收入　23 000

　　　应交税金——应交增值税(销项税额)　3 910

借：主营业务成本　25 000

　贷：库存商品——办公桌　25 000

(2) 乙公司的会计处理。

换入资产的入账价值为 23 000 元

借：库存商品　23 000

　　应交税金——应交增值税(进项税额)　3 910

　贷：主营业务收入　23 000

　　　应交税金——应交增值税(销项税额)　3 910

借：主营业务成本　21 500

　贷：库存商品——复印机　21 500

**练习二**

甲公司(收到补价方)

(1) 判断交易类型。

(甲公司收到的补价 200/换出资产的公允价值 2 000)×100%=10%<25%,属于非货币性资产交换。

(2) 计算换入资产的入账价值。

甲公司换入资产的入账价值=2 000−200−306=1 494(万元)

(3) 会计分录。

| | | |
|---|---|---|
| 借:库存商品 | 1 494 | |
| 　　应交税费——应交增值税(进项税额) | 306 | |
| 　　银行存款 | 200 | |
| 　　长期股权投资减值准备 | 400 | |
| 　　投资收益 | 100 | |
| 　贷:长期股权投资 | | 2 500 |

乙公司(支付补价方)

(1) 判断交易类型。

乙公司支付的补价 200/(支付的补价 200+换出资产的公允价值 1 800)×100%=10%<25%,属于非货币性资产交换。

(2) 计算换入资产的入账价值=1 800+200+306=2 306(万元)。

(3) 会计分录。

| | | |
|---|---|---|
| 借:长期股权投资 | 2 306 | |
| 　贷:主营业务收入 | | 1 800 |
| 　　　应交税费——应交增值税(销项税额) | | 306 |
| 　　　银行存款 | | 200 |
| 借:主营业务成本 | 1 600 | |
| 　贷:库存商品 | | 1 600 |
| 借:存货跌价准备 | 50 | |
| 　贷:主营业务成本 | | 50 |

**练习三**

中天股份有限公司的会计处理

(1) 判断：10 000/170 000=5.88%<25%。

因此，该笔交易为非货币性资产交换。

(2) 换入资产入账价值=265 000-120 000+1 500+10 000=156 500(元)。

(3) 会计分录。

借：固定资产清理　　145 000
　　累计折旧　　120 000
　贷：固定资产　　265 000

借：固定资产清理　　1 500
　贷：银行存款　　1 500

借：固定资产清理　　10 000
　贷：银行存款　　10 000

借：固定资产　　156 500
　贷：固定资产清理　　156 500

福胜公司的会计处理

(1) 判断：10 000/170 000=5.88%<25%。

因此，该笔交易为非货币性资产交换。

(2) 换入资产入账价值=138 000-10 000+1 200=129 200(元)。

(3) 编制会计分录。

借：固定资产清理　　138 000
　　累计折旧　　230 000
　贷：固定资产　　368 000

借：固定资产清理　　1 200
　贷：银行存款　　1 200

借：银行存款　　10 000
　贷：固定资产清理　　10 000

借：固定资产　　129 200

贷：固定资产清理　　129 200

**练习四**

(1) 甲企业分别按照具有商业实质和不具有商业实质的会计处理。

①具有商业实质时甲公司的会计处理。

换入资产入账价值总额＝(700＋300＋700×5%＋300×17%－251)＝835(万元),其中：

对M公司长期股权投资的入账价值＝835×600/(600＋200)＝626.25(万元)；

对N公司长期股权投资的入账价值＝835×200/(600＋200)＝208.75(万元)。

相关会计分录：

借：长期股权投资——M公司　　626.25

　　长期股权投资——N公司　　208.75

　　银行存款　　251

　　累计摊销　　150

　贷：无形资产——土地使用权　　600

　　　应交税费——应交营业税　　35

　　　营业外收入——处置非流动资产损益　　250

　　　主营业务收入　　300

　　　应交税费——应交增值税(销项税额)　　51

借：主营业务成本　　180

　贷：库存商品　　180

借：存货跌价准备　　30

　贷：主营业务成本　　30

②不具有商业实质时甲公司的会计处理。

换入资产入账价值总额＝[(600－150)＋(180－30)＋700×5%＋300×17%－251]＝435(万元),其中：

对M公司长期股权投资的入账价值＝435×600/[600＋(175－

25)]=348(万元)；

对N公司长期股权投资的入账价值=435×(175－25)/[600+(175－25)]=87(万元)。

相关会计分录：

借：长期股权投资——M公司　　348

　　长期股权投资——N公司　　87

　　银行存款　　251

　　累计摊销　　150

　　存货跌价准备　　30

　贷：无形资产——土地使用权　　600

　　　应交税费——应交营业税　　35

　　　库存商品　　180

　　　应交税费——应交增值税(销项税额)　　51

③具有商业实质时乙公司的会计处理。

换入资产入账价值总额=600+200+251－300×17%=1 000(万元)，其中：

土地使用权入账价值=1 000×700/(700+300)=700(万元)；

存货入账价值=1 000×300/(700+300)=300(万元)。

借：无形资产——土地使用权　　700

　　库存商品　　300

　　应交税金—应交增值税(进项税额)　　51

　　长期投资减值准备　　25

　贷：长期股权投资——M公司　　600

　　　长期股权投资——N公司　　175

　　　银行存款　　251

　　　投资收益　　50

④不具有商业实质时乙公司的会计处理。

换入资产入账价值总额=600+(175－25)+251－300×17%=950(万元)，其中：

土地使用权入账价值＝950×(600－150)/[(600－150)＋(180－30)]＝712.5(万元)；

存货入账价值＝950×(180－30)/[(600－150)＋(180－30)]＝237.5(万元)。

借：无形资产——土地使用权　　712.5
　　库存商品　　237.5
　　应交税金—应交增值税(进项税额)　　51
　　长期投资减值准备　　25
　贷：长期股权投资——M公司　　600
　　　长期股权投资——N公司　　175
　　　银行存款　　251

(2) 甲公司取得N公司投资日的后续会计处理权益法核算长期股权投资＝720×25%＝180(万元)，该项投资的初始成本为175万元。

相关会计分录：

借：长期股权投资——N公司(成本)　　5
　贷：营业外收入　　5

# 第十章　负　　债

## 一、填空题

1. 过去的交易或者事项　现时义务
2. 流动负债　长期负债
3. “预收账款”　“应收账款”
4. 产品成本或者劳务成本　建造固定资产或者无形资产成本

当期损益

5. 委托加工的应税消费品成本　借记“应交税费——应交消费税”

6. 房产税　土地使用税　车船使用税

7. 存续期间利息费用　以后各期多付利息　以后各期少付利息

8. 应交税费——应交增值税(已交税金)　应交税费——未交增值税

9. 面值　利息调整　应计利息

10. 以分期付款方式购入固定资产、无形资产时发生的应付账款　应付融资租入固定资产的租赁费

## 二、单项选择题

1. D　2. C　3. C　4. D　5. B　6. B　7. B　8. A　9. A　10. C　11. B　12. C　13. B　14. C　15. D

## 三、多项选择题

1. ACD　2. BD　3. ABD　4. ABCD　5. ABCD　6. ABCDE　7. CDE　8. BC　9. ADE　10. AD　11. ABCE　12. ADE　13. ABC　14. ABD

## 四、判断题

1. √　2. √　3. √　4. ×　5. ×　6. ×　7. ×　8. √　9. ×　10. √　11. √　12. √　13. ×　14. √　15. √

## 五、计算及账务处理题

### 练习一

(1) 借：原材料　900 000

　　　应交税费——应交增值税(进项税额)　153 000

　　贷：应付票据　1 053 000

(2) 借：长期股权投资　　719 550
　　贷：原材料　　615 000
　　　　应交税费——应交增值税(销项税额)　　104 550
(3) 借：应收账款　　351 000
　　贷：主营业务收入　　300 000
　　　　应交税费——应交增值税(销项税额)　　51 000
　　借：主营业务成本　　240 000
　　贷：库存商品　　240 000
(4) 借：在建工程　　526 500
　　贷：原材料　　450 000
　　　　应交税费——应交增值税(进项税额转出)　　76 500
(5) 借：待处理财产损益　　175 500
　　贷：应交税费——应交增值税(进项税额转出)　　25 500
　　　　原材料　　150 000
(6) 借：应交税费——应交增值税(已交税金)　　37 500
　　贷：银行存款　　37 500
(7) 借：应交税费——应交增值税(转出未交增值税)　　7 050
　　贷：应交税费——未交增值税　　7 050

**练习二**

(1) 购入原材料。
借：在途物资　　702 000
　贷：应付票据　　702 000
(2) 销售货物。
借：应收账款　　916 900
　贷：主营业务收入　　865 000
　　　应交税费——应交增值税　　51 900

**练习三**

(1) 借：原材料 3 000 000

　　应交税费——应交增值税(进项税额) 510 000

　贷：银行存款 3 510 000

(2) 借：原材料 435 000

　　应交税费——应交增值税(进项税额) 65 000

　贷：银行存款 500 000

(3) 借：银行存款 5 850 000

　贷：主营业务收入 5 000 000

　　应交税费——应交增值税(销项税额) 850 000

(4) 借：原材料 50 000

　　应交税费——应交增值税(进项税额) 8 500

　贷：银行存款 58 500

　借：在建工程 58 500

　贷：原材料 50 000

　　应交税费——应交增值税(进项税额转出) 8 500

(5) 借：待处理财产损益 35 100

　贷：原材料 30 000

　　应交税费——应交增值税(进项税额转出) 5 100

(6) 借：在建工程 12 550

　贷：库存商品 10 000

　　应交税费——应交增值税(销项税额) 2 550

**练习四**

(1) 借：在建工程 6 890 000

　贷：库存商品 5 000 000

　　应交税费——应交增值税(销项税额) 1 190 000

　　应交税费——应交消费税 700 000

(2) 借：委托加工物资 500 000

应交税费——应交消费税 50 000

应交税费——应交增值税(进项税额) 85 000

贷：银行存款 635 000

借：原材料 2 450 000

贷：委托加工物资 2 450 000

**练习五**

(1) 发放工资。

借：应付职工薪酬——工资 1 000 000

贷：银行存款 950 000

应交税费——应交个人所得税 40 000

其他应付款 10 000

(2) 分配工资费用。

借：生产成本——基本生产 700 000

制造费用 50 000

生产成本——辅助生产 30 000

管理费用 120 000

销售费用 100 000

贷：应付职工薪酬——工资 1 000 000

(3) 计提社会保险、职工福利、工会经费、职工教育经费、住房公积金。

应计入生产成本的金额＝70×(10%＋12%＋2%＋10.5%＋2%＋2%＋1.5%)＝28(万元)；

应计入制造费用的金额＝5×(10%＋12%＋2%＋10.5%＋2%＋2%＋1.5%)＝2(万元)；

应计入辅助生产成本的金额＝3×(10%＋12%＋2%＋10.5%＋2%＋2%＋1.5%)＝1.2(万元)；

应计入管理费用的金额＝12×（10％＋12％＋2％＋10.5％＋2％＋2％＋1.5％）＝4.8(万元)；

应计入销售费用的金额＝10×（10％＋12％＋2％＋10.5％＋2％＋2％＋1.5％）＝4(万元)。

借：生产成本　　280 000
　　制造费用　　20 000
　　生产成本——辅助生产　　12 000
　　管理费用　　48 000
　　销售费用　　40 000
　贷：应付职工薪酬——职工福利　　20 000
　　　　　　　　——社会保险费　　240 000
　　　　　　　　——住房公积金　　105 000
　　　　　　　　——工会经费　　20 000
　　　　　　　　——职工教育经费　　15 000

**练习六**

(1) 乙公司决定发放非货币性福利。

①决定发放彩电时：

借：生产成本　　2 784 600
　　管理费用　　491 400
　贷：应付职工薪酬——非货币性福利　　3 276 000

借：应付职工薪酬——非货币性福利　　3 276 000
　贷：主营业务收入　　2 800 000
　　　应交税费——应交增值税(销项税额)　　476 000

②决定发放电暖气时：

借：生产成本　　198 900
　　管理费用　　35 100
　贷：应付职工薪酬——非货币性福利　　234 000

(2) 实际发放非货币性福利。

①实际发放彩电时：

借：主营业务成本　　　　2 000 000

　贷：库存商品　　　　2 000 000

电暖气的售价总额＝170×1 000＋30×1 000＝170 000＋30 000＝200 000(元)；

电暖气的进项税额＝170×1 000×17%＋30×1 000×17%＝28 900＋5 100＝34 000(元)。

②购买电暖气，实际发放时：

借：应付职工薪酬——非货币性福利　　　　234 000

　贷：银行存款　　　　234 000

**练习七**

(1) 20＊4 年 12 月 31 日发行债券。

借：银行存款　　　　7 755

　　应付债券——利息调整　　　　245

　贷：应付债券——面值　　　　8 000

(2) 20＊5 年 12 月 31 日计提利息。

借：在建工程　　　　437.38(7 755×5.64%)

　贷：应付债券——利息调整　　　　77.38

　　　应付利息　　　　360

(3) 20＊7 年 12 月 31 日计提利息。

借：财务费用　　　　445.87

　贷：应付债券——利息调整　　　　85.87

　　　应付利息　　　　360

注：20＊6 年度的利息调整摊销额＝(7 755＋77.38)×5.64%－8 000×4.5%＝81.75(万元)，20＊7 年度属于最后一年，利息调整摊销额应采用倒挤的方法计算，所以应是＝245－77.38－81.75＝85.87(万元)

(4) 20＊8 年 1 月 10 日付息还本。

借：应付债券——面值　8 000

　应付利息　360

　贷：银行存款　8 360

**练习八**

(1) 借：银行存款　50 000

　　应付债券——可转换公司债券(利息调整)　4 210.2

　　贷：应付债券——可转换公司债券(面值)　50 000

　　　资本公积——其他资本公积　4 210.2

(2) 应付利息＝50 000×4%＝2 000(万元)。

应确认的利息费用＝45 789.8×6%＝2 747.39(万元)。

(3) 借：在建工程　2 747.39

　　贷：应付利息　2 000

　　　应付债券——可转换公司债券(利息调整)　747.39

(4) 借：应付利息　2 000

　　贷：银行存款　2 000

(5) 转换日转换部分应付债券的账面价值＝(45 789.8＋747.39)×40%＝18 614.88(万元)。

转换的股数＝18 614.88/10＝1 861.49(万股)。

支付的现金＝0.49×10＝4.9(万元)。

(6) 应结转可转换公司债券面值＝50 000×40%＝20 000(万元)。

应结转可转换公司债券利息调整＝(4 210.2－747.39)×40%＝1 385.12(万元)。

应结转的权益成分的公允价值＝4 210.2×40%＝1 684.08(万元)。

借：应付债券——可转换公司债券(面值)　20 000

　资本公积——其他资本公积　1 684.08

　贷：股本　1 861

　　应付债券——可转换公司债券(利息调整)　1 385.12

资本公积——股本溢价　　18 433.06
库存现金　　4.9

(7)

| 日期 | 名义利息 1 | 实际利息 2 | 利息调整 3 | 应付债券的摊余成本 4 |
|---|---|---|---|---|
| | 1＝面值×8％ | 2＝期初 4×6％ | 3＝2－1 | 4＝期初 4＋3 |
| 20＊2.1.1 | | | | 27 922.31 |
| 20＊2.12.31 | 1 200 | 1 675.34 | 475.34 | 28 397.65 |
| 20＊3.12.31 | 1 200 | 1 703.86 | 503.86 | 28 901.51 |
| 20＊4.12.31 | 1 200 | 1 734.09 | 534.09 | 29 435.60 |
| 20＊5.12.31 | 1 200 | 1 764.40 | 564.40 | 30 000.00 |
| 合计 | 4 800 | | 2 077.69 | |

注：20＊2 年 1 月 1 日可转换公司债券的期初摊余成本＝(45 789.8＋747.39)×60％＝27 922.31(万元)，其中面值＝50 000－20 000＝30 000(万元)，利息调整＝4 210.2－747.39－1 385.12＝2 077.69(万元)

(8) 20＊6 年 1 月 1 日

借：应付债券——可转换公司债券(面值)　　30 000
　　应付利息　　1 200
　贷：银行存款　　31 200

**练习九**

(1) 可转换公司债券负债成分的公允价值＝50 000×0.821 9＋50 000×5％×4.451 8＝52 224.50(万元)。

权益成分的公允价值＝52 400－52 224.5＝175.50(万元)。

借：银行存款　　52 400
　贷：应付债券——可转换公司债券(面值)　　50 000
　　　　　　——利息调整　　2 224.50
　　资本公积——其他资本公积　　175.50

(2) 20＊7 年 12 月 31 日计提可转换公司债券利息＝50 000×5％

=2 500(万元)。

应确认的利息费用=52 224.5×4%=2 088.98(万元)。

其中非正常中断期间发生的利息费用为=2 088.98×4/12=696.33(万元)。

借:在建工程　　1 392.65

　财务费用　　696.33

　应付债券——可转换公司债券(利息调整)　　411.02

　贷:应付利息　　2 500

(3) 借:应付利息　　2 500

　　贷:银行存款　　2 500

(4) 转换的股数=25×100=2 500(万股)

借:应付债券——可转换公司债券(面值)

25 000(50 000/2)

(利息调整)

906.74[(2 224.5-411.02)/2]

　资本公积——其他资本公积　　87.75(175.50/2)

　贷:股本　　2 500

　　资本公积——股本溢价　　23 494.49

**练习十**

借:固定资产　　400 000

　贷:长期应付款——应付补偿贸易引进设备款　　400 000

借:应收账款　　30 000

　贷:主营业务收入　　30 000

借:长期应付款——应付补偿贸易引进设备款　　30 000

　贷:应收账款　　30 000

# 第十一章　借款费用

## 一、填空题

1. 借款利息　折价或者溢价的摊销　汇兑差额

2. 借款费用资本化　借款费用费用化

3. 专门借款　一般借款　资本化条件的资产

4. 可销售状态　1 年以上(含 1 年)。

5. 资产支出已经发生　借款费用已经发生　预定可使用或者可销售状态所必要的购建或者生产活动

6. 非正常中断　连续超过 3 个月的

7. 存入银行取得的利息收入　投资取得的投资收益后的金额

8. 超过专门借款部分的资产支出加权平均数　一般借款加权平均利率

9. 预定可使用　可销售状态

10. 整体完工时

## 二、单项选择题

1. A　2. D　3. B　4. D　5. A　6. D　7. D　8. A　9. A　10. D　11. B　12. C　13. D　14. C　15. D

## 三、多项选择题

1. ABCE　2. ABCE　3. ABC　4. AC　5. ABCDE　6. ABCE　7. ACE　8. ABCE　9. ABCDE　10. ABCE　11. ABDE

12. BCDE　13. ABCDE　14. ACD　15. ABD

## 四、判断题

1. √　2. ×　3. ×　4. √　5. √　6. √　7. ×　8. ×　9. ×　10. ×

## 五、计算及账务处理题

**练习一**

①计算专门借款利息资本化金额：

20＊3 年专门借款利息资本化金额＝2 000×6%－500×0.5%×6＝105(万元)。

20＊4 年专门借款利息资本化金额＝2 000×6%×180/360＝60(万元)。

②计算一般借款利息资本化金额：

一般借款资本化率(年)＝(2 000×6%＋10 000×8%)/(2 000＋10 000)＝7.67%

20＊3 年占用了一般借款资金的资产支出加权平均数＝2 000×180/360＝1 000(万元)。

20＊3 年一般借款利息资本化金额＝1 000×7.67%＝76.70(万元)。

20＊4 年占用了一般借款资金的资产支出加权平均数＝(2 000＋1 500)×180/360＝1 750(万元)。

20＊4 年一般借款利息资本化金额＝1 750×7.67%＝134.23(万元)。

③公司建造办公楼应予资本化的利息金额如下：

20＊3 年利息资本化金额＝105＋76.70＝181.70(万元)。

20＊4 年利息资本化金额＝60＋134.23＝194.23(万元)。

④有关账务处理如下：

20＊3 年：

借：在建工程　　181.70

财务费用 843.30

应收利息 15

贷：应付利息 1 040

20＊4 年 6 月 30 日：

借：在建工程 194.23

财务费用 325.77

贷：应付利息 520

**练习二**

(1) 计算 20＊3 年汇兑差额资本化金额。

①债券应计利息＝1 000×8%×7.75＝620(万元)。

借：在建工程 620

贷：应付利息 620

②本金及利息汇兑差额＝1 000×(7.75－7.70)＋80×(7.75－7.75)＝50(万元)。

借：在建工程 50

贷：应付债券 50

(2) 计算 20＊4 年 1 月 1 日实际支付利息时：

借：应付利息 620

在建工程 1.6

贷：银行存款 621.6

(3) 计算 20＊4 年 6 月 30 日汇兑差额资本化金额。

①债券应计利息＝1 000×8%×1/2×7.8＝312(万元)。

借：在建工程 312

贷：应付利息 312

②本金及利息汇兑差额＝1 000×(7.8－7.75)＋40×(7.8－7.8)＝50(万元)。

借：在建工程 50

贷：应付债券 50

**练习三**

(1) 计算 20＊4 年第一季度和第二季度适用的资本化率。

由于第一季度只占用了一笔一般借款,资本化率即为该借款的利率,即 1.5%(6%×3/12)。

由于第二季度占用了两笔一般借款,适用的资本化率为两项一般借款的加权平均利率。

加权平均利率计算如下:

加权平均利率＝(一般借款当期实际发生的利息之和＋当期应摊销的折价)/一般借款本金加权平均数＝[200×6%×3/12＋300×5%×3/12＋(285×6%×3/12－300×5%×3/12)]/(200×3/3＋285×3/3)×100%＝1.5%。

(2) 计算 20＊4 年第一季度和第二季度一般借款应予资本化的利息金额及编制相应会计分录。

第一季度超过专门借款的一般借款累计支出加权平均数＝100×3/3＋50×2/3＋50×1/3＝150(万元);

第一季度应予资本化的利息金额＝150×1.5%＝2.25(万元);

第一季度一般借款实际发生的利息金额＝200×6%×3/12＝3(万元)。

账务处理为:

借:在建工程　　2.25

　　财务费用　　0.75

　贷:应付债券——应计利息　　3

第二季度超过专门借款的一般借款的累计支出加权平均数＝(100＋50＋50＋200)×3/3＋60×2/3＝440(万元);

则第二季度应予资本化的利息金额＝440×1.5%＝6.6(万元);

第二季度一般借款实际发生的利息和折价摊销金额＝200×6%×3/12＋300×5%×3/12＋(285×6%×3/12－300×5%×3/12)＝7.275(万元)。

账务处理为:

借：在建工程　　　　　　　　　　　　　　　　　6.6

　　财务费用　　　　　　　　　　　　　　　　0.675

　贷：应付债券——应计利息　　6.75(3+300×5%×3/12)

　　　应付债券——利息调整　　　　　　　　　0.525

**练习四**

(1) 20＊7 年

专门借款利息资本化金额=6 000×5%-1 500×0.5%×6=255(万元)；

占用了一般借款资金的资产支出加权平均数=6 000×180/360=3 000(万元)；

一般借款年资本化率=(6 000×6%+4 000×7%)/(6 000+4 000)=6.4%；

一般借款利息资本化金额=3 000×6.4%=192(万元)。

利息资本化金额=255+192=447(万元)。

借：在建工程　　　　　　　　　　　　　　　　　447

　　财务费用　　　　　　　　　　　　　　　　　448

　　应收利息　　　　　　　　　　　　　　　　　45

　贷：应付利息　　　　　　　　　　　　　　　　　940

(2) 20＊8 年

专门借款利息资本化金额=6 000×5%×180/360=150(万元)；

占用了一般借款资金的资产支出加权平均数=(6 000+3 500)×180/360=4 750(万元)；

一般借款年资本化率=(6 000×6%+4 000×7%)/(6 000+4 000)=6.4%；

一般借款利息资本化金额=4 750×6.4%=304(万元)。

利息资本化金额=150+304=454(万元)。

实际利息费用=6 000×5%+6 000×6%+4 000×7%=940(万元)。

借：在建工程　　　　　　　　　　　　　　　　　454

　　财务费用　　　　　　　　　　　　　　　　　　　486
　贷：应付利息　　　　　　　　　　　　　　　　　　　940

# 第十二章　所有者权益

## 一、填空题

1. 剩余权益　投入的资本　利得和损失　留存收益
2. 盈余公积　未分配利润
3. 追加投资　资本公积　发放股票股利　可转换债券
4. “利润分配——转作股本的股利”　“股本”
5. “实收资本”或者“股本”　“银行存款”
6. 溢价收入　减盈余公积　冲减未分配利润
7. 留存收益　法定盈余公积和任意盈余公积
8. 以后年度税前利润　以后年度税后利润　盈余公积
9. 转增前注册资本的25%　“盈余公积”　“股本”或者“实收资本”
10. 期初未分配利润　本期实现的税后利润　提取的各种盈余公积和分配利润后

## 二、单项选择题

1. A　2. D　3. B　4. C　5. B　6. D　7. C　8. C　9. C　10. A　11. C　12. B　13. C　14. B　15. C

## 三、多项选择题

1. ABCDE　2. ABC　3. ABC　4. BC　5. ABC　6. ACD

7. BCD　8. ABD　9. ABC　10. AC

## 四、判断题

1. ×　2. √　3. √　4. ×　5. ×　6. ×　7. √　8. √　9. √　10. √　11. ×　12. √　13. ×　14. √　15. √

## 五、计算及账务处理题

**练习一**

借：银行存款　170

　贷：实收资本——丙　100

　　　资本公积——资本溢价　70

**练习二**

(1) 宣告分配股利时

借：利润分配——应付现金股利　600

　　盈余公积　400

　贷：应付股利　1 000

(2) 支付股利时

借：应付股利　1 000

　贷：银行存款　1 000

**练习三**

(1) 以每股 3.5 元的价格回购本公司股票 1 000 万股。

借：库存股　3 500

　贷：银行存款　3 500

(2) 以每股 4 元的价格回购本公司股票 1 500 万股。

借：库存股　6 000

　贷：银行存款　6 000

(3) 注销股票

借：股本　2 500

　　资本公积——股本溢价　5 000

　　盈余公积　1 500

　　利润分配——未分配利润　500

　贷：库存股　9 500

**练习四**

(1) 20＊2 年结转本年利润的会计分录。

借：本年利润　200

　贷：利润分配——未分配利润　200

(2) 20＊2 年有关利润分配的会计分录。

借：利润分配——提取法定盈余公积　20

　贷：盈余公积——法定盈余公积　20

借：利润分配——应付现金股利　100

　贷：应付股利　100

借：利润分配——未分配利润　120

　贷：利润分配——提取法定盈余公积　20

　　　　　　——应付现金股利　100

(3) 20＊3 年结转亏损的会计分录。

借：利润分配——未分配利润　600

　贷：本年利润　600

(4) 计算 20＊4 年应交的所得税＝(800－600)×25%＝50(万元)。

借：所得税的费用　50

　贷：应交税费——应交所得税　50

借：本年利润　50

　贷：所得税费用　50

(5) 计算 20＊4 年可供分配利润＝200＋(200－120)－600＋(800－50)＝430(万元)。

**练习五**

(1) 20＊2 年 3 月提取 20＊1 年度法定盈余公积的会计分录。

借：利润分配——提取法定盈余公积 40

贷：盈余公积——法定盈余公积 40

借：利润分配——未分配利润 40

贷：利润分配——提取法定盈余公积 40

(2) 20＊2 年 5 月宣告分派 20＊1 年度现金股利的会计分录。

借：利润分配——应付现金股利 300

贷：应付股利 300

借：利润分配——未分配利润 300

贷：利润分配——应付现金股利 300

(3) 20＊2 年 6 月资本公积转增股本的会计分录。

借：资本公积 4 000

贷：股本 4 000

(4) 20＊2 年度结转当年净亏损的会计分录。

借：利润分配——未分配利润 3 142

贷：本年利润 3 142

(5) 计算甲公司 20＊8 年度应交所得税并编制结转当年净利润的会计分录。

应交所得税＝600×25%＝150(万元)。

借：所得税费用 150

贷：应交税费——应交所得税 150

借：本年利润 150

贷：所得税费用 150

借：本年利润 450(600－150)

贷：利润分配——未分配利润 450

(6) 计算甲公司 20＊8 年 12 月 31 日账面累计未弥补亏损。

未弥补亏损＝(500＋400－40－300)－3 142＋(200＋300＋400＋

500＋600)＋450＝－132(万元)。

(7) 20＊9 年 5 月以法定盈余公积弥补亏损的会计分录。

借：盈余公积——法定盈余公积　132

　贷：利润分配——盈余公积补亏　132

借：利润分配——盈余公积补亏　132

　贷：利润分配——未分配利润　132

# 第十三章　收入、费用和利润

## 一、填空题

1. 会导致所有者权益增加的　与所有者投入资本无关

2. 销售商品收入　提供劳务收入　让渡资产使用权收入　主营业务收入　其他业务收入

3. 企业已将商品所有权上的主要风险和报酬转移给购货方　企业既没有保留通常与所有权相联系的继续管理权，也没有对已售出的商品实施有效控制

4. 债权人为鼓励债务人在规定的期限内付款而向债务人提供的折扣优惠　企业为促进商品销售而在商品标价上给予的价格扣除　企业因售出商品的质量不合格等原因而在售价上给予的减让

5. 视同买断方式　收取手续费方式

6. 应收的合同或者协议价款的公允价值

7. 销售商品的同时，销售方同意日后将同样或者类似的商品购回的销售方式

8. 利息收入　使用费收入

9. 会导致所有者权益减少的　与向所有者分配利润无关　主营业

务成本　其他业务成本　营业税金及附加

10. 企业在一定会计期间的经营成果，包括收入减去费用后的净额、直接计入当期利润的利得和损失等

## 二、单项选择题

1. C　2. B　3. C　4. D　5. C　6. D　7. C　8. A　9. D　10. A　11. B　12. B　13. D　14. A　15. D

## 三、多项选择题

1. ACD　2. ABC　3. ABCD　4. ABCD　5. BCD　6. ABD　7. ABC　8. ACD　9. ABC　10. ABCD　11. AC　12. CD　13. ABD　14. AD　15. ABCD

## 四、判断题

1. √　2. √　3. ×　4. √　5. √　6. ×　7. ×　8. √　9. √　10. √　11. ×　12. ×　13. ×　14. ×　15. √

## 五、计算及账务处理题

### 练习一

| | | |
|---|---|---|
| (1) 借：应收账款 | 1 170 000 | |
| 　　贷：主营业务收入 | | 1 000 000 |
| 　　　　应交税费——应交增值税(销项税额) | | 170 000 |
| 　借：主营业务成本 | 500 000 | |
| 　　贷：库存商品 | | 500 000 |
| (2) 借：应收票据 | 819 000 | |
| 　　贷：其他业务收入 | | 700 000 |
| 　　　　应交税费——应交增值税(销项税额) | | 119 000 |
| 　借：其他业务成本 | 500 000 | |

贷：原材料　500 000

(3) 借：主营业务收入　400 000

应交税费——应交增值税(销项税额)　68 000

贷：应收账款　468 000

借：库存商品　200 000

贷：主营业务成本　200 000

(4) 借：银行存款　600 000

贷：预收账款　600 000

(5) 借：主营业务收入　100 000

应交税费——应交增值税(销项税额)　17 000

贷：应收账款　117 000

(6) 借：营业税金及附加　12 500

贷：应交税费——应交城市维护建设税　8 750

——应交教育费附加　3 750

**练习二**

(1) 20*1 年 1 月 1 日

借：银行存款　2 285

长期应收款　10 000

贷：主营业务收入　9 162.75

应交税费——应交增值税(销项税额)　1 785

未实现融资收益　1 337.25

借：主营业务成本　7 000

贷：库存商品　7 000

20*1 年 12 月 31 日

借：未实现融资收益　519.77

贷：财务费用　519.77

借：银行存款　2 500

贷：长期应收款　2 500

(2) 20＊2 年 12 月 31 日

借：未实现融资收益　　400.95

　贷：财务费用　　400.95

借：银行存款　　2 500

　贷：长期应收款　　2 500

**练习三**

(1) 20＊3 年 6 月 1 日销售商品。

借：银行存款　　1 170 000

　贷：应交税费——应交增值税(销项税额)　　170 000

　　　其他应付款——乙公司　　1 000 000

(2) 各月末计提利息。

借：财务费用(100 000/5)　　20 000

　贷：其他应付款　　20 000

(3) 20＊3 年 10 月 31 日回购商品。

借：应交税费——应交增值税(进项税额)　　187 000

　　财务费用　　20 000

　　其他应付款　　1 080 000

　贷：银行存款　　1 287 000

**练习四**

(1) 12 月 2 日，向乙企业赊销 A 产品 10 件。

借：应收账款　　23 400

　贷：主营业务收入　　20 000

　　　应交税费——应交增值税(销项税额)　　3 400

借：主营业务成本　　10 000

　贷：库存商品　　10 000

(2) 12 月 8 日，乙企业收到 A 产品后，发现有少量残次品。

借：主营业务收入　　1 000

应交税费——应交增值税(销项税额)　170
贷：应收账款　1 170

借：银行存款　21 850
财务费用　380
贷：应收账款　22 230

(3) 甲公司经营以旧换新业务。

借：银行存款　4 480
库存商品　200
贷：主营业务收入　4 000
应交税费——应交增值税(销项税额)　680

借：主营业务成本　2 000
贷：库存商品　2 000

(4) 接受神舟公司的委托。

收到E产品：

借：受托代销商品　200 000
贷：受托代销商品款　200 000

实际销售E产品：

借：银行存款　234 000
贷：应付账款　200 000
应交税费——应交增值税(销项税额)　34 000

收到神舟公司增值税发票：

借：应交税费——应交增值税(进项税额)　34 000
贷：应付账款　34 000

借：受托代销商品款　200 000
贷：受托代销商品　200 000

支付货款并计算代销手续费时：

借：应付账款　234 000
贷：银行存款　214 000
其他业务收入　20 000

(5) 12 月 15 日，向戊企业销售一批材料。

借：应收票据　23 400

　贷：其他业务收入　20 000

　　　应交税费——应交增值税（销项税额）　3 400

借：其他业务成本　16 000

　贷：原材料　16 000

(6) 12 月 18 日，乙企业要求退回 11 月 20 日购买的 10 件 A 产品。

借：主营业务收入　20 000

　　应交税费——应交增值税（销项税额）　3 400

　贷：应收账款　23 400

借：库存商品　10 000

　贷：主营业务成本　10 000

(7) 12 月 20 日，收到外单位租用本公司办公用房下一年度租金 100 000 元，款项已收存银行。

借：银行存款　100 000

　贷：预收账款　100 000

(8) 委托东方企业销售 A 产品 100 件。

借：应收账款　234 000

　贷：主营业务收入　200 000

　　　应交税费——应交增值税（销项税额）　34 000

结转成本

借：主营业务成本　100 000

　贷：库存商品　100 000

**练习五**

(1) 20＊1、20＊2、20＊3 年各年的合同完工进度：25%，72%，100%。

(2) 各年应确认的收入、费用和毛利。

| 项目 | 年末累计 | 以前年度已确认 | 本年度确认 |
| --- | --- | --- | --- |
| 20＊1年 | | | |
| 收入 | 2 250 000 | | 2 250 000 |
| 费用 | 2 000 000 | | 2 000 000 |
| 毛利(收入－费用) | 250 000 | | 250 000 |
| 20＊2年 | | | |
| 收入 | 6 480 000 | 2 250 000 | 4 230 000 |
| 费用 | 5 832 000 | 2 000 000 | 3 832 000 |
| 毛利(收入－费用) | 648 000 | 250 000 | 398 000 |
| 20＊3年 | | | |
| 收入 | 9 000 000 | 6 480 000 | 2 520 000 |
| 费用 | 8 100 000 | 5 832 000 | 2 268 000 |
| 毛利(收入－费用) | 900 000 | 648 000 | 252 000 |

(3) 20＊3年相关会计分录。

①登记实际发生的合同成本。

借：工程施工　　2 268 000

　贷：应付职工薪酬、银行存款等　　2 268 000

②登记已结算的工程价款。

借：应收账款　　2 400 000

　贷：工程结算　　2 400 000

③登记已收的工程价款。

借：银行存款　　4 000 000

　贷：应收账款　　4 000 000

④登记已确认的收入、费用和毛利。

借：工程施工——毛利　　252 000

　　主营业务成本　　2 268 000

贷：主营业务收入　　2 520 000

⑤工程完工时，将“工程施工”账户的余额与“工程结算”账户的余额对冲。

借：工程结算　　9 000 000

贷：工程施工——毛利　　900 000

工程施工　　8 100 000

# 第十四章　所得税

## 一、填空题

1. 企业会计准则　利润总额

2. 不征税收入　免税收入　各项扣除

3. 某一会计期间发生而在以后期间不会转回的会计收益与应税收益之间的差异　某一会计期间发生而在以后期间能够转回的会计收益与应税收益之间的差异

4. 企业收回资产账面价值过程中，计算应纳税所得额时按照税法规定可以自应税经济利益中抵扣的金额

5. 负债的账面价值减去未来期间计算应纳税所得额时按照税法规定可予抵扣的金额

6. 资产或者负债的账面价值与其计税基础之间的差额　产生应税金额　产生可抵扣金额

7. 资产的账面价值大于其计税基础　负债的账面价值小于其计税基础　资产的账面价值小于其计税基础　负债的账面价值大于其计税基础

8. 利润表中的所得税费用　计入所有者权益　调整合并中确认的

商誉或者是计入合并当期损益的金额

9. 预期收回该资产或者清偿该负债

10. 当期所得税费用　递延所得税费用(一递延所得税收益)

## 二、单项选择题

1. B　2. A　3. B　4. D　5. A　6. B　7. C　8. C　9. B　10. D　11. C　12. C　13. C　14. (1) C　(2) A

## 三、多项选择题

1. ABCD　2. AC　3. AC　4. CD　5. ABC　6. BCD　7. ABCD　8. BD　9. AD　10. ABC　11. ACD　12. BD　13. ABCD　14. ABC　15. ABCD

## 四、判断题

1. ×　2. ×　3. √　4. ×　5. ×　6. ×　7. ×　8. ×　9. ×　10. ×　11. √　12. √　13. √　14. ×　15. √

## 五、计算及账务处理题

### 练习一

(1) 20＊1年度甲公司该项无形资产会计摊销额＝320/8×6/12＝20(万元)。

20＊1年度甲公司应纳税所得额＝1 000－(100＋120)×50%－20×50%＝880(万元)。

20＊1年度甲公司应交所得税＝880×25%＝220(万元)。

借：所得税费用　　220

　贷：应交税费——应交所得税　　220

(2) 20＊1年12月31日，该项无形资产的账面价值为300万元，计税基础为450万元，产生可抵扣暂时性差异＝450－300＝150(万元)，但不确认相关递延所得税资产。

**练习二**

(1) 20＊1 年 6 月 30 日

借：投资性房地产——成本　　1 000

　　累计折旧(1 000/10×3)　　300

　贷：固定资产　　1 000

　　　资本公积——其他资本公积　　300

(2) 20＊1 年 12 月 31 日

账面价值＝1 100(万元)

计税基础＝1 000－300－1 000/10×6/12＝650(万元)

应纳税暂时性差异＝1 100－650＝450(万元)

(3) 20＊1 年 12 月 31 日

借：投资性房地产——公允价值变动　　100

　贷：公允价值变动损益　　100

借：资本公积——其他资本公积　　75

　贷：递延所得税负债(300×25％)　　75

借：所得税费用　　37.5

　贷：递延所得税负债[(100＋50)×25％]　　37.5

**练习三**

(1) ①应收账款账面价值＝5 000－500＝4 500(万元)；

应收账款计税基础＝5 000(万元)；

应收账款形成的可抵扣暂时性差异＝5 000－4 500＝500(万元)。

②预计负债账面价值＝400(万元)；

预计负债计税基础＝400－400＝0；

预计负债形成的可抵扣暂时性差异＝400(万元)。

③存货账面价值＝2 600－400＝2 200(万元)；

存货计税基础＝2 600(万元)；

存货形成的可抵扣暂时性差异＝400(万元)。

④交易性金融资产账面价值＝4 100(万元)；

交易性金融资产计税基础＝2 000(万元)；

交易性金融资产形成的应纳税暂时性差异＝4 100－2 000＝2 100(万元)。

(2) ①应纳税所得额＝6 000＋500＋400＋400－2 100＝5 200(万元)。

②应交所得税：5 200×25％＝1 300(万元)。

③递延所得税＝递延所得税负债的增加额－递延所得税资产的增加额＝2 100×25％－(500＋400＋400)×25％＝525－325＝200(万元)。

(3) 会计分录。

| | | |
|---|---|---|
| 借：所得税费用——当期所得税费用 | 1 300 | |
| 贷：应交税费——应交所得税 | | 1 300 |
| 借：递延所得税资产 | 325 | |
| 所得税费用——递延所得税费用 | 200 | |
| 贷：递延所得税负债 | | 525 |

**练习四**

(1) 应纳税所得额＝12 000 000＋600 000＋2 000 000－1 000 000＋1 000 000＋300 000＝14 900 000(元)。

应交所得税＝14 900 000×25％＝3 725 000(元)。

| | | |
|---|---|---|
| 借：所得税费用——当期所得税费用 | 3 725 000 | |
| 贷：应交税费——应交所得税 | | 3 725 000 |

(2) ①固定资产：可抵扣差异 600 000 元(账面价值 4 800 000、计税基础 5 400 000)。

②开发支出：可抵扣差异 1 500 000 元(账面价值 3 000 000、计税基础 4 500 000)。

③其他应付款：无暂时性差异。

④存货：可抵扣差异 300 000 元。

借：递延所得税资产(900 000×25%)　　225 000

　贷：所得税费用——所得税费用　　225 000

**练习五**

(1) ①持有至到期投资在 20＊2 年 12 月 31 日的账面价值＝持有至到期投资年初账面余额 2 044.7＋持有至到期投资应计利息 100(2 000×5%)－溢价摊销 18.21(应收利息 100－利息收入 81.79)＝2 126.49(万元)。

注：利息收入＝持有至到期投资摊余成本×实际利率×期限＝2 044.7×4%×1＝81.79(万元)。

持有至到期投资的计税基础与其账面价值一致，为 2 126.49 万元。

②固定资产在 20＊2 年 12 月 31 日的账面价值＝原值－累计折旧＝2 400－240(2 400/10)＝2 160(万元)。

固定资产在 20＊2 年 12 月 31 日的计税基础＝原值－累计折旧＝2 400－120(2 400/20)＝2 280(万元)。

③交易性金融资产在 20＊2 年 12 月 31 日的账面价值＝1 000(万元)。

交易性金融资产在 20＊2 年 12 月 31 日的计税基础＝500(万元)。

④预计负债在 20＊2 年 12 月 31 日账面价值＝2 200(万元)。

预计负债在 20＊2 年 12 月 31 日计税基础＝负债账面价值－未来期间计算应纳税所得额时按照税法规定可予抵扣的金额＝2 200－0＝2 200(万元)。

(2) 甲公司计算的应交所得税是不正确的。

①应纳税所得额＝利润总额＋罚款＋计提的担保损失－国债利息收入－交易性金融资产公允价值变动＋多计提的折旧＝6 000＋300＋2 200－2 044.7×4%－500＋120＝8 038.21(万元)。

②应交所得税＝应纳税所得额×所得税税率＝8 038.21×25%＝2 009.55(万元)。

(3) 甲公司计算的所得税费用是不正确的。

①递延所得税负债(交易性金融资产的账面价值大于计税基础所致)=年末递延所得税负债－年初递延所得税负债=75(500×15%)－0=75(万元)。

②递延所得税资产(固定资产的账面价值小于计税基础所致)=年末递延所得税资产=18(120×15%)－0=18(万元)。

③20＊2年递延所得税=递延所得税负债－递延所得税资产=75－18=57(万元)。

④20＊2年所得税费用=应交所得税＋递延所得税=2 009.55＋57=2 066.55(万元)。

# 第十五章　财务报表

## 一、填空题

1. 日常会计核算资料　企业某一特定日期财务状况和某一特定期间经营成果、现金流量状况

2. 中期财务报表　年度财务报表　个别财务报表　汇总财务报表　合并财务报表

3. 企业在某一特定日期(年末或中期末)的财务状况　财务状况表　报告式　账户式

4. 损益表　企业在一定会计期间经营成果　单步式　多步式

5. 功能法　性质法

6. 一定期间公司净利润扣除优先股股利后与发行在外普通股股数

7. 企业所有发行在外的稀释性潜在普通股均已转换为普通股

8. 企业一定会计期间现金和现金等价物流入和流出　经营活动现

金流量　投资活动现金流量　筹资活动现金流量

9. 企业所有者权益各组成部分当期的增减变动情况

10. 资产负债表、利润表、现金流量表和所有者权益变动表等报表中列示项目的文字描述或者明细资料

## 二、单项选择题

1. D　2. D　3. C　4. D　5. D　6. C　7. D　8. B　9. B　10. A　11. A　12. A　13. D　14. A　15. C

## 三、多项选择题

1. ABCDE　2. ABC　3. ABCD　4. ADE　5. ABD　6. CD　7. ABDE　8. ADE　9. ACD　10. AD　11. CDE　12. BC　13. ABCD　14. ABDE　15. ABCDE

## 四、判断题

1. ×　2. ×　3. √　4. ×　5. ×　6. ×　7. ×　8. √　9. √　10. ×　11. ×　12. ×　13. √　14. ×　15. ×

## 五、计算及账务处理题

### 练习一

(1) 编制相关会计分录

| | | |
|---|---|---|
| ①借：应收账款——A公司 | 70 | |
| 　贷：坏账准备 | | 70 |
| 借：银行存款 | 70 | |
| 　贷：应收账款——A公司 | | 70 |
| ②借：原材料 | 100 | |
| 　　应交税费——应交税费(进项税额) | 17 | |
| 　贷：应付账款——C公司 | | 117 |

③借：在建工程 300

累计折旧 167

固定资产减值准备 33

贷：固定资产 500

借：在建工程 500

贷：银行存款等 500

借：营业外支出等 300

贷：在建工程 300

借：固定资产 500

贷：在建工程 500

④借：制造费用 100

贷：累计折旧 100

⑤借：银行存款 200

贷：长期借款 200

年末计提利息：

借：财务费用 6

贷：应付利息 6

借：应付利息 6

贷：银行存款 6

⑥借：原材料 500

应交税费——应交增值税（进项税额） 85

贷：其他货币资金——银行汇票存款 585

借：库存商品 300

应交税费——应交增值税（进项税额） 51

贷：其他货币资金——银行本票存款 351

借：库存商品 800

应交税费——应交增值税（进项税额） 136

贷：应付票据 936

⑦借：管理费用等 250

贷：应付职工薪酬　　250

借：应付账款——E公司　　2

贷：银行存款　　2

注：因为是预付下个月即下年度1月份的租金，要确认预付账款，不确认应付职工薪酬，本题不单独设置预付账款，所以是记入到应付账款科目。

⑧应收A公司的款项期末坏账准备应有余额＝600－400＝200(万元)，计提坏账准备前已经有的余额＝30＋70＝100(万元)，所以应该补提的坏账准备＝200－100＝100(万元)。

借：资产减值损失　　100

贷：坏账准备　　100

⑨12月31日，计提银行借款的利息。

银行借款利息：300×5%×3/12＋200×6%×6/12＝9.75(万元)

借：财务费用　　9.75

贷：应付利息　　9.75

⑩权益法下，B公司实现净利润时。

借：长期股权投资　　2 700

贷：投资收益　　2 700

(2) 计算部分资产负债表项目金额。

①应收账款＝账面余额－坏账准备＝600－200＝400(万元)。

②预付款项＝150－117＋2＝35(万元)。

③长期股权投资＝2 500＋2 700＝5 200(万元)。

④固定资产＝(3 000－900－200)－[500－(167＋33)]＋500＝2 100(万元)。

⑤应付票据＝936(万元)。

⑥应付账款＝1 050(万元)。

⑦应付职工薪酬＝250(万元)。

⑧长期借款＝200(万元)。

注：20＊0年10月1日向甲银行借入的300万元，到20＊1年末还有9个月到期，应列入1年内到期的非流动负债项目。

**练习二**

(1) 编制相关会计分录。

①购入一批材料。

| | | |
|---|---|---|
| 借：材料采购 | 100 | |
| 应交税费——应交增值税(进项税额) | 17 | |
| 贷：应付票据 | | 117 |
| 借：原材料 | 98 | |
| 材料成本差异 | 2 | |
| 贷：材料采购 | | 100 |

②支付上述购买材料的商业汇票款。

| | | |
|---|---|---|
| 借：应付票据 | 117 | |
| 贷：银行存款 | | 117 |

③销售一批甲产品。

| | | |
|---|---|---|
| 借：应收账款 | 234 | |
| 贷：主营业务收入 | | 200 |
| 应交税费——应交增值税(销项税额) | | 34 |
| 借：主营业务成本 | 80 | |
| 贷：库存商品 | | 80 |

④上项产品销售业务中，买方用银行存款支付了款项 174 万元，余款则开具了一张面值 60 万元，期限为 4 个月的不带息商业承兑汇票。

| | | |
|---|---|---|
| 借：银行存款 | 174 | |
| 应收票据 | 60 | |
| 贷：应收账款 | | 234 |

⑤当年发出材料计划成本 150 万元。

材料成本差异率＝(－4＋2)/(102＋98)×100%＝－1%

发出材料应负担的材料成本差异＝150×(－1%)＝－1.5(万元)

| | | |
|---|---|---|
| 借：生产成本 | 100 | |
| 制造费用 | 40 | |

　　管理费用　　10
　贷：原材料　　150
借：生产成本　　1
　　制造费用　　0.4
　　管理费用　　0.1
　贷：材料成本差异　　1.5
⑥当年分配并发放职工工资 200 万元。
借：生产成本　　100
　　制造费用　　40
　　其他业务成本　　10
　　管理费用　　40
　　在建工程　　10
　贷：应付职工薪酬　　200
借：应付职工薪酬　　200
　贷：银行存款　　200
⑦用银行存款购买一批建筑材料。
借：工程物资　　24
　贷：银行存款　　24
⑧本年提供运输劳务收入。
借：银行存款　　40
　贷：其他业务收入　　40
借：其他业务成本　　20
　贷：银行存款　　20
借：营业税金及附加　　1.2
　贷：应交税费——应交营业税　　1.2
⑨10 月 10 日转让一项专利权。
借：银行存款　　20
　　累计摊销　　2

贷：无形资产　12

应交税费——应交营业税　1

营业外收入　9

⑩10 月 20 日转让一项不动产。

借：固定资产清理　50

累计折旧　10

贷：固定资产　60

借：银行存款　40

贷：固定资产清理　40

借：固定资产清理　2

贷：银行存款　2

借：固定资产清理　2

贷：应交税费——应交营业税　2

借：营业外支出　14

贷：固定资产清理　14

⑪本年度计提坏账准备 4 万元。

借：资产减值损失　4

贷：坏账准备　4

⑫本年度计提固定资产折旧。

借：制造费用　70

管理费用　10.5

贷：累计折旧　80.5

⑬当年无形资产摊销 5 万元，用银行存款支付销售费用 20 万元。

借：管理费用　5

贷：累计摊销　5

借：销售费用　20

贷：银行存款　20

⑭用银行存款 80 万元购入一台不需安装的设备，设备已交付使用。

借：固定资产　80

　贷：银行存款　80

⑮从银行取得一笔短期借款 200 万元存入银行。

借：银行存款　200

　贷：短期借款　200

⑯支付借款利息 18 万元。

借：财务费用　18

　贷：应付利息　18

借：应付利息　18

　贷：银行存款　18

⑰年末可供出售金融资产的公允价值增加 12 万元。

借：可供出售金融资产　12

　贷：资本公积——其他资本公积　12

借：资本公积——其他资本公积　3

　贷：递延所得税负债　3

⑱计算当期所得税费用和递延所得税费用。

当期所得税费用＝应交所得税＝(主营业务收入 200 万元－主营业务成本 80 万元＋其他业务收入 40 万元－其他业务成本 30 万元－营业税金及附加 1.2 万元－销售费用 20 万元－管理费用 65.4 万元－财务费用 18 万元＋营业外收入 9 万元－营业外支出 14 万元)×25%＝20.4 万元×25%＝5.1(万元)。

递延所得税费用＝－4×25%＝－1(万元)

借：所得税费用——当期所得税费用　5.1

　贷：应交税费——应交所得税　5.1

借：递延所得税资产　1

　贷：所得税费用——递延所得税费用　1

⑲当年用银行存款缴纳增值税 15 万元，所得税 6 万元，营业税 2 万元。

借：应交税费——应交增值税(已交税金)　15

——应交所得税　　　　　　　　　　6

——应交营业税　　　　　　　　　　2

贷：银行存款　　　　　　　　　　　　　　23

(2) 编制利润表(表 15-1)。

**表 15-1　利润表**

会企 02 表

编制单位：长江公司　　　　20＊1 年　　　　金额单位：万元

| 项 目 | 本期金额 | 上期金额 |
| --- | --- | --- |
| 一、营业收入 | 240 | 略 |
| 减：营业成本 | 110 | |
| 营业税金及附加 | 1.2 | |
| 销售费用 | 20 | |
| 管理费用 | 65.4 | |
| 财务费用 | 18 | |
| 资产减值损失 | 4 | |
| 加：公允价值变动收益(损失以“－”号填列) | | |
| 投资收益(损失以“－”号填列) | | |
| 其中：对联营企业和合营企业的投资收益 | | |
| 二、营业利润(亏损以“－”号填列) | 21.4 | |
| 加：营业外收入 | 9 | |
| 减：营业外支出 | 14 | |
| 其中：非流动资产处置损失 | 14 | |
| 三、利润总额(亏损总额以“－”号填列) | 16.4 | |
| 减：所得税费用 | 4.1 | |

续 表

| 项　目 | 本期金额 | 上期金额 |
|---|---|---|
| 四、净利润(净亏损以"－"号填列) | 12.3 | |
| 五、每股收益 | | |
| (一)基本每股收益 | | |
| (二)稀释每股收益 | | |
| 六、其他综合收益 | 9 | |
| 七、综合收益总额 | 21.3 | |

**练习三**

(1) 基本每股收益＝5 000/10 000＝0.5(元)。

(2) 计算稀释每股收益:

①股份期权增加股数＝1 800－1 800×12/15＝360(万股)。

②4%可转债增加净利润＝9 000×4%×(1－25%)＝270(万元)。

③4%可转债增加股数＝9 000/18＝500(万股)。

④3.6%可转债增加净利润＝6 400×3.6%×(1－25%)＝172.8(万元)。

⑤3.6%可转债增加股数＝6 400/16＝400(万股)。

增量股每股收益的计算见表 15-2。

**表 15-2　增量股每股收益计算表**

| 项　目 | 净利润增加(万元) | 股数增加(万股) | 增量股的每股收益 | 顺序 |
|---|---|---|---|---|
| 股份股权 | — | 360 | 0 | 1 |
| 4%可转换公司债 | 270 | 500 | 0.54 | 3 |
| 3.6%可转换公司债 | 172.8 | 400 | 0.432 | 2 |

由此得出,股份期权的稀释性最大,4%可转换公司债的稀释性

最小。

稀释每股收益的计算见表15-3。

**表15-3　稀释每股收益计算表**

| 项　目 | 净利润(万元) | 股数(万股) | 每股收益 | 稀释性 |
|---|---|---|---|---|
| 基本每股收益 | 5 000 | 10 000 | 0.5 | |
| 股份期权 | — | 360 | | |
| | 5 000 | 10 360 | 0.482 6 | 稀释 |
| 3.6%可转换公司债 | 172.8 | 400 | | |
| | 5 172.8 | 10 760 | 0.480 7 | 稀释 |
| 4%可转换公司债 | 270 | 500 | | |
| | 5 442.8 | 11 260 | 0.483 4 | 反稀释 |

因此，稀释每股收益为0.480 7元。

**练习四**

(1) 销售商品、提供劳务收到的现金＝768 750＋136 000＋(37 860－21 470)＋(49 500－69 300)－200＝901 140(元)。

(2) 收到的其他与经营活动有关的现金＝1 500－450＝1 050(元)。

(3) 购买商品、接受劳务支付的现金＝456 500＋71 400＋(700 000－100 000)＋(40 000－25 000)＋(15 000－10 000)＝1 147 900(元)。

(4) 支付给职工及为职工支付的现金＝100 000＋14 000＋(5 000－6 000)＝113 000(元)。

(5) 支付的各项税费＝40 000＋6 460＋65 000＋(2 700－4 000)＋(300－400)＝110 060(元)。

(6) 支付的其他与经营活动有关的现金＝200 000－100 000－14 000－2 000－200＝83 800(元)。

**练习五**

(1) 填列该公司资产负债表所列示项目的年初数和年末数(表 15-4)。

**表 15-4　资产负债表(部分)**

编制单位：兴业股份有限公司　　　　20＊1 年 12 月 31 日　　　　单位：万元

| 资产 | 年初数 | 期末数 | 负债和所有者权益 | 年初数 | 期末数 |
|---|---|---|---|---|---|
| 应收账款 | 594 | 882 | 应付账款 | 500 | 300 |
| 应收票据 | 300 | 0 | 预收账款 | 100 | 200 |
| 预付账款 | 200 | 100 | 应付职工薪酬 | 30 | 70 |
| 存货 | 600 | 900 | | | |

(2) 填列该公司现金流量表所列示项目的金额(见表 15-5)。

**表 15-5　现金流量表(部分)**

编制单位：兴业股份有限公司　　　　20＊1 年度　　　　单位：万元

| 项　目 | 计算过程 | 金额 |
|---|---|---|
| 销售商品、提供劳务收到的现金 | 略 | 6 881 |
| 购买商品、接受劳务支付的现金 | | 3 196 |
| 支付给职工及为职工支付的现金 | | 1 160 |
| 支付各项税费 | | 676 |
| 支付的其他与经营活动有关的现金 | | 550 |
| 收回投资收到的现金 | | 420 |
| 取得投资收益收到的现金 | | 10 |
| 处置固定资产收回的现金净额 | | 180 |
| 购建固定资产支付的现金 | | 670 |
| 投资支付的现金 | | 500 |
| 取得借款收到的现金 | | 250 |
| 偿还债务支付的现金 | | 200 |
| 偿付利息支付的现金 | | 65 |

# 第十六章　或有事项

## 一、填空题

1. 某些未来事项的发生或者不发生才能决定　不确定

2. 潜在义务　现时义务　不是很可能

3. 潜在资产　未来不确定事项的发生或者不发生

4. 履行该义务很可能导致经济利益流出企业　该义务的金额能够可靠地计量

5. 基本确定　预计负债的账面价值

## 二、单项选择题

1. C　2. C　3. C　4. D　5. B　6. D　7. D　8. D　9. B　10. A

## 三、多项选择题

1. ABCD　2. ABD　3. ABCD　4. ABC　5. BCD　6. ACD　7. ABC　8. AB　9. BD　10. ABCD

## 四、判断题

1. √　2. ×　3. √　4. ×　5. √　6. √　7. √　8. √　9. ×　10. ×

## 五、计算及账务处理题

### 练习一

(1) A 公司败诉的可能性为 75%，即很可能败诉，则 A 公司应在 20＊9年 12 月 31 日确认一项预计负债：(2 000 000＋2 100 000)/2＝2 050 000(元)。

借：管理费用——诉讼费　　50 000

　　营业外支出——罚息支出　　2 000 000

　贷：预计负债——未决诉讼(B 银行)　　2 050 000

(2) A 公司应在 20＊9 年 12 月 13 日的财务报表附注中做如下披露：

本公司欠 B 银行贷款于 20＊9 年 10 月 1 日到期，到期本金和利息合计 2 200 000 元，由于与 B 银行存在其他经济纠纷，故本公司尚未偿还上述借款本金和利息，为此，B 银行起诉本公司，除要求本公司偿还本金和利息外，还要求支付罚息等费用。由于以上情况，本公司在20＊9年 12 月 31 日确认了一项预计负债为 2 050 000 元。目前，此案正在审理中。

### 练习二

(1) 发生维修费时：

借：预计负债——产品质量保证　　30 000

　贷：银行存款等　　30 000

(2) 季末计提产品质量保证负债金额：

400×40 000×(0.01＋0.015)/2＝200 000(元)

借：销售费用　　200 000

　贷：预计负债　　200 000

第一季度末，“预计负债——产品质量保证”账户余额为 310 000 元

### 练习三

(1) 若生产 A 产品的单位成本为 55 元。

履行合同发生的损失＝100×(55－40)＝1 500(元)。
不履行合同发生的损失＝100×40×20％＝800(元)。
应选择违约方案，确认预计负债800元。

借：营业外支出　　800
　贷：预计负债　　800

支付违约金时

借：预计负债　　800
　贷：银行存款　　800

(2) 若生产A产品的单位成本为45元。
履行合同发生的损失＝100×(45－40)＝500(元)。
不履行合同发生的损失＝100×40×20％＝800(元)。
应选择执行合同的方案，确认预计负债500元。

借：营业外支出　　500
　贷：预计负债　　500

待产品完工后

借：预计负债　　500
　贷：库存商品　　500

**练习四**

事项(1)：

借：营业外支出　　100
　　其他应收款　　20
　贷：预计负债　　120

事项(2)：

借：营业外支出　　1 200
　贷：预计负债　　1 200

事项(3)：

借：营业外支出　　100
　贷：预计负债　　100

# 第十七章　资产负债表日后事项

## 一、填空题

1. 资产负债表日至财务报告批准报出日之间　有利或者不利

2. 对资产负债表日已经存在的情况提供了新的或者进一步证据　表明资产负债表日后发生的情况

3. 该事项表明的情况在资产负债表日或者资产负债表日以前是否已经存在

4. 以前年度损益调整　利润分配——未分配利润

5. 期末数或者本年发生数　期初数或者上年数　报表附注相关项目的数字

6. 每项重要的资产负债表日后非调整事项的性质、内容　对财务状况和经营成果的影响

## 二、单项选择题

1. A　2. B　3. D　4. A　5. C　6. C　7. B　8. A　9. A　10. B

## 三、多项选择题

1. ABD　2. BCD　3. ABD　4. BD　5. AB　6. BCD　7. BC　8. AB　9. ABC　10. BC

## 四、判断题

1. ×　2. √　3. ×　4. ×　5. √　6. ×　7. ×　8. √

9. √ 10. √

## 五、计算及账务处理题

**练习一**

(1) 调整报告年度的销售收入。

借：以前年度损益调整 1 000 000

应交税费——应交增值税(销项税额) 170 000

贷：应收账款 1 170 000

(2) 调整报告年度的销售成本。

借：库存商品 800 000

贷：以前年度损益调整 800 000

(3) 调整报告年度应缴纳的消费税。

借：应交税费——应交消费税 50 000

贷：以前年度损益调整 50 000

(4) 调整报告年度提取的坏账准备。

借：坏账准备 58 500

贷：以前年度损益调整 58 500

(5) 调整报告年度应缴纳的所得税。

借：应交税费——应交所得税 37 500

贷：以前年度损益调整 37 500

(6) 调整报告年度确认的递延所得税资产。

借：以前年度损益调整 14 625

贷：递延所得税资产 14 625

(7) 将"以前年度损益调整"账户余额转入未分配利润。

借：利润分配——未分配利润 68 625

贷：以前年度损益调整 68 625

(8) 调整报告年度提取的盈余公积。

借：盈余公积——法定盈余公积 6 862.50

贷：利润分配——未分配利润 6 862.50

(9) 调整报告年度财务报表相关项目的数字。

①资产负债表项目的调整。

调减应收账款 1 111 500 元，调增存货 800 000 元，调减递延所得税资产 14 625 元，调减应交税费 257 500 元，调减盈余公积 6 862.50 元，调减未分配利润 61 762.50 元。

②利润表项目的调整。

调减营业收入 1 000 000 元，调减营业成本 800 000 元，调减营业税金及附加 50 000 元，调减资产减值损失 58 500 元，调减所得税费用 22 875元，调减净利润 68 625 元。

③所有者权益变动表项目的调整。

调减净利润 68 625 元，调减提取盈余公积 6 862.50 元。

**练习二**

(1) 调整报告年度的销售收入。

| | | |
|---|---|---|
| 借：以前年度损益调整 | 1 000 000 | |
| 　　应交税费——应交增值税(销项税额) | 170 000 | |
| 　贷：应收账款 | | 1 170 000 |

(2) 调整报告年度的销售成本。

| | | |
|---|---|---|
| 借：库存商品 | 800 000 | |
| 　贷：以前年度损益调整 | | 800 000 |

(3) 调整报告年度应缴纳的消费税。

| | | |
|---|---|---|
| 借：应交税费——应交消费税 | 50 000 | |
| 　贷：以前年度损益调整 | | 50 000 |

(4) 调整报告年度提取的坏账准备。

| | | |
|---|---|---|
| 借：坏账准备 | 58 500 | |
| 　贷：以前年度损益调整 | | 58 500 |

(5) 调整报告年度确认的递延所得税资产。

| | | |
|---|---|---|
| 借：以前年度损益调整 | 14 625 | |
| 　贷：递延所得税资产 | | 14 625 |

(6) 将“以前年度损益调整”账户余额转入未分配利润。

借：利润分配——未分配利润　　106 125

　贷：以前年度损益调整　　106 125

(7) 调整报告年度提取的盈余公积。

借：盈余公积——法定盈余公积　　10 612.50

　贷：利润分配——未分配利润　　10 612.50

(8) 调整报告年度财务报表相关项目的数字。

①资产负债表项目的调整。

调减应收账款 1 111 500 元，调增存货 800 000 元，调减递延所得税资产 14 625 元，调减应交税费 220 000 元，调减盈余公积 10 612.50 元，调减未分配利润 95 512.50 元。

②利润表项目的调整。

调减营业收入 1 000 000 元，调减营业成本 800 000 元，调减营业税金及附加 50 000 元，调减资产减值损失 58 500 元，调增所得税费用 14 625元，调减净利润 106 125 元。

③所有者权益变动表项目的调整。

调减净利润 106 125 元，调减提取盈余公积 10 612.50 元。

**练习三**

(1) 20＊1 年 12 月 31 日

①借：营业外支出　　300

　　贷：预计负债　　300

②借：所得税费用——当期所得税费用　　325

　　贷：应交税费——应交所得税[(1 000＋300)×25%]

　　325

③借：递延所得税资产(300×25%)　　75

　　贷：所得税费用——递延所得税费用　　75

(2) 20＊2 年 3 月 1 日法院判决甲公司需要偿付乙公司经济损失 500 万元。

①借：以前年度损益调整　　200
　　预计负债　　300
　贷：其他应付款　　500

②借：递延所得税资产（200×25%）　　50
　贷：以前年度损益调整　　50

③借：利润分配——未分配利润　　150
　贷：以前年度损益调整　　150

④借：盈余公积　　15
　贷：利润分配——未分配利润　　15

⑤借：其他应付款　　500
　贷：银行存款　　500

注：该笔分录不属于资产负债表日后调整事项，属于 20＊2 年当期事项。

（3）20＊1 年度报表调整（表 17-1、表 17-2）

**表 17-1　调整 20＊1 年 12 月 31 日资产负债表项目**

| 资　产 | 期末余额 | 负债和所有者权益 | 期末余额 |
| --- | --- | --- | --- |
| 递延所得税资产 | ＋50 | 其他应付款 | ＋500 |
| | | 预计负债 | －300 |
| | | 盈余公积 | －15 |
| | | 未分配利润 | －135 |
| 调整金额小计 | ＋50 | 调整金额小计 | ＋50 |

**表 17-2　调整 20＊1 年度利润表项目**

| 项　目 | 本期金额 | 上期金额 |
| --- | --- | --- |
| 营业外支出 | ＋200 | |
| 利润总额 | －200 | |
| 所得税费用 | －50 | |
| 净利润 | －150 | |

**练习四**

(1) 事项1、事项2属于非调整事项,事项3属于调整事项。

(2) 事项3的会计处理。

①调整报告年度提取的坏账准备。

借:以前年度损益调整　　234 000

　贷:坏账准备　　234 000

②调整报告年度确认的递延所得税资产。

借:递延所得税资产　　58 500

　贷:以前年度损益调整　　58 500

③将"以前年度损益调整"账户余额转入未分配利润。

借:利润分配——未分配利润　　175 500

　贷:以前年度损益调整　　175 500

④调整报告年度提取的盈余公积。

借:盈余公积——法定盈余公积　　17 550

　贷:利润分配——未分配利润　　17 550

⑤调整报告年度财务报表相关项目的数字。

第一,资产负债表项目的调整。

调减应收账款2 340 000元,调增递延所得税资产58 500元,调减盈余公积17 550元,调减未分配利润157 950元。

第二,利润表项目的调整。

调增资产减值损失2 340 000元,调减所得税费用58 500元,调减净利润175 500元。

第三,所有者权益变动表项目的调整。

调减净利润175 500元,调减提取盈余公积17 550元。

# 第十八章　会计政策、会计估计变更和差错更正

## 一、填空题

1. 原则、基础和会计处理方法　相同的　由原来采用的会计政策改用另一会计政策

2. 初次发生　采用变更后的会计政策

3. 追溯计算　最早期初留存收益应有金额与现有金额

4. 变更日及以后发生的交易或者事项　会计估计变更当期和未来期间

5. 结果不确定　最近可利用的信息　资产和负债的当前状况及预期经济利益和义务发生了变化

6. 变更事项的会计确认、计量基础和列报项目是否发生变更

7. 编报前期财务报表时预期能够取得并加以考虑的可靠信息　前期财务报告批准报出时能够取得的可靠信息　计算错误　疏忽或者曲解事实　存货、固定资产盘盈

8. 视同该项前期差错从未发生过

## 二、单项选择题

1. A　2. B　3. A　4. D　5. B　6. A　7. B　8. B　9. D　10. C

## 三、多项选择题

1. ABCD　2. AB　3. AC　4. BCD　5. BCD　6. ABC

7. ABC　8. AC　9. AB　10. ABC

## 四、判断题

1. ×　2. ×　3. ×　4. ×　5. ×　6. √　7. ×　8. √
9. ×　10. ×

## 五、计算及账务处理题

**练习一**

(1) 借：投资性房地产　　10 000
　　　累计折旧　　2 000
　　贷：固定资产　　10 000
　　　　投资性房地产累计折旧　　2 000

(2) 每年计提折旧＝(10 000－2 000)/20＝400(万元)。

(3) 会计政策变更累积影响数及比较期影响数计算表。

| 年度 | 旧政策影响当期损益 | 新政策影响当期损益 | 税前差异 | 所得税影响 | 税后差异 |
|---|---|---|---|---|---|
| 20＊1 年 | －400 | ＋1 000 | ＋1 400 | ＋350 | ＋1 050 |
| 20＊2 年 | －400 | ＋600 | ＋1 000 | ＋250 | ＋750 |
| 小计 | －800 | ＋1 600 | ＋2 400 | ＋600 | ＋1 800 |
| 20＊3 年 | －400 | ＋500 | ＋900 | ＋225 | ＋675 |
| 合计 | －1 200 | ＋2 100 | ＋3 300 | ＋825 | ＋2 475 |

(4) ①编制 20＊3 年年初调整分录(会计政策变更累积影响数)。

借：投资性房地产——成本　　8 000
　　　　　　　　——公允价值变动　　1 600
　　投资性房地产累计折旧　　2 800
　贷：投资性房地产　　10 000
　　　递延所得税负债　　600

　　利润分配——未分配利润　　1 800

借：利润分配——未分配利润　　180

　贷：盈余公积　　180

②编制 20＊3 年调整分录(比较期影响数)。

借：投资性房地产——公允价值变动　　500

　　投资性房地产累计折旧　　400

　贷：递延所得税负债　　225

　　　利润分配——未分配利润　　675

借：利润分配——未分配利润　　67.5

　贷：盈余公积　　67.5

(5) 20＊4 年 12 月 31 日资产的账面价值＝10 200(万元)，计税基础＝(10 000－2 000)－400×4＝6 400(万元)。递延所得税负债余额＝(10 200－6 400)×25％＝950(万元)，递延所得税负债发生额＝950－825＝125(万元)(贷方)。

(6) 借：投资性房地产——公允价值变动　　100

　　贷：公允价值变动损益　　100

　借：所得税费用　　125

　　贷：递延所得税负债　　125

**练习二**

(1) 以上固定资产折旧年限及折旧方法的变更属于会计估计变更，不需要追溯调整。

(2) 管理用设备 20＊1 年计提的折旧额＝200×2/10＝40(万元)。

管理用设备 20＊2 年计提的折旧额＝(200－40)×2/10＝32(万元)。

20＊3 年 1 月 1 日设备的账面净值＝200－40－32＝128(万元)。

变更前：管理用设备 20＊3 年计提的折旧额＝(200－40－32)×2/10＝25.6(万元)。

变更后：管理用设备 20＊3 年计提的折旧额＝(128－8)/(8－2)＝

20(万元)。

(3) 上述会计估计变更使 20＊3 年净利润增加＝(25.6－20)×(1－25%)＝4.2(万元)。

**练习三**

(1) 账项调整。

①补提折旧。

借：以前年度损益调整——管理费用　　300 000

　贷：累计折旧　　300 000

②调整递延所得税。

借：递延所得税资产　　75 000

　贷：以前年度损益调整——所得税费用　　75 000

③将"以前年度损益调整"科目余额转入未分配利润。

借：利润分配——未分配利润　　225 000

　贷：以前年度损益调整　　225 000

④因净利润减少，调减盈余公积。

借：盈余公积——法定盈余公积　　22 500

　　　　　　——任意盈余公积　　11 250

　贷：利润分配——未分配利润　　33 750

(2) 财务报表调整和重述。

丙公司在列报 20＊2 年度财务报表时，应调整 20＊1 年度财务报表的相关项目。

①资产负债表项目的调整。

调减固定资产 300 000 元；调增递延所得税资产 75 000 元；调减盈余公积 33 750 元，调减未分配利润 191 250 元。

②利润表项目的调整。

调增管理费用 300 000 元，调减所得税费用 75 000 元，调减净利润 225 000 元(需要对每股收益进行披露的企业应当同时调整基本每股收益和稀释每股收益)。

③所有者权益变动表项目的调整。

调减前期差错更正项目中盈余公积上年金额 33 750 元，未分配利润上年金额 191 250 元，所有者权益合计上年金额 225 000 元。

④财务报表附注说明。

本年度发现 20＊1 年漏记固定资产折旧 300 000 元，在编制 20＊2 年和 20＊1 年比较财务报表时，已对该项差错进行了更正。更正后，调减 20＊1 年净利润 225 000 元，调增累计折旧 300 000 元。

**练习四**

(1) 补提存货跌价准备。

借：以前年度损益调整——调整资产减值损失　　50

　贷：存货跌价准备　　50

借：递延所得税资产　　12.5

　贷：以前年度损益调整——调整所得税费用　　12.5

借：利润分配——未分配利润　　37.5

　贷：以前年度损益调整　　37.5

借：盈余公积——法定盈余公积　　3.75

　贷：利润分配——未分配利润　　3.75

(2) 交易性金融资产应按公允价值计量，将公允价值变动损益计入当期损益。

借：以前年度损益调整——调整公允价值变动损益　　60

　贷：交易性金融资产——公允价值变动　　60

借：递延所得税资产　　15

　贷：以前年度损益调整——调整所得税费用　　15

借：利润分配——未分配利润　　45

　贷：以前年度损益调整　　45

借：盈余公积——法定盈余公积　　4.5

　贷：利润分配——未分配利润　　4.5

**图书在版编目(CIP)数据**

新编中级财务会计习题集 / 张陶勇等著. —杭州：浙江工商大学出版社，2014.7(2019.1 重印)

ISBN 978-7-5178-0525-0

Ⅰ. ①新… Ⅱ. ①张… Ⅲ. ①财务会计—高等学校—习题集 Ⅳ. ①F234.4-44

中国版本图书馆 CIP 数据核字(2014)第 138047 号

**新编中级财务会计习题集**

张陶勇 等著

**责任编辑** 谭娟娟

**封面设计** 林朦朦

**责任印制** 包建辉

**出版发行** 浙江工商大学出版社

(杭州市教工路 198 号 邮政编码 310012)

(E-mail:zjgsupress@163.com)

(网址:http://www.zjgsupress.com)

电话:0571-88904970,88831806(传真)

**排　　版** 杭州朝曦图文设计有限公司

**印　　刷** 虎彩印艺股份有限公司

**开　　本** 850mm×1168mm 1/32

**印　　张** 11

**字　　数** 306 千

**版 印 次** 2014 年 7 月第 1 版 2019 年 1 月第 6 次印刷

**书　　号** ISBN 978-7-5178-0525-0

**定　　价** 25.00 元



浙江工商大学出版社营销部邮购电话 0571-88904970